STERNTALER

Mein spirituelles Leben
in Verbindung mit den Santinern

Barbara Dean

STERNTALER

Mein spirituelles Leben

in Verbindung mit den Santinern

VENTLA-VERLAG
Karl Veit, Nachfolger
1. Auflage 1995

ISBN 3-929380-25-0
Deutsches Copyright ©
VENTLA-Verlag
Karl Veit, Nachfolger
D-33330 Gütersloh

Alle Verbreitungsrechte durch Presse, Rundfunk und Fernsehen, Film,
Tonträger oder fotomechanische Wiedergabe sind vorbehalten. Auch
Auszüge nur mit schriftlicher Genehmigung des Verlages.
Umschlaggestaltung: Elke Schriever, Hamburg
Herstellung: TURMALIN Verlags- und Vertriebs GmbH.
33330 Gütersloh
Druck: OFFSET-Druckerei Pohland, Augsburg

Inhaltsverzeichnis

Vorwort	Seite	9
Lapislazuli	Seite	13
Meine Geschichte	Seite	15
Licht und Schatten	Seite	23
Du bist eine von uns	Seite	36
...und immer wieder "Er"	Seite	47
Es wird klarer	Seite	52
In Liebe	Seite	67
Der Kreis	Seite	76
Angekommen	Seite	83
Gottes Arme	Seite	93
Tanzende Sterne	Seite	1o1
Reich beschenkt	Seite	1o5
Im Tempel	Seite	119
Einweihung	Seite	123
Sterntaler	Seite	141
Der Himmel auf Erden!	Seite	17o
Die große Begegnung	Seite	19o
Die Hölle auf Erden?	Seite	2o3
Down to Earth!	Seite	224
Geführt, geschützt und behütet	Seite	245
Epilog	Seite	259

...Er fühlt
die Schatten derer, so gewesen sind,
die Alten, so die Erde neu besuchen.
Und länger säumt von Göttermenschen
die heilige Schar nicht mehr im blauen Himmel.

Friedrich Hölderlin, Germanien

Vorwort

Im Alltäglichen trifft uns manchmal Ungewöhnliches. So kam im Jahre 1429 ein junges Bauernmädchen zu dem Stadthauptmann in Vaucouleurs und sagte, sie wolle Frankreich retten und die Engländer, die fast ganz Frankreich besetzt hielten, vertreiben und den rechtmäßigen König Karl VII. krönen lassen. Jeanne war gerade 17 Jahre alt. Sie wollte Männerkleidung, ein Pferd und ein paar Soldaten. Als Legitimation für ihr Handeln gab sie die Eingebungen durch den heiligen Erzengel Michael an. Wir kennen die Geschichte:

Jeanne d'Arc wird zur Retterin Frankreichs. Die Landkarte Europas wird durch sie wesentlich verändert. Frankreich wird zur ersten und ältesten Nation, England wird endgültig zum Inselvolk, und die Neuzeit beginnt mit der Individualität dieses Mädchens, das zwei Jahre später auf dem Marktplatz von Rouen auf dem Scheiterhaufen als Ketzerin stirbt.

Ungefähr 2o Jahre später wurde sie endlich rehabilitiert und 5oo Jahre später als Heilige gefeiert. Für die Zeitgenossen Jeanne d'Arcs aber war sie eine Herausforderung. Später kann man immer gut reden. Doch als Zeitgenosse muß man sich entscheiden, wenn uns Ungewöhnliches trifft.

Barbara Dean ist eine ungewöhnliche Gestalt mit einem ungewöhnlichen Auftrag. Wir kritischen Zeitgenossen mögen skeptisch davorstehen. Doch wer diese Biographie liest, kann nicht umhin zu staunen. Und aus dem Staunen erwächst die Bereitschaft, sich auf ein Wagnis einzulassen.

Das ist für uns umso wichtiger, weil die Gefahr wächst. Das Weltklima scheint zu kippen, die Katastrophen haben sich rasant vermehrt. Doch Hölderlin sagte schon vor 2oo Jahren: "Wo die Gefahr ist, wächst das Rettende auch."

Natürlich gibt es in einer solchen Zeit auch Menschen, die die Not zum Zweck ihrer selbstsüchtigen Gedanken machen. Insofern ist Kritik auch in der heutigen Zeit angebracht. Andererseits sollen wir auch die Zeichen der Zeit verstehen. Hat nicht der Philosoph Martin Heidegger in einem Interview, das 1976 veröffentlicht wurde, gesagt: "Nur noch ein Gott kann uns retten?" Sind wir nicht, wie Ernst Jünger sagt, an eine Linie gekommen, die wir nicht ohne weiteres überschreiten können? Stehen wir nicht vor einer Verwandlung, wie die kleine Raupe Nimmersatt, die sich verpuppen muß, um zum Schmetterling zu werden? Lange genug haben wir die Erde leer gegessen. Das Raupendasein hat ein Ende, weil es bald nichts mehr aufzuessen gibt und weil diese Art von Leben sich überholt hat.

In dieser Not hören wir von einer etwas ungewöhnlichen Rettung. Aber ist sie so ungewöhnlich? Wurde nicht Noah auch evakuiert, als die Erde sich schon einmal verwandelte? Sind wir heute nicht an dem Punkt, wo wir uns dem Weltall öffnen und nicht mehr nur irdisch denken dürfen, sondern planetarisch und intergalaktisch? Ist es nicht eine tröstende Vorstellung, daß uns bei unserer Umwandlung intergalaktische Geschwister helfen?

Das Buch von Barbara Dean zeigt uns in einer erfrischenden Weise, wie aus der nichts ahnenden, aber doch suchenden jungen Frau Barbara (= die Fremde) Oshea (= Gott hilft) wird, die einen hohen Auftrag hat. Der Prozeß dieser Verwandlung ist aufregend, mit Selbstzweifeln und Schwierigkeiten, mit Freuden und Beglükkungen durchsetzt, so wie wir dies aus der Lebensbeschreibung zum Beispiel von Jeanne d'Arc auch kennen. Der Leser kann die einzelnen Stationen dieser Berufung mitgehen. Am Ende bleibt er gespannt auf den Fortgang. Die Geschichte hat erst angefangen, und der Leser ist mit dabei.

Gregor Dietrich
April 1995

Lapislazuli

Die goldenen Tupfen waren wie die Sterne des Nachthimmels und galten als Prüfstein für Wahrheit und Licht.

Es war schon immer ein Symbol von Macht und Adel, das tiefe Königsblau des Lapislazuli mit seinen hellen, goldenen Flekken. Als Farbe der Götter wurde es im alten Ägypten stets als Bote des Himmels verehrt. Seit jeher ist der Lapislazuli ein Kraftstein besonderer Art. Und unter bestimmten Umständen kann er auch von einem hoch entwickelten Menschen dazu verwendet werden, in der Aura einen Teil der Vergangenheit zu löschen, der nicht mehr notwendig ist.

So las ich über den Lapislazuli, den blauen Stein der Pharaonen. Ich arbeitete viel mit Steinen, aber dieser hatte mich bisher niemals besonders angezogen. Doch vor wenigen Tagen "stolperte" ich sozusagen über eine auffallend hübsche Kette; - nachtblau strahlten mir dreißig Lapislazulisteine geheimnisvoll entgegen.

Ich konnte nicht widerstehen, ich mußte sie haben.

Nun, die Wirkkraft dieses königsblauen Steins ist eine vielfache, doch dieser eine Satz "... unter bestimmten Umständen kann er auch dazu verwendet werden, in der Aura einen Teil der Vergangenheit zu löschen", dieser Satz war für mich von Bedeutung.

War das der unbewußte Grund, weshalb ich diese Kette kaufte?

Ja, es gab etwas, wovon ich wünschte, daß es ausgelöscht werden würde. Erst kurz vergangene Erfahrungen. Inzwischen weiß ich zwar, wie wichtig dieser Teil meines Lebens war. Viel habe ich gelernt, eine große Erkenntnis daraus gezogen, eine wirklich wichtige. Ich nehme all das Geschehene an und akzeptiere es. Ja, ich stehe dazu. Aber dennoch, es ist mir peinlich. Wie konnte ich so sehr einer falschen Denkstruktur nachgehen, ohne es zu merken, lebend im festen Glauben richtig zu handeln? Euphorie? Wo ist die Grenze zwischen freudiger Begeisterung und Euphorie? -

Ich flehe meine Geistigen Helfer an, und ich betete zu Jesus Christus: wenn es tatsächlich möglich wäre, wenn es im Sinne unseres Vaters wäre, wenn Er es erlaubte, möge bitte dieses Erlebnis aus meiner Aura gelöscht werden. Ich wäre so dankbar dafür - aber ich wollte auch dankbar sein, wenn es nicht geschähe, wenn es nicht der Wille des Vaters wäre. Dennoch, ich hoffte es.

Eine Antwort bekam ich schon wenige Tage später. Natürlich völlig anders.

Ashtar Sheran, das Haupt der Göttlichen Himmelsflotte, bat mich auf medialem Wege: "Schreibe dein spirituelles Leben in Verbindung mit uns, den Santinern, - mit allen Höhen und Tiefen - auf. Du weißt, daß wir dabei sind, den Menschen noch möglichst viele Informationen zukommen zu lassen. Wir möchten dieses als Hilfestellung mit einbauen. Wir sprechen nicht viel über die Vergangenheit, nur, durch dieses Schreiben, durch die Erfahrung und durch die Erkenntnis, die du gemacht hast, kannst du Menschen helfen. Menschen, die in der gleichen falschen Denkstruktur leben, aber von sich glauben, richtig zu handeln. Nur durch Impulse von uns können Korrekturen vorgenommen werden. Die Korrektur ist bei dir erfolgt. Wir sind dankbar dafür."

Nun, ich hatte vor einigen Tagen bereits den Impuls, ein Buch zu schreiben, leise ahnend vernommen, so traf mich diese Aufgabe nicht ganz unvorbereitet. Dankbar nehme ich sie also an. Ich weiß, daß ich es jetzt kann, aber dennoch bedeutet es eine Herausforderung. Und auch dafür bin ich dankbar.

*

Meine Geschichte

An vielen Orten habe ich gewohnt, in den verschiedensten Bereichen gewirkt. Und obwohl ich meistens ziemlich erfolgreich war, habe ich doch nie empfunden, jemals am richtigen Platz zu sein. Nirgends habe ich mich zu Hause gefühlt, niemals heimisch unter meinen Mitmenschen. Ich fühlte mich verlassen.

Schon als Kind hatte ich das Gefühl, meine Eltern wären nicht meine richtigen Eltern, obwohl ich sie sehr liebte. Ich erinnere mich noch genau an den Tag, ich war etwa sechs Jahre alt, als mein Vater zu meinem drei Jahre jüngeren Bruder aus Spaß sagte, weil er irgendetwas angestellt hatte: "Dich haben sie als Baby wohl vertauscht, du kannst gar nicht unser Kind sein, denn wir haben nur liebe Kinder."

Alle lachten, denn jeder wußte, daß es ein Spaß war. Aber ich war auf einmal hellwach, das war das erhoffte Zeichen vom lieben Gott. Mit meinem kleinen Bruder machten sie diesen Scherz, aber mit mir war das wirklich passiert. Hier gehörte ich gar nicht hin, deshalb fühlte ich mich stets so fremd. Ich war vertauscht worden!

Später fragte ich meine Mutter, wie denn sichergestellt würde, daß in der Klinik die Babies nicht versehentlich vertauscht würden, und sie erklärte mir, daß jedes Neugeborene sofort ein Armband mit dem Familiennamen ums Handgelenk gelegt bekomme.

Oh, dachte ich, *das ist ja wirklich keine große Sicherheit, so wie ich die Menschen kenne... Wie schnell kann da etwas durcheinander geraten!* Du liebe Zeit, es war wahr. Ich war vertauscht worden! *Ich muß sofort los und meine wahren Eltern suchen.*

Zwar hatte ich diese Eltern, bei denen ich jetzt wohnte, sehr lieb, sie hatten sich um mich gekümmert, mich versorgt, waren lieb zu mir, ich würde vielleicht auch bei ihnen bleiben, aber es mußte alles seine Ordnung haben, und ich mußte die wahren Eltern finden und kennenlernen. Sie würden mich bestimmt auch schon vermissen.

Am liebsten hätte ich mich sofort auf die Suche gemacht, doch es war mir sehr realistisch klar, daß einem Kind leider die Hände gebunden sind. Wo ich auch immer nachfragen würde, sie würden mich alle sofort wieder nach Hause schicken. Die Erwachsenen verstanden einfach nicht. Sie hielten Kinder für dumm und unwissend, dabei wußte ich genau, daß sie längst nicht immer recht hatten und vieles gar nicht wußten.

Mir war auch klar, daß ich meinen Eltern dieses Geheimnis nicht erzählen konnte, sie würden es einfach nicht verstehen und versuchen, mich zu überzeugen, daß ich doch ihre Tochter wäre.

Ich mußte warten, bis ich groß war. Aber dann - ich schwor es mir - ich würde es nicht vergessen, und meine wahren Eltern finden!

Und so übte ich mich in Geduld. Ich wußte, daß Zeit gar keine Rolle spielte.

Und all die Jahre, während ich wartete, daß ich endlich groß genug war, schaute ich nachts in den Himmel. Die Sterne ... Traurigkeit und Sehnsucht überkamen mich.

Mit zehn Jahren verkündete ich stolz und wichtig, daß ich später, wenn ich groß sei, Astronom werden wolle. Es war der einzige Beruf, den ich kannte, der etwas mit den Sternen zu tun hatte. Und das mußte es sein. Der Einwand meiner Mutter, "das ist doch kein Beruf für dich, werde lieber etwas Vernünftiges", machte mich betroffen, und ich erkannte wieder einmal, daß ich mit niemandem über meine tiefsten inneren Gefühle reden konnte. Sie alle verstanden mich nicht.

Zur Zeit der ersten Mondlandung war ich zwölf. Ich empfand eine niederschmetternde Traurigkeit und Verzweiflung über eine aufsteigende Ahnung, daß ich niemals die Gelegenheit haben würde, den Mond oder andere Planeten zu betreten. Ich begriff, daß ich niemals im Weltraum sein könnte, und das löste einen inneren Schmerz aus, den ich nicht erklären konnte.

Auch später noch, eigentlich mein ganzes Leben lang, verfolgte ich jeden Raketenstart ins All mit tiefer, innerer Wehmut. Und ich fragte mich immer wieder: *Wieso empfinde ich so? Was ist bloß los mit mir?...*

Mit Puppen spielte ich nie, da begeisterte mich schon eher das fernzusteuernde Auto, das ich alternativ zum vierten Geburtstag bekam. Aber ich spielte immer gerne Prinzessin. Am liebsten zog ich heimlich Mamas bestes Kleid an, ein schönes, langes und ganz weites Cocktailkleid. Ich war selig, wenn ich irgendwo ein Stück alte Gardine ergattern konnte, das mir als Schleier diente. Ja, der Schleier - jetzt fühlte ich mich wohl. Nicht, daß es irgendein Stück Gardine sein durfte, sie mußte schon duftig, fein und zart gewebt sein.

Als Prinzessin in Mamas Abendkleid wandelte ich durch die Wohnung, wenn ich allein war. Draußen schwebte ich mit Gardinenschleier und Wickelgewand, ebenfalls aus Gardinenstoff, durch die Gegend.

Es sind die schönsten Kindheitserlebnisse. Aber sicherlich die Prinzessinnenträume eines jeden kleinen Mädchens.

Wie alle Kinder beobachtete ich natürlich die Erwachsenen, hörte ihnen zu. Und ich stellte immer wieder fest: "Das stimmt nicht, das ist nicht richtig!" Aber ich konnte es nie begründen.

Als ich mit etwa fünf Jahren miterlebte, wie eine Tante von mir zur Beichte ging, fragte ich wieder Mama, was eine Beichte denn sei. Sie erklärte mir, daß man im Beichtstuhl seine Sünden offen darlege und der Priester dem Menschen die Sünden dann im Namen Gottes vergebe.

"Aber das geht doch nicht!", sagte ich damals empört. "Die Sünden kann doch nur Gott vergeben und nicht ein Mensch!"

Und meine liebe Mutter erklärte mir, daß dies so zum katholischen Glauben gehöre. Ich schüttelte verständnislos den Kopf und meinte dann: "Da bin ich aber froh, daß wir nicht katholisch sind, Mama. Ich würde da niemals hingehen!"

Ich wunderte mich immer wieder.

Dann kam die Geschichte mit Adam und Eva. Sie sollten die beiden ersten Menschen gewesen sein und wurden sodann aus dem schönen Paradies verstoßen. Ich war restlos verwundert, was ein Apfel so alles anrichten konnte, und konnte nicht glauben, daß Gott den Menschen derart zürnte. Das konnte einfach nicht sein. *Gott ist lieb.*

"...Kain erschlug Abel und ging dann fort. Er erkannte sein Weib, und sie ward schwanger". Alle schienen das für völlig normal zu halten, aber für mich war das längst nicht klar. Wo kamen denn die anderen Menschen her, woher das Weib, das er zur Frau nahm, wenn Adam und Eva doch die ersten Menschen waren? Fiel das denn niemandem auf?

"Das ist ein Gleichnis", bekam ich zur Antwort, aber nie konnte mir irgend jemand dieses Gleichnis und andere erklären. Und selbst später, im Konfirmandenunterricht schalt man mich, weil ich solche Fragen stellte. Ich müsse es so hinnehmen, wie es geschrieben stünde, Gottes Wege seien eben manchmal seltsam.

Eine Geburt soll anstrengend und schwer für die Mutter sein, meistens sogar schmerzhaft, hörte ich dann. "Nein", sagte mein kleines Kinderherz wieder, "das kann doch alles nicht sein, Gott hat uns doch lieb, warum sollte Er wollen, daß wir Schmerzen haben?"

Nein, ich wußte, wußte ganz sicher, daß alles anders war. Diese Welt verstand ich nicht. Was war hier nur los?

Die Schule hatte mich nie besonders gereizt, und ich verstand es nicht, wozu es gut sein sollte, daß ich all die Geschichtszahlen vergangener Schlachten und Kriege auswendig lernen mußte, Geburts- und Sterbedaten von Monarchen und Diktatoren. Es interessierte mich einfach nicht, und wozu war es heute nütze? Die Greueltaten an sich waren doch schon schlimm genug.

Viel schöner waren da die Stunden, in denen wir über Gedichte sprachen. Ich schoß immer weit über das Klassenziel hinaus und lernte mehr Strophen und Gedichte auswendig als wir mußten. Sollte irgendwo etwas vorgetragen werden, so wurde ich stets mit großer Selbstverständlichkeit dafür ausgewählt.

Auch der Zeichenunterricht machte mir sehr viel Freude, eben alles, was mit Kreativität und mit dem Leben zu tun hatte. Aber diese erbauenden Themen waren nur dünn gesät. Eine Logik, die ich wieder einmal nicht verstand.

Richtig glücklich war ich eigentlich nur, wenn ich zusammen mit meinem Papa im Fernsehen "Raumpatrouille" oder andere Raumschiff-Abenteuer ansehen durfte.

Ich machte mir viele Gedanken über die Zeit, in der wir lebten und dachte dann bedauernd, daß ich lieber vor zweitausend Jahren gelebt hätte, denn dann hätte ich zur Anhängerschaft von Jesus Christus gehört.

Ich wuchs heran, doch ich verstand die Menschen immer noch nicht. Ich war ein Außenseiter. Versuchte ich auch noch so sehr mich anzupassen, ich blieb ein Außenseiter. Stand ich inmitten einer Menschgruppe, Menschen mit gleichen, gemeinsamen Interessen, ich fühlte mich allein und fremd.

Benommen und verwirrt wanderte ich auf diesem Planeten umher und wußte doch, daß es einen Sinn haben mußte, daß ich hier war. Aber ich hatte ihn vergessen. Vielleicht war mein Hiersein ein Irrtum? Es war alles so anders. Aber so anders wie "was"? - Ich wußte es nicht. Fremd und kalt war es, - manchmal sogar schockierend.

Es war, als wenn ich aus einer Welt käme, voller Harmonie, wo die Häuser keine Türen haben. Und hier bekam ich stets eine Tür vor die Nase geknallt. *Was habe ich hier nur verloren? Wie komme ich hierher? Irrtümer, gibt es die im Universum? Nein, sicherlich nicht, die Göttliche Ordnung ist vollkommen.* Also gibt es einen Grund, warum ich hier bin. *Ist es eine "Strafversetzung"?* Immer mehr baute sich in mir das Gefühl auf, daß ich wohl irgendwann einmal etwas Furchtbares getan haben mußte, anders konnte ich es mir nicht erklären. Und obwohl meine Seele schrie: *nein, nein, das kann nicht sein!,* ging ich schließlich, gebeugt unter dieser Bürde einer unbekannten Schuld, die ich fast gar nicht zu tragen vermochte, meinen Weg, immer in der Absicht, ganz stark an mir zu arbeiten, um wieder rein zu werden, um alles wieder gut zu machen, um wieder "nach Hause" zu dürfen.

Ich suchte etwas. Was, das wußte ich nicht, ich wußte aber, daß ich es erkennen würde, sobald ich es gefunden hätte.

Mein Leben war sehr bewegt, und schon mit dreißig hatte ich sehr viel mehr erlebt und durchgemacht, als mancher in einem stolzen Alter von siebzig.

Und ich blieb der Außenseiter, in der Familie und überall, ob ich wollte oder nicht. Manchmal gelang es mir, mich derart zu verstellen, daß man mich als "normal" einstufte, und ich erlebte kurze Augenblicke der Dazugehörigkeit. Aber trotzdem fühlte ich mich nicht wohl dabei. Ich suchte weiter. Von Anfang an schien mich diese Welt zu bedrohen, und ich versuchte, mich mit jedem nur möglichen Schutzpanzer zu umgeben, um meine tiefe Empfindsamkeit zu verbergen. Dennoch, ich fühlte mich ständig bloßgestellt.

Immer mehr versuchte ich, diese mißliche Lage zu begreifen, suchte stets nach dem Schlüssel, der mir das Tor nach Hause - wo und was das auch immer sein mochte - öffnen würde.

Die Ufologie hatte mich seit jeher interessiert. Und nie stellte sich mir die Frage, ob Raumschiffe, Menschen, die auf anderen Planeten wohnen, Wahrheit sind oder nicht. Ich "wußte", daß es sie gab. Ich hatte nie den geringsten Zweifel. Und ich suchte "sie". Ich war fest davon überzeugt, wenn ich nur stark genug an mir arbeitete, so, daß meine Aura nur noch hell strahlte, dann würden "sie" mich holen. "Sie" würden von den Sternen kommen und mich nach Hause holen.

Unermüdlich suchte ich, forschte ich. Wartete ich, und arbeitete ich an mir. Und ich merkte sehr wohl, daß wir alle geführt werden. Immer mehr öffnete sich etwas, immer mehr Informationen bekam ich, immer mehr fing ich langsam an zu begreifen. Ich machte schöne Erfahrungen, ich machte schlechte Erfahrungen. Niemals hielten sie sich die Waage, die schweren, die harten und schmerzvollen Erlebnisse überwogen bei weitem. Aber ich erkannte, daß alles, insbesondere die unangenehmen Ereignisse, mich ständig vorwärts brachten. Aus allem konnte ich lernen.

Ich wurde zum Geistigen Heilen geführt und erfuhr, daß ich Heilfähigkeiten hatte, also ein Kanal für die Göttlichen Heilkräfte sein durfte. Und ich arbeitete weiter daran.

Immer mehr hörte ich über Medien und entwickelte den sehnsüchtigen Wunsch, selbst Medium zu sein. Ich betete jahrelang darum; es war, als wenn es das wäre, was ich gesucht hätte.

Immer noch forschte ich nach Sternenschiffen, wartete auf sie. Und immer tiefer erkannte ich den Sinn dieses Planten Erde, der ein Schulungs- und Läuterungsplanet ist. Gleichzeitig wurde die Bürde meiner unbekannten Schuld immer stärker. *Warum bin ich hier? Was muß ich getan haben?* Ich fühlte, daß ich von einem weit höherentwickelten Planeten zu kommen schien. *Wie konnte ich nur so tief fallen?* Meine Seele schrie, konnte diesen Schmerz gar nicht mehr ertragen, und sobald ich daran dachte, nahm es mir alle Kraft.

Vom Grundnaturell und vom Wesenskern her bin ich ein positiver Mensch, der diese Kraft an andere Menschen weitergibt, aber meine eigene Seele blieb erfüllt von Traurigkeit über diesen vermeintlich tiefen Fall. Es war ein Nichtbegreifen-können und ein Nichtwahrhaben-wollen. Ich fühlte, daß es nicht so sein konnte. Aber - schließlich bin ich hier!

*

Licht und Schatten

Spontan fällt mir meine Rückführung wieder ein, die ich vor fast zehn Jahren gemacht habe:
Nachdem ich völlige Tiefenentspannung erreicht hatte und durch die Rückführungstherapeutin zu meinem Unbewußten, tief in meine Seele hineingeführt wurde, fand ich mich in einer leuchtenden, strahlenden, einfach wunderbaren Kristallhöhle wieder. Die Wände waren über und über mit funkelnden Kristallen bewachsen, es war, als wenn ich mich inmitten einer riesigen diamantenen Druse befände.

Eine himmlische Atmosphäre umgab mich. Voller Frieden, voller Liebe. Voller Wunder. Auf faszinierende Art beantwortete mir die symbolisch weibliche Seite meines Unbewußten, die die Gestalt einer märchenhaften Meeresnixe annahm, meine Fragen, zeigte mir, was wichtig für mich, für meinen weiteren Weg war. Sie forderte mich auf, in den Brunnen, auf dessen Rand sie saß, zu schauen. Das klare Wasser kräuselte sich leicht, und dann entstanden Bilder auf der Wasseroberfläche. Wie in einem Film offenbarten sich Teile meiner Seele, meines Lebens, meines Seins.

Ich fragte nach dem Sinn meines Lebens. Schließlich suchte ich schon lange nach einer Antwort. Glitzernd kräuselte sich die Wasseroberfläche, und ich sah eine schwarze Taube aus Holz. Während ich sie betrachtete, wurde die Taube langsam weiß, vollkommen hell, und dann lebte sie.

Die Taube, das Friedenssymbol. Doch die Botschaft verstand ich nicht. Ich bat um ein weiteres Bild. Ein Ritter erschien, total schwarz. Schwarze Rüstung, schwarzer Schild, schwarze Pferde, schwarzer Kampfwagen. Das Bild gefiel mir überhaupt nicht, es wirkte düster, unfreundlich, tot.

"Du kannst es ändern, es liegt an dir!", sagte eine sanfte Stimme. Und mit diesem Wunsch in meinem Herzen wandelte sich das Bild. Ein strahlender Ritter stand nun da, in goldener Rüstung, mit einem weiß-goldenen Schild, in nun weiß-goldenem Streitwagen, der von sechs prachtvollen Schimmeln gezogen wurde.

Das war schön. Es lag also an mir, wie ich die Welt sah. Durch meine Gedanken konnte ich meine Welt verändern. Aber war es das? War das die Antwort auf die Frage nach dem Sinn meines Lebens?

Ich fühlte, daß noch irgendeine wichtige Essenz fehlte. Ich verstand es einfach noch nicht.

Und wieder kräuselte sich das glitzernde Wasser, ich fand mich wieder in einem unendlich langen, stockfinsteren Flur. Entlang dieses Flures, auf beiden Seiten, waren Türen, dicht an dicht. Alle standen offen, und aus jeder Tür griffen widerwärtige Ungestalten, Teufel, Dämonen, Ungeheuer mit langen, stachligen, schmierigen und schleimigen Armen nach mir. Und wie entsetzlich - ich mußte durch diesen langen Korridor hindurch!

Es war grauenvoll. Ich machte mich so schmal wie möglich, um an diesen scheußlichen Wesen vorbeizukommen, aber sie krochen aus allen Türen hervor, und es gab kein Durchkommen. Immer wieder erwischte mich eines dieser entsetzlichen Monster am Bein oder am Arm und zerrte und zurrte an mir.

Ich hatte furchtbare Angst. Dennoch fühlte ich gleichzeitig eine sieghafte Kraft in mir. Ich mußte mich dieser Angst stellen. Tief durchatmend und ganz schön mutig richtete ich mich auf. Es war fast so, als ob ich ein Stück größer würde. Entschlossen und voller Kraft ging ich festen Schrittes den Flur entlang und knallte Schritt für Schritt, abwechselnd mit beiden Ellenbogen, jede einzelne Tür zu, jede einzelne zu, zu, zu! Unwiderruflich zu!

Sobald die letzte Tür ins Schloß krachte, erstrahlte der Flur plötzlich in gleißend hellem Licht. Er wurde zu einem Ort voller

Kraft und Schönheit und Harmonie. Und nun war die Antwort klar: "Aus Dunkel Licht machen!", formulierte sich ganz deutlich die Botschaft.

Das war sie also, meine Lebensaufgabe.

Ich glaube, nie war mir so richtig bewußt, was und wieviel diese Botschaft eigentlich bedeutete. Zunächst, nichtsahnend wie wir Menschen nun einmal sind, bezog ich dieses "aus Dunkel Licht zu machen" nur auf mein ganz persönliches Leben. Meine Schattenseiten mußte ich also transformieren, Licht in mein Leben bringen. Und da war es wieder: *Welche Schattenseiten? Was waren das für Ungeheuer? Was habe ich Unrechtes getan, so Unrechtes, das ich jetzt damit hier war?*

Wieder überkam mich die tiefe, tiefe Last einer untragbaren Schuld, einer Schuld, die ich nicht begründen, nicht nennen konnte.

Die Jahre vergingen, so sieben bis acht. Ich arbeitete jetzt viel an meiner Heilerausbildung, - Reiki, dann intensive und aufeinander aufbauende Geistheilungsseminare, Einweihungen, neues Lernen, Einweihungen, weiteres Lernen. Und am Wochenende war ich Student der Heilpraktikerschule.

*

Es war Mai. Ein schöner Mai mit Sonnenschein, Wärme, Ausgeglichenheit und Wohligkeit. Ich kam von einem Konzert nach Hause.

Noch ganz den Klängen Beethovens und Mozarts hingegeben, erfüllte mich innerer Frieden, vollkommene Harmonie. Die letzten Monate waren sowieso gut. Vergangenen September war ich in Ägypten -zwei Tage Kairo, Besuch der Pyramiden, dann per Jeep über den Suez-Kanal bis tief in den Sinai hinein.

Und dann ging sie los, unsere Trekking-Tour. Knappe drei Wochen wanderten wir, sieben Gleichgesinnte und ein ägyptischer Guide, durch die Sinai-Wüste, von West nach Süd, von Süd nach Ost, von Ost nach Nord. Es war eines der tiefsten Erlebnisse, die ich je gehabt habe. Kein Wort der Welt reicht aus, diese Eindrücke zu beschreiben. Es war einfachstes Leben, kein Luxus, kein Lärm, nur Natur und Stille und wir.

Das Nachtlager unter freiem Himmel gehörte zu den wunderbarsten Erfahrungen, die ein naturverbundener Mensch machen kann. Zufrieden auf dem felsigen Wüstenboden liegend, tief verbunden mit Mutter Erde, zugedeckt mit Abermillionen von leuchtenden Sternen - besser, beschützter und geborgener habe ich nie geschlafen.

Dieser Urlaub hat mein ganzes Leben nachhaltig verändert. Ich wurde ruhiger, vertrauensvoller und offener. Eine ganz neue Kraft hatte ich mitgebracht.

Noch immer von den vergangenen Wüstennächten träumend und schwärmend, kam ich nun nach meinem Konzertbesuch auf die Idee, draußen auf meinem Balkon zu schlafen. Meine Wohnung hatte einen schönen, großen überdachten Balkon, eher schon eine Terrasse. Ich wohnte unter dem Dach, das Grundstück war von hohen Tannen umgeben und dazu in einer ruhigen Lage. Niemand konnte mich sehen, niemand stören. Es war mild draußen, sogar Sterne funkelten, liebevoll und stumm, wenn auch nicht so dicht und prachtvoll wie in der Sinai-Wüste. Gut, es war ein Kompromiß, aber kein ganz so schlechter.

Wohlig atmete ich tief durch - endlich wieder draußen schlafen. Frei fühlte ich mich und leicht, und ich baute mein Nachtlager.

Lange konnte ich nicht einschlafen. Ich schaute mit Liebe in den Himmel, bewunderte die schmale Mondsichel, die in ihrer Schlichtheit soviel Anmut und Würde ausstrahlte. Es war sechs Tage vor Neumond. Die Sterne glänzten und schienen zu lächeln, als wenn es ihnen Freude machte zu leuchten. Wie schön die Welt doch war! Friedlich schlief ich irgendwann ein.

Ganz plötzlich werde ich wach. Halbwach oder Halbschlaf, ich weiß es nicht. Obwohl ich die Augen geschlossen habe, nehme ich ganz deutlich wahr, wo ich liege, erkenne die vertraute Landschaft um mich herum in der verschwommenen Helligkeit, die Mond und Sterne ausstrahlen.

Die Hände oberhalb der Brust haltend, liege ich auf dem Rücken, eine eigentlich ungewöhnliche Schlafhaltung für mich.

Etwas hat sich ganz leicht auf meine Brust gesetzt, dadurch bin ich aufgewacht. Noch im Halbschlaf denke ich, daß es ein Vogel ist. Viel zu müde, um mich zu bewegen und ihn wegzuscheuchen bleibe ich einfach bewegungslos liegen. *Es ist ja nur ein Vogel,* denke ich.

Plötzlich wird mir klar, daß Vögel nachts wohl kaum umherfliegen. Erschrocken stelle ich im gleichen Moment fest, daß das Gewicht auf meiner Brust zunimmt, das "Etwas" wird größer.

Noch immer unfähig mich zu bewegen, denke ich, *eine Katze muß das sein. Doch wie, verdammt, wie kommt eine Katze eine senkrechte, acht Meter hohe Wand hinauf?*

Mir wird mulmig. Panikartig stelle ich fest, daß ich nicht bewegungsfaul, sondern gelähmt bin. Die "Katze" hat inzwischen die Größe eines Tigers, eines Löwen angenommen, ist größer als ich, liegt schwer und mit eiskalter Gewalt auf mir, hat meine Handgelenke umklammert - ein unlösbarer, schmerzhafter Griff, Eisenzwingen, die immer enger werden. Ganz deutlich nehme ich das "Ding" als riesigen bedrohlichen Schatten, der ständig seine Form verändert, wahr.

Absolute Panik steigt in mir hoch - allertiefste Furcht. Ich will aufspringen, mich wehren, das Ding von mir stoßen. Aber ich bin gelähmt. Gelähmt! Ich kann mich nicht bewegen, nicht einmal die Augen öffnen. Und trotzdem sehe ich. Es ist kein Traum, das weiß ich ganz sicher.

In meinem Körper scheint alles Amok zu laufen. Kräfte von innen scheinen verzweifelt zu versuchen, gegen meine Arme zu drängen, damit sie sich bewegen, von innen gegen meine Lider zu drücken, damit sie sich öffnen. Aber es hilft nichts. Mein Herz rast. Es fühlt sich an, als wenn es jeden Moment zerspringen muß, ein entsetzliches Kribbeln durchjagt jede einzelne Zelle meines Körpers, Angstschweiß bricht aus.

Oh Gott, was ist das? Warum reagieren meine Muskeln nicht, warum kann ich die Augen nicht öffnen? Ich will schreien, doch selbst das gelingt nicht. Ich kann den Mund nicht aufmachen, bringe keinen Ton hervor. Stattdessen höre ich erschreckt nur ein gequältes Krächzen, als wenn etwas meine Luftröhre abdrückt. Innerlich, in Gedanken brülle ich mich selbst an: *Wach auf! Wach auf! Du mußt aufwachen!* Ich befehle mir ununterbrochen, innerlich schreiend: *Augen auf! Mach die Augen auf...!*

Der Druck des schwarzen Schattens verstärkt sich währenddessen immer mehr. Ich kann es fast nicht mehr aushalten. Meine Hände drohen von den Gelenken einfach abzufallen, sie scheinen abgedrückt zu werden. Der Schmerz ist unerträglich. *Warum gehorcht mir mein Körper nicht mehr? Was ist los?* Das schwarze Etwas scheint mich zu zerquetschen. Es ist ein Kampf auf Leben und Tod. Ich versuche weiter zu schreien, mich zu bewegen, immer und immer wieder.

In mir tobt die ganze Welt, alle Universen, alles, was ist.

Endlich - nach schier endloser Zeit reiße ich mit einem gewaltigen Ruck die Augen auf. Und der Spuk ist in der gleichen Sekunde vorbei. Stille - bis auf ein merkwürdiges Wimmern, Stöhnen. Mit den Augen taste ich tief erschrocken und mißtrauisch die Umgebung ab.

Ich sehe nichts Ungewöhnliches.

Dann stelle ich fest, daß ich selbst diese eigenartigen Laute von mir gebe. Es sind die immer noch verzweifelten Versuche, mit geschlossenem Mund zu schreien. Mein Herz rast und rast. Das unwohle Kribbeln durchläuft noch immer jeden Millimeter meines Körpers. Elend fühle ich mich und habe nur das Gefühl, "es so gerade noch einmal geschafft zu haben". Rundherum ist nichts zu sehen, nichts zu hören. Friedliche Nacht. Es ist zwei Uhr morgens. *Was war das???*

Ich fühle mich unbehaglich, kann nicht erklären, was ich da soeben erlebt habe. Nur - ein Traum war es nicht. Das weiß ich ganz sicher. Es war etwas vollkommen anderes. Etwas ganz Reales. Ich kann es nicht verstehen und versuche, es zunächst in den Hintergrund zu drängen, um das Angstgefühl loszuwerden.

Nach einiger Zeit schlafe ich dann auch wieder ein, wache aber immer wieder plötzlich und ruckartig auf, mich argwöhnisch und vorsichtig umsehend, ob auch wirklich alles in Ordnung ist. Gegen fünf Uhr morgens halte ich es nicht mehr aus, nehme meine Bettdecke, husche ins Schlafzimmer und krieche in mein "richtiges" Bett. Dort fühle ich mich jetzt doch wohler, sicherer.

Am nächsten Morgen war ich wie gerädert. Was hatte ich da bloß Furchtbares erlebt? Ich zermarterte mir den Kopf, kam aus dem Grübeln nicht heraus. Was war das? - Eine Erklärung fand ich nicht. Ich versuchte, es zu verdrängen, erst einmal zu vergessen, denn all die Gedanken machten es nur noch schlimmer. Ich wollte nicht mehr daran denken.

Nichts Weiteres war in den nächsten Wochen passiert, aber ich traute mich irgendwie nachts nicht mehr auf den Balkon hinaus. Draußen zu schlafen kam mir natürlich überhaupt nicht mehr in den Sinn.

Ich ertappte mich dabei, wie ich vor dem Zubettgehen überprüfte, ob die Wohnungstür auch richtig verschlossen sei. Und zum ersten Mal im Leben sah ich mich mit richtiger Angst konfrontiert. Ich war immer mutig, liebe Herausforderungen. Richtige Angst, nein, die kannte ich bisher nicht. Solange ich ein Risiko überblicken und einschätzen konnte, war es in Ordnung. Ich ging nie leichtfertig mit Dingen um, und wenn man sich selbst gut kennt, weiß man, was man sich zutrauen kann. Nie hätte ich gedacht, daß ich mich einmal so fürchten würde.

Nun ja, es regnete meistens, warum sollte ich also abends auf den Balkon gehen? Außerdem - kühl war es auch. Es war ein mieser Sommer, und so gab es keinen Grund hinauszugehen. Und wenn es erst einmal wieder warm und schön wäre, dann würde ich diese Geschichte sicherlich längst vergessen haben.

Innerlich wußte ich, daß es nicht stimmte. Aber ich wollte es so glauben.

Zwei Monate später sollte sich dies für mich bestätigen.

Zufrieden mit dem Tag, ging ich ins Bett. Es war gerade in der Phase des Übergangs zwischen Noch-wach-sein und Gerade-einschlafen. Wirre Bilder drängten sich mir förmlich auf, alles drehte sich, rotierte wild durcheinander. Ich konnte sie überhaupt nicht einordnen.

Das einzige, was ich ziemlich deutlich wahrnahm, waren horrorartige Gestalten, schreckliche Wesen, Ungeheuer, Fratzen. Ich versuchte, diese Bilder zu verscheuchen, aber es gelang nicht. Fast war es so, als wenn sie eine enorme Kraft hätten und sich mir regelrecht aufdrängten, sich in meine Gedanken einschalteten, sie kontrollierten.

Ich fühlte mich sehr unbehaglich. Mein ganzer Körper schien sich in diesem Wirbel mitzudrehen. Ein widerliches, kaum auszuhaltendes Kribbeln durchzog jeden einzelnen Teil meines Körpers, die Arme, die Beine, den Bauch, den Kopf, alles. Das Kribbeln wurde so intensiv, daß es schmerzhaft war, wie ein Pieken mit tausend Nadeln. Und plötzlich, von einem Augenblick zum anderen, war das unheimliche Etwas wieder da - groß, pechschwarz, mächtig. Monströs. Es sprang grob auf mich und hielt mich wieder in absolut starrem Griff gefangen. Wilde Panik durchzog mich, Adrenalinstöße schossen wie Feuerwerk durch meinen Körper. Ich war wieder gelähmt - total bewegungsunfähig.

Sofort wußte ich, daß es dasselbe Ding wie auf dem Balkon war. Ich sah mein Schlafzimmer, sah die Umrisse aller Gegenstände im Lichtschein der durch das Fenster scheinenden Straßenlaterne, sah also die wahre Welt, die Realität. Und ich sah genauso deutlich den bedrohlichen schwarzen Schatten. Noch im Entsetzen des ersten Erlebnisses packte ich all meine Willensanstrengungen zusammen und schrie innerlich: *Aufwachen! Augen auf! Beweg dich! Diesmal wird es nicht so wie beim letzten Mal, diesmal nicht. Nein. Nein. Nein!*

Es kostete einen ungeheuren Kraftaufwand, diese Gedanken klar zu formulieren. Doch schließlich, endlich gelang es. Mit grimmiger Konzentration schaffte ich es; mit einem Ruck riß ich die Augen auf, das Ding war ebenso plötzlich verschwunden.

Mein Körper vibrierte immer noch, mein Herz flatterte. *Oh nein - was ist das?* - Ich konnte die Augen nicht aufhalten. Es war als wenn sich eine immense Kraft dagegen stemmte, sie wieder zudrückte. Und schon war das schwarze Ungeheuer wieder da, bestialisch, furchteinflößend und grauenvoll. Macht und Gewalt stellten sich zur Schau. Meine panischen Versuche, mich zu bewegen, blieben absolut erfolglos. Es ging einfach nicht. Ich wollte den unheimlichen Schatten wegstoßen, ihn treten, ich wollte schreien, doch nichts war möglich.

Wer bist du?, schrie ich ihn telepathisch an. Doch ich hatte das Gefühl, diesem Unwesen, dem ensetzlichen schwarzen Etwas mache das Ganze großen Spaß. Es war, als wenn es mich auslachte; ein groteskes Lachen, das widerliche und hämische Gelächter des Stärkeren ergoß sich über mich.

Nach endloser Zeit, unendlichem Kampf und größter Willensanstrengung flogen wieder ruckartig meine Lider hoch, es war geschafft. Mühevoll richtete ich mich auf, um bloß nicht wieder einzuschlafen. Mein Körper brannte, alles tat weh.

Es war wieder zwei Uhr, die gleiche Zeit wie beim ersten Mal. Was hatte das alles zu bedeuten?

Nur mühsam konnte ich die Angst überwinden. Und ich wußte wieder: das war kein Traum. Viele Stunden lag ich wach.

Eine Zeit begann, wie ein nie-enden-wollender Alptraum. Manchmal erlebte ich diese Angriffe Nacht für Nacht. Dann war wieder einmal für drei Monate Ruhe, und ich dachte, es jetzt endgültig überwunden zu haben. Aber es ging weiter. Ich erlebte eine Angst, die ich niemals für möglich gehalten hätte. Meine Nervenenden lagen offen, ich traute mich nicht einmal mehr ins Bett, schlief mit Licht, Radio- oder Fernsehgeräusch - aber nichts half. Ich versuchte, die unwirklichen und doch so realistischen Ungeheuer zu überlisten, indem ich bis drei Uhr morgens wach blieb. Es funktionierte einige Tage, aber dann paßten sie sich an und überfielen mich eben um vier oder fünf oder noch später.

Ich suchte "angeblich kompetente" Menschen auf, die mir weiterhelfen wollten. Fehlanzeige! Es war erschütternd, was mir dort alles noch als zusätzliche Last aufgebürdet wurde.

"Das ist ein Mann aus einem früheren Leben, ein Matrose, der Sie sehr geliebt und jetzt endlich wiedergefunden hat; mit all seiner Liebe kommt er nun zu Ihnen", sagte eine Schamanin. "Das ist Ihr schlechtes Gewissen", sagte jemand anderes; "das ist die Kraft, die Sie in einem früheren Leben mißbraucht haben, die sich jetzt rächt und voll auf Sie zurückfällt", sagte der nächste.

Ich verzweifelte immer mehr. Sollte ich tatsächlich so eine tiefe Schuld mit mir herumtragen? Ich wußte, daß es so nicht stimmte, war entsetzt darüber, was hilfesuchenden Menschen so einfach aufgetischt wird. Allein schon dazu braucht man allerstärkste Nerven, um nicht in einen noch tieferen Abgrund zu stürzen.

Ein Heilpraktiker sagte nur: "Bete, bete und bete! Bete immer noch mehr, soviel du nur kannst!"

Das tat ich auch. Ich betete, sprach Anrufungen, Rituale, Vergebungsgebete, Loslösungsformeln, das Vaterunser. Und ich räucherte soviel mit Salbei und Weihrauch, daß ich fast in dem Qualm erstickte. Es half etwas. Aber immer noch wurde ich bei nächstbester Gelegenheit von diesen Ungeheuern erwischt, bedroht und überfallen.

Ich wußte inzwischen, daß ich niemals von außen Hilfe bekommen würde. Ich mußte es selbst lösen. Und die Last meiner unbekannten Schuld wurde immer größer. Was hatte ich getan, daß ich hier auf Erden nun solch furchtbare Dinge anzog: Dinge, Begegnungen, die die Menschen - auch solche, die sich angeblich damit auskennen - nicht einmal kennen; Dinge, die mit der direkten Hölle in Verbindung zu stehen schienen? Ich war entsetzt, verzweifelt. Was zum Teufel hatte ich mit der Hölle zu tun, mit schwarzen Schatten und Gestalten, mit Dämonen und der dunklen Seite überhaupt? Im Göttlichen Licht wollte ich arbeiten. Heilen, Menschen helfen und sie in Einklang bringen mit ihrem Seelenleben.

Sicher, es gibt eine dunkle Seite. Aber, was hatte ich damit zu tun? Ich wollte ins Licht. Die dunkle Seite interessierte mich doch gar nicht. Und ich würde niemals mit ihr zusammenarbeiten. Also hatte ich sie auch stets ignoriert. Vielleicht war ich auch überhaupt niemals sicher, ob es tatsächlich eine gab. Mir fiel ein gelesener Satz ein: "Wir wollen alle Pendel sein, die nur zu einer Seite schwingen. Aber das geht nicht. Die Polarität ist ein Göttliches Gesetz.

Ein Pendel muß immer zu beiden Seiten ausschlagen".
Was aber war dran am Teufel, an Satan? War es nicht vielleicht doch alles Aberglaube, Einbildung? Wo kamen diese nächtlichen Erlebnisse her? Waren es Dämonen? Und warum kamen sie zu mir? --- Meine Seele schrie und schrie --- was hatte ich bloß getan, wovon ich jetzt nichts mehr wußte? ---

Gute drei Jahre dauerten diese Erlebnisse an. Alle nur möglichen Varianten der Angriffe habe ich erlebt. Schleimige Monster griffen nach mir, dunkle Schatten schienen mich zu zerquetschen, splittrige Arme nahmen meinen Kopf und schüttelten ihn wild reißend hin und her. "Komm, steh auf", sagten sie einmal zu mir und wollten mich zum Balkon locken. Eklig haarige Finger jagten mit jeder Berührung marternde Stromschläge durch meinen ganzen Körper. Sie schienen mein Bett hochzuheben und mich hinausstoßen zu wollen. Manchmal nahm ich nur einen entsetzlichen Gestank und ein röchelndes Geschmatze und Geschnalze wahr. Ein infernalisches Crescendo der Unterwelt, ich hatte die Hölle zu Gast.

Mit der Zeit lernte ich, damit umzugehen, meine Angst so in den Griff zu bekommen, daß nicht sie die Kontrolle über mich, sondern ich die Angst unter Kontrolle hatte. Manchmal konnte ich die Angriffe sehr schnell abwehren, manchmal dauerte es einfach immer wieder entsetzlich lange. Aber ich geriet nicht mehr in Panik. Ich war gelassener.
Die Gebete halfen sehr, und ich versuchte alle möglichen Praktiken, um noch besser mit diesen Attacken umzugehen. Liebe kann alles abwehren, also mußte ich diesen Angreifern Liebe senden. Ich sagte es ihnen, schleuderte ihnen meine wörtliche Liebe an den Kopf, aber sie lachten nur höhnisch. Es dauerte eine Zeit, bis ich einen wirklichen Lichtstrahl der Liebe aus meinem Herzen auf

diese Wesen strahlen konnte. Die Wirkung war eine enorme. Das Wesen zog sich blitzartig zusammen und geriet in einen unheimlichen Sog. In einem Wirbel ungeheuerlicher Geschwindigkeit drehte es sich um sich selbst, zischte in diesem Wirbel durch die Wand und war weg.

Ich erlangte ein viel tieferes Gottvertrauen. Und Stärke, seelische Kraft.

Heute weiß ich, daß es ganz harte Prüfungen, zugelassene Angriffe der negativen Seite waren, die mich zu einer wichtigen und großen Erkenntnis gebracht haben.

Auf meine immer wiederkehrende Frage "warum hört das nicht auf?", sagte mir einmal mein Lehrer in der Geistheilerausbildung: "Vielleicht liegt darin später einmal deine Aufgabe, nämlich Menschen dort zu helfen."

Ich war entsetzt. Lieber nicht!

*

Du bist eine von uns

In wenigen Sternstunden der Meditation erlebte ich meine schöneren "Erinnerungen", bekam Botschaften.

So sah ich eines Tages in der Meditation einen Sternenhimmel über mir, schöner, als man ihn sich vorstellen kann. Zufrieden ruhend in mir selbst stand ich am Strand, immer zu den Sternen aufblickend, mich vollkommen mit ihnenverbunden fühlend.

Doch auf einmal wurde ich jäh aus meinem inneren Frieden gerissen. Ganz weit hinten blinkte ein Stern mehrfach auf.

Ich wußte, daß er mich meinte. Sogleich empfing ich einen so starken Strom der Liebe und Verbundenheit, daß mir unversehens die Tränen in die Augen schossen. Ich konnte es gar nicht fassen.

Telepathisch vernahm ich die Botschaft: *Wir haben dich nicht vergessen. Wir wissen, was mit dir ist. Wir sehen dich und dein Leben. Sei beruhigt, wir sind bei dir, immer. Wir lieben dich, und wir werden niemals aufhören, dich zu lieben.*

Tief erschüttert und voller Sehnsucht überkam mich ein schmerzhafter Weinkrampf. Das einzige, was ich fühlte, war aufgewühlter, unendlicher Schmerz: sie sind sooo weit weg, und es wird so lange noch dauern.

Lesen begeisterte mich schon immer, und ich hatte alles an UFO-Literatur gelesen, was ich in die Hände bekam, Filme gesehen, Vorträge gehört und, und, und.

Eine unglaubliche Wehmut überkam mich bei jeder geschilderten Kontaktaufnahme, bei persönlichen Begegnungen, die Menschen mit unseren Geschwistern aus dem Weltraum erleben durften.

Eines Tages besuchte ich einen UFO-Kongreß. Wieder gab es

viele Vorträge, viele Filme, Erlebtes hautnah wiedergegeben. Dennoch, ich war stets ein skeptischer Mensch. Zweifelte ich die Raumschiffe auch niemals an, so wußte - besser gesagt, fühlte ich doch, daß längst nicht alles, was erzählt wurde, auf wahren Tatsachen beruhte und man auch hier sehr genau unterscheiden mußte.

Aber das war eigentlich nicht schwer. Als typischem Wassermann fällt es mir leicht in andere Personen "hineinzublicken" und ihre Seele, ihre Gedanken und Gefühle wahrzunehmen. Und ich wußte, daß ich mich auf mein Innerstes gut verlassen konnte.

Wie so üblich, gab es rund um den Kongreß Basare, die die interessantesten und wundersamsten Dinge zum Thema Ufologie und Esoterik anboten. Manches war mir wirklich unbegreiflich, aber es amüsierte mich, wie es die meisten Menschen faszinierte.

Ich kam zu einem Tisch mit hunderten von Fotos. Jesus Christus in den verschiedensten Ansichten und Ausführungen, Erzengel und viele Außerirdische. Ich hielt überhaupt nichts davon. Die Darstellungen von Jesus Christus, na gut, die Fotos von Erzengeln, oh, ich weiß nicht, aber insbesondere die Vielfalt der Bilder der verschiedensten Außerirdischen --- ich konnte es einfach nicht glauben. Die meisten waren derart überzogen, daß sie wirklich stark an Raumschiff Enterprise und anderem Science-fiktion erinnerten.

Das war nichts für mich! Ich ging abwinkend weiter, doch unwillkürlich wurde mein Blick von einem Bild so stark angezogen, daß ich einfach nicht widerstehen konnte.

Ein Strahl unendlicher Liebe traf mich mitten ins Herz. Ich war verblüfft. So etwas hatte ich noch nie erlebt!

Es war das Profil eines Mannes in einer strahlenden Aura. Die enorme Ausstrahlung ging auf mich über, und ich blieb lange vor dem Bild stehen, nahm es dann fassungslos in die Hand und ließ es weiter wirken.

Auf der Rückseite stand "Ashtar Sheran", aber das sagte mir nichts, außer, daß dies für mich ein wunderschön klingender Name war und absolut zu diesem Wesen zu passen schien. So viel Schönheit, so viel Anmut, Majestät und Würde, so viel Liebe, Wissen und Weisheit hatte ich noch nie gesehen.

Ich war so erstaunt und nahezu versucht, dieses Postkartenbild zu kaufen. Doch mein Verstand sagte: *Nein, ich bleibe auf dem Boden der Tatsachen, ich falle nicht auf alles herein, was andere glauben, uns verkaufen zu können.*

Ich legte das Bild weg und ging weiter. Zwei Schritte, dann ging ich wie zufällig zurück und sah es noch einmal an. Ich ging wieder weg - und ging wieder hin, ging wieder weg und ging wieder hin. Mich verstohlen umsehend, ob auch niemand, mit dem ich vorher über all diese "merkwürdigen Bilder" gesprochen, vielleicht sogar gespottet hatte, mich beobachtete, kaufte ich schnell und unauffällig dieses Bild.

Es ist unbeschreiblich, was es alles in mir auslöste. Ab und zu holte ich es noch während des Kongresses aus der Tasche und mußte es einfach immer wieder ansehen.

Zu Hause stellte ich es auf meinen Schreibtisch, oft betrachtete ich es eingehend und fragte: "Was willst du mir bloß sagen?"

Ich konnte mich selber, meine Reaktion auf dieses Bild nicht verstehen. Ich fühlte eine ganz tiefe Liebe, gleichzeitig große Ehrfurcht, und hatte den scheinbar unerreichbaren Wunsch, diesen wunderbaren Menschen von einem anderen Stern kennenzulernen, ihm zu begegnen.

*

Innerhalb von sechs Wochen fuhr ich zweimal nach Südengland, besuchte Stonehenge, Avebury, Glastonbury - das einstige Avalon - und weitere Kraftorte.

Südengland hat durch diese Kraftorte eine starke, spirituelle Energie. Eine Reise dorthin öffnet die Seele, läßt vieles innerlich erleben. Ich wandelte auf den Spuren von König Artus und durchstreifte die Kornfelder nach Kornkreisen. Ich fühlte immer, daß sie mit den UFOs zusammenhingen. Natürlich hoffte ich, doch irgendwann einmal nachts lichtvolle Beobachtungen zu machen - aber ich war "nicht sehend".

Einmal, ich saß gerade mit meiner Reisebegleiterin Renate nachts auf Silburyhill, - ich beobachtete einen Stern, der etwas abseits von uns stand und meinte, er bewege sich. In relativ kurzer Zeit stand er mitten über uns. Ich beobachtete weiter, konnte aber nichts Genaueres feststellen. *Sicherlich eine optische Täuschung,* sagte ich mir.

Mit einer hohen Energie kam ich zurück nach Hause, und genau wie nach jeder anderen "spirituellen Reise" begann anschließend eine Zeit des inneren Aufräumens; alte Dinge kamen hoch, konnten endlich transformiert werden. Es war ein spürbares ständiges Wachsen, ein Freiwerden.

Reisen waren für mich immer besonders wichtig. Fremde Kulturen zogen mich stark an. Ich glaube, es hing mit meiner Suche zusammen, ich suchte ja immer noch mein Zuhause. Und nur einmal im Leben hatte ich das Gefühl "jetzt Zuhause zu sein", und das war vor einigen Jahren, als ich oben auf dem Berg Mose im Sinai saß.

Ich weiß nicht, was für eine vertraute Energie es war, ich konnte es mir selbst nicht erklären, denn es war nicht gerade gemütlich dort. Ein karger Felsen, der Wind pfiff, es war bitterkalt, aber es war gut. Ich fühlte mich geborgen, beschützt und frei.

Meine nächste Reise ging nach Israel. Zusammen mit meiner Freundin Ursula flog ich zunächst nach Kairo in Ägypten, von dort aus nach Jordanien, um einige Tage später mit dem Bus nach Israel einzureisen.

Ägypten sollte nur eine zweistündige Zwischenstation sein, aber eine Woche vor Reisebeginn bekamen wir die Mitteilung, daß wir eine Übernachtung in Kairo einplanen müßten.

Wir nahmen es auf wie ein Geschenk, denn wir beide liebten Ägypten über alles. "Bestimmt kommt da etwas", sagte ich zu Ursula, "das geschieht nicht zufällig."

Wir saßen im Flieger der Egypt Air, der Käpt`n schnarrte gerade durch die Bordanlage, daß wir in etwa fünfzehn Minuten in Kairo landen würden, da durchzuckte es mich wie ein Blitz.

"Wir klettern auf die Pyramide", sagte ich aufgeregt zu Ursula.

Im ersten Moment sah sie mich ein wenig irritiert an, aber sie kannte mich lange genug und hatte sich längst an meine ungewöhnlichen und spontanen Ideen gewöhnt.

Das war das Schöne an Ursula, sie machte einfach alles mit.

"Hoffentlich wird es nicht zu spät", war unser einziger Gedanke, denn es war Abend, und wir wußten nicht, an welchem Ende der Stadt unser Hotel liegen würde.

"Wenn es sein soll, wird es klappen", schlossen wir.

Unser Hotel in der Pharaonenmetropole lag natürlich genau am entgegengesetzten Punkt von Gizeh, und Kairo ist nicht gerade klein.

Um einundzwanzig Uhr trafen wir im Hotel ein, schleppten eiligst unsere Koffer aufs Zimmer, zogen uns warme Sachen und feste Schuhe an. Dann stürmten wir ins Foyer hinunter und liefen ausgerechnet unserer dortigen Reiseleiterin in die Arme.

Wir sagten nichts von unserem eigentlichen Vorhaben, sondern sprachen nur von einem Ausflug in die Stadt. Sie erschrak vollends und riet uns entschieden und scharf davon ab.

"Wir waren schon einmal hier und kennen uns aus. Wir wissen, worauf man achten muß", brachten wir ihr entgegen und entflohen ihrer gluckenhaften Obhut.

"Taxis müßten ja vor dem Hotel stehen", meinte Ursula.

Aber natürlich ist in Ägypten alles anders - viele Autos vor der Tür, aber kein Taxi.

"Man muß wohl im Hotel telefonisch bestellen."

Wir sahen uns noch einmal suchend um und wollten gerade gehen, da kam ein kleiner Hotelbus, hielt direkt neben uns, und in orientalischem Englisch fragte uns der Fahrer, ob wir ein Taxi suchten.

"Ja", murmelten wir beide ziemlich überrascht.

Wo wir denn hin wollten? "Zu den Pyramiden", sagte ich forsch und bestimmt.

Er schaute, ohne eine Miene zu verziehen und sagte: "Es ist dunkel dort, keine Lichter."

"Das ist egal, wir möchten trotzdem hin", erwiderte ich.

Der Busfahrer meinte, wir sollen fünf Minuten warten, er würde uns ein Taxi besorgen, und schon schoß er davon.

"Ein netter Zufall", dachten wir belustigt.

Wir warteten, und nach wenigen Minuten kam er zurück in seinem Bus. Wir mögen einsteigen, hörten wir ihn brummeln, er bringe uns zu einem Taxi.

Ursula und ich sahen uns fragend an, der Mann machte einen zuverlässigen und anständigen Eindruck, wir stiegen also ein. Wir hatten beide verabredet - sollte der Taxifahrer irgendwie merkwürdig, nicht vertrauensvoll erscheinen, so würden wir ablehnen.

Nach zwei Kilometern stoppte der Bus, ein klappriges Taxi stand neben uns. Nun, dieser nette Busfahrer wollte seine kleine Extrafahrt nicht einmal bezahlt haben. Er handelte für uns mit dem Taxifahrer sogar noch einen fairen Preis aus und versicherte, daß wir uns darauf und auf den Fahrer vollkommen verlassen könnten.

Der Fahrer selbst machte einen sympathischen Eindruck, ehrlich, zuverlässig und absolut vertrauenswürdig. Wir stiegen ein und ließen uns abenteuerlich durchs nächtliche Kairo chauffieren.

Nach einer ganzen Weile sagte ich zweifelnd zu Ursula: "Vielleicht haben wir doch zu schnell gehandelt und gar nicht bedacht, daß wir auf eine Pyramide ja nicht einfach so hinaufmarschieren können, schon gar nicht im Dunkeln. Die Steine sind zu unterschiedlich hoch, teilweise sicherlich sehr schwer zu erklimmen. Wie sollen wir uns da in der Dunkelheit bloß einen sicheren Weg bahnen?"

"Wenn's nicht geht, fahren wir eben zurück", meinte meine immer auf Sicherheit bedachte Ursula, "wir müssen nur darauf achten, daß uns der Taxifahrer nicht dort absetzt und davonbraust. Vielleicht kann er mitkommen und uns helfen."

Wir versuchten ihn zu fragen, ob er zufällig eine Taschenlampe habe, aber außer "hello" und "thank you" sprach er kein Englisch. Er verstand uns nicht, so sehr wir uns auch mit Händen und Füßen bemühten, unser Problem zu erklären.

"Ach, hätten wir wenigstens eine Taschenlampe dabei!" -

Es vergingen keine zwei Minuten, da kam ein etwa fünfzehnjähriger Junge auf die Straße gerannt, winkte wild mit den Armen und stoppte unser Auto. Der Fahrer hielt an, sie unterhielten sich lauthals - auf uns wirkte es wie dramatischer ägyptischer Kauderwelsch - unser Wagenlenker zuckte nur immer wieder mit den Schultern.

In ziemlich deutlichem Englisch sprach der Junge uns dann an: "Wollt ihr auf die Pyramiden zum Meditieren?"

"Ja", sagte ich verwundert.

"Mein Vater kann euch hinaufführen. Er ist ein guter Mann, ein guter Guide, er zeigt euch einen sicheren Weg."

Völlig verblüfft willigten wir ein. Er verabredete mit dem Taxifahrer einen Treffpunkt, sauste davon, um seinen Vater zu holen; wir fuhren ein paar Häuserecken weiter; eine finstere Gegend! Plötzlich wurde unser Wagen wieder gestoppt. Ein dicker, besitzergreifender Ägypter machte sich auf dem Vordersitz breit - Ursula und ich saßen hinten - und gestikulierte wild fuchtelnd los, er würde uns zu den Pyramiden bringen, mit dem Kamel, wir sollen aus dem Taxi aussteigen!

Er hatte etwas auffällig Unsympathisches an sich, etwas Unehrliches. Unser Taxifahrer, ein eher sanfter, aber sehr besonnener Typ redete mit ihm, kam aber gegen diesen gewichtigen Koloß gar nicht an.

Und eh wir uns versahen, wurden die Türen aufgerissen und ein weiterer Ägypter drängte sich vorne auf die Bank, zwei andere hinten hinein, neben uns. Es begann nun ein lautstarkes und heilloses Palaver wie auf einem Basar, und wir wußten überhaupt nicht, was los war.

Der Junge war auch wieder eingetroffen, gesellte sich außerdem in die völlig überfüllte Orient-Limousine und gab sich mit dem Dicken ein heftiges Rededuell.

Wir fühlten uns sehr mulmig, und langsam stieg eine leichte Panik in uns auf. Draußen standen noch viele Männer, alle gekleidet in schmuddelige Kaftane und unordentlich gewickelte Turbane.

Ich atmete tief durch und suggerierte mir und gleichzeitig Ursula: *Jetzt bloß nicht die Nerven verlieren.*

Ein kurzer Gedanke flammte auf: *ganz schön leichtsinnig, so ohne irgendetwas hier nachts loszufahren.*

Ich bat in einem stillen Gebet um Hilfe und visualisierte Licht - Licht, Licht und nochmals Licht! Es dauerte nur wenige Minuten, und wie auf Kommando verließen alle Beduinen das Gefährt. Unser Fahrer gab Gas, der Junge blieb drin. Er erklärte uns dann, daß der "Dicke" ihm das Geschäft wegnehmen wollte, daß er in dieser Gegend bekannt dafür wäre, und weil er so mächtig und stark wäre, hätten alle Angst vor ihm und überließen ihm dann das Geschäft.

Er, der Junge, hätte ihm schließlich demonstriert, daß die "beiden Ladies" kein Interesse mehr hätten und wir zurück ins Hotel fahren würden. Geschickt gemacht, denn er fragte uns während des allgemeinen Überfalls mehrfach irgendetwas, was wir nicht verstanden, und sicherheitshalber schüttelten wir immer entschieden den Kopf.

An einem "geheimen" Ort lasen wir den Vater des Jungen auf, handelten einen Preis aus und fuhren die letzten Kilometer weiter bis zu den Pyramiden.

In einiger Entfernung hielten wir vor der Cheops-Pyramide.

Zwei Wachen standen dort an einem Lagerfeuer, Gewehre über der Schulter. Ich konnte es nicht fassen. Was war das? Vor etwa vier Jahren war ich hier, aber da war alles frei zugänglich. Hätte ich davon gewußt, wäre ich niemals auf die Idee gekommen, hierher zu fahren.

Ich sah unseren Plan schon scheitern. Aber was ist der Orient ohne Bakschisch? Der Vater verhandelte mit den Wachen, sie wetteiferten, stritten sich; enttäuscht setzte er sich wieder ins Auto.

Diesmal hatte der Bakschisch nicht gewirkt.

"No problem", wisperte der Alte. Im weiten Bogen fuhren wir um die Pyramiden herum, um sozusagen von der anderen Seite einen erneuten Anlauf zu nehmen.

Wir stiegen aus unserem Pyramidentaxi, bekamen Vorsichtsmaßregeln, uns möglichst leise zu verhalten. Hier wären die Wachen nicht so dicht, nur ab und zu würden die Pyramiden mit Scheinwerfern abgeleuchtet, dann müßten wir in Deckung gehen. Wir könnten nur die kleine besteigen, die Mykerenos-Pyramide, doch die sei genauso schön. Aber zunächst mußten wir einen längeren Fußmarsch durch den Sand machen.

Faisal, so hieß der Vater, war schon in einem sehr fortgeschrittenen Alter, aber trittfest und äußerst würdevoll schien er mit schnellen, leichten Schritten über den Sand zu schweben. Ursula und ich mußten uns erst an diese Gangart gewöhnen, stolperten mehrfach in der Dunkelheit und stapften, völlig aus der Puste und wenig würdevoll, neben ihm her.

Nach etwa einer Dreiviertelstunde standen wir am Fuß von Mykerenos. Ein erhabener Moment, diese Pyramide im Schein des nächtlichen Himmels vor uns, die Silhouetten der beiden anderen, Chefren und Cheops, im Blickfeld, in unmittelbarer Nähe. Es war wie im Traum.

Mit geübtem Griff nahm Faisal seinen Kaftan hoch, stopfte alles in die viel zu weite Gabardinehose, die er darunter trug und im Nu verwandelte sich die landestypische Tracht in durchaus taugliche Bergsteigerkleidung.

Behende wie eine Gazelle bahnte er uns im Zickzack einen möglichst einfachen und sicheren Weg und glitt wie ein nebelhafter Schatten die mächtigen Steinquader hinauf. Wir hegten offene Bewunderung für ihn. Er achtete auf jede Kleinigkeit, wollte es "den Ladies" möglichst bequem machen, nahm dort sicher haltend unsere Hand, zog und schob, so wie es gerade sein mußte.

Mein Herz klopfte vor Aufregung und Begeisterung.

Zwischendurch mußten wir uns immer mal wieder flach auf die gewaltigen Steinquader pressen, weil Kontroll-Scheinwerfer die Pyramide anstrahlten. Aber wir fühlten uns absolut sicher, sicher unter Gottes großem Schutz.

Als wir die Hälfte erklommen hatten, sagte Ursula, daß sie nicht weiter mitkäme, sie würde hier warten. "Ich habe Angst, daß ich nicht wieder hinunterkomme."

"Klar kommst du 'runter, ich helfe dir doch", sagte ich, "du bist jetzt so nah, die Möglichkeit kommt nicht wieder, später ärgerst du dich."

Aber sie wollte nicht. Faisal hörte sich das stumm an, ließ es aber einfach nicht zu. Bestimmt und auch irgendwie sehr beschützend schob er Ursula einfach weiter. Sie hatte gar nicht die Möglichkeit stehenzubleiben.

Wir erreichten die Spitze. Ursula war sehr glücklich darüber, daß sie doch weitergeklettert war.

"Jetzt bist du oben", meinte ich verheißungsvoll, wartend hinter ihr stehend, als sie als erste den höchsten Punkt von Mykerenos betrat.

Es war inzwischen eine gute halbe Stunde nach Mitternacht. Was für ein Moment, welcher Augenblick! Eine Energie durchströmte uns, so stark, daß ein innerliches Zittern das nächste übertraf!

Unser Best-Guide zog sich taktvoll einige Stufen tiefer zurück, um uns alleine zu lassen. Wir beide suchten uns mit etwas Abstand einen guten Platz und ließen die Empfindungen und Energien fließen. Das Gefühl war unbeschreiblich. Es war ein himmlischer Ort, eine Himmelsstunde. Das Sternenfirmament war so klar, es schien ganz nah zu sein, die Sterne dicht an dicht aneinandergereiht. Wir schwebten mitten im Universum.

Ich fühlte, daß auf irgendeine Weise viele hohe Geistige Wesen um uns waren und empfand mit ihnen einen tiefen, inneren Frieden, vollkommene Göttliche Harmonie. Die Zeit schien nicht zu existieren.

Innerlich hörte ich ein vertrautes, freudiges Lachen von jemandem mit einer tiefen, aber ganz weichen, melodischen Stimme. Sie war so beruhigend, so innig, so voller Liebe. Ich fühlte mich mit allem verbunden, mit allem eins. Und ich hörte diese Stimme, es war als wenn die Sterne direkt zu mir sprächen: *Du bist eine von uns.* Immer wieder hörte ich es: *Du bist eine von uns!*

*

... und immer wieder "Er"

Beim Abstieg von Mykerenos waren wir seltsam berührt und ergriffen. Wir fühlten Demut, tiefe Liebe und Dankbarkeit.
Diese ganze Reise, die jetzt zunächst nach Petra in Jordanien und sodann nach Israel weiterführen sollte, kam mir vor wie eine Initiation. Irgendetwas, etwas "Nicht-Greifbares", wurde vorbereitet, wurde aktiviert. Besonders stark spürte ich das noch einmal in Bethlehem und Jerusalem.
Es schien wichtig für mich zu sein, daß ich diese Orte jetzt besuchte. Dazusein war ein unbeschreibliches Empfinden. Jeder Tag war wie eine einzige Meditation. Glücklicherweise war es eine Zeit, in der nicht sehr viele Touristen unterwegs waren, und alles erschien mir wie eine wunderbare Göttliche Fügung.

Wieder zu Hause angekommen, verging die Zeit, es geschah lange nichts Außergewöhnliches, abgesehen von einigen Traumbotschaften, von denen ich sicher war, daß es Botschaften waren, deren Bedeutung ich aber meistens noch nicht verstand. Wie immer in solch einem Fall schrieb ich den genauen Traum auf und wußte, irgendwann später würde eine Erklärung kommen.
Es ist oft wie ein Puzzlespiel, Stück für Stück setzt sich alles zu einem enormen, großen, denkwürdigen Bild zusammen.

Doch in größeren Abständen "begegnete" mir immer wieder Ashtar Sheran. Ich fand ihn in Büchern, hörte von seinen Botschaften in Vorträgen.
...wieder er, konnte ich nur jedesmal ergriffen feststellen.
Ich ahnte, daß "sie" vielleicht auch mit diesen seltsamen, noch unverständlichen Traumbotschaften in Verbindung standen. Es schien ein Rätsel für mich zu sein, das immer größer wurde.

Eines Tages besuchten mich Kim und Alina, meine beiden Nichten, neun und elf Jahre alt. Bei unserem vorherigen Treffen, vor zwei Monaten, machte ich verschiedene Übungen mit beiden in Form des Energie-spürens.

Beide Mädchen sind extrem feinfühlig, nahmen sofort die Kristallenergien wahr, sahen sogar noch die menschliche Aura. Es mußte ihnen jedoch erst bewußt gemacht werden.

Es war so schön, ihr Interesse war groß, und sie stellten viele Fragen. Ich freute mich darüber, denn es ist besonders erfreulich und angenehm, mit Kindern zu arbeiten. Und ich war verblüfft, daß sie diese sensiblen Fähigkeiten immer noch besaßen. Normalerweise treten diese immer mehr in den Hintergrund und verblassen ganz im Alter von etwa sechs Jahren, wenn dann bei Kindern die Loslösung von der Geistigen Welt stattfindet und der Verstand mehr in den Vordergrund tritt.

Es war das erste Mal, daß sich die Kinder mit solchen Dingen beschäftigten.

Und nun kamen sie, um mich übers Wochenende zu besuchen. Ihre Mutter hatte sie für diese erste große Reise ohne Eltern sicher und beschützt in den Zug gesetzt, knappe zweihundert Kilometer trennten uns, ich holte sie hier vom Bahnhof ab.

Am späten Nachmittag wollten wir gemeinsam nach Hamburg ins Musical "Cats" fahren.

Sie kamen schon sehr früh morgens, was mir zunächst gar nicht so recht paßte, weil ich noch einige Besorgungen machen wollte. Nun ja, es ließ sich nicht ändern, sagte ich mir, es wird schon seinen Sinn haben. Und so war es tatsächlich.

Als wir die Wohnung betraten, stürmten beide sogleich auf die Kristalle los, nahmen einen nach dem anderen in die Hand, drehten und wendeten sie freudig, tauschten sie gegenseitig, fühlten und spürten.

Ich freute mich an ihrer Begeisterung.

Auf einmal fragte Kim, die Kleinere: "Barbara, was bedeutet eigentlich eine weiße Aura?"

Ich war erstaunt über das anhaltende Interesse, und schon waren wir in einem angeregten Gespräch.

Beide baten: "Laß uns doch wieder einige Übungen machen."

Sie wollten immer noch mehr wissen. Wie schön!

Wir blieben bei der Aura, bei den verschiedenen Farben, übten sie zu sehen, wahrzunehmen. Zwei von uns sahen sich immer die Aura der Dritten an, und ich war verblüfft über die Übereinstimmungen.

Nun wollten sie unbedingt meine Aura "ansehen".

Beide sahen - mit offenen Augen! - viel Weiß und helles, durchsichtiges Blau.

Ich wollte sie noch tiefer in das Empfinden hineinführen und forderte sie auf, sich noch einmal die Aura, die Farben anzusehen und dann zu versuchen wahrzunehmen, welche Empfindungen das Weiß, das leichte Blau auslösen.

Beide berichteten anschließend - natürlich unabhängig voneinander -, daß sie zunächst mit offenen Augen in die Aura gesehen, sich darauf konzentrierten und dann die Augen einem Impuls entsprechend geschlossen hätten.

Jede von ihnen schilderte, daß sie einen "Mann" gesehen hätte. Kim sowie auch Alina beschrieben ihn: dunkle schöne, junge Augen, lange Haare, längerer Bart. Dahinter ganz helles Licht.

Das war eine Überraschung! Aber für jeden von uns!

Wir machten weitere Versuche. Wieder ein "Mann". Insgesamt nahmen sie vier verschiedene "Männer" in meiner Aura wahr.

Heimlich, also ohne etwas zu sagen, baute ich Sicherheits-Prüfungen ein. Es war mir alles zu aufregend, zu passend. So etwas hatte ich noch nie erlebt.

Als sie sich das nächste Mal auf meine Aura einstellten, vergrößerte ich sie kraft meiner Gedanken - wie gesagt, ohne einen Hinweis zu geben.

"Oh", kicherte Kim vergnügt, "das kommt jetzt wie aus einem Springbrunnen da (aus dem Kronenchakra) 'rausgeschossen."

Wir versuchten weitere Energien zu sehen. Kim und ich setzten uns gegenüber in einem Abstand von gut zwei Metern, die Hände ebenfalls uns gegenüber haltend. Ich "ließ zu", daß unsere Energien sich trafen, sagte Alina jedoch nichts davon. Doch genauestens nahm sie wahr, wie aus allen vier Händen weiße Energie floß, die sich in der Mitte traf.

Ich verstärkte dann meine Energie bewußt, sagte natürlich wieder nichts, und drängte Kim's Energie damit zurück, so daß nun meine Energie in ihre Hände floß. Und spontan beschrieb die beobachtende Alina genau dieses.

Ich visualisierte das Reiki-Verstärkerzeichen, und sofort nahm Alina eine Verstärkung, eine Verbreiterung, wie sie es nannte, des Energiestrahls wahr.

Meine Güte, waren wir allesamt begeistert. Die Kinder hatten Spaß und Freude daran, ich sichtbares Erstaunen und gleichzeitig auch Bestätigungen. Tiefe Dankbarkeit erfüllte mich für dieses Erleben.

Wir versuchten, mehr über die "Männer" in der Aura zu erfahren, und ich bat die Mädchen, entsprechende Fragen zu stellen.

Die "Antworten" waren bei beiden natürlich gemäß den persönlichen Empfindungen unterschiedlich, jedoch war der Inhalt der gleiche. Ein Ja wurde dadurch gegeben, daß das Gesicht sehr nah herankam; Kim sah dann speziell die Augen, wunderschöne, tiefgründige blaue Augen, die ganz nah auf sie zukamen. Oder alles wurde strahlend hell. Bei einem konkreten Nein wurde das Bild schwarz.

Beide sprachen immer wieder von einem "Mann" mit ganz besonderen Augen, irgendwie sehr dunkel, aber doch strahlend hell und blau. Dahinter sehr viel Licht. Plötzlich meinte Kim: "Ich glaube, das Licht war ein UFO. Vielleicht sehen wir ja bald eins."
"Frag doch mal", entgegnete ich.
Sie konzentrierte sich wieder auf meine Aura und schloß dann einige Minuten die Augen. Als sie ihn fragte, "lachte der Mann". Kim hatte das Gefühl, das bedeute Ja.

Es war eine wunderschöne, harmonische Stimmung, wir fühlten uns so wohl, daß wir fast unser Musical vergessen hätten.
Nachdem wir unsere Energiearbeit zunächst einmal ruhen ließen, holte ich ein Buch über Engel, um beiden etwas vorzulesen. Beim Blättern in dem Buch fiel "zufällig" das Bild von Ashtar Sheran heraus. Es war mir gar nicht bewußt, daß es in diesem Buch war; vor Wochen hatte ich es wieder vom Schreibtisch genommen, weil es mich immer mehr verwirrte statt Klarheit zu bringen. Von Anfang an war eine unendliche Liebe zu dieser Lichtgestalt da, und ich schien mich noch immer mehr darin zu "verlieben". Mein Verstand behielt jedoch die Kontrolle, und kurzerhand nahm ich das Bild und legte es irgendwohin, wo ich es nicht ständig sah.
Und nun purzelte es ungewollt - und wohl doch gewollt - aus dem Buch. "Das ist ja der Mann, den ich in deiner Aura gesehen habe!", riefen beide Mädchen gleichzeitig aus...
Ich konnte gar nichts mehr sagen. Sprachlos war ich, wirklich sprachos. Da war "Er" wieder, Ashtar Sheran. *Was hat das bloß alles zu bedeuten?*
Ich fühlte eine innere Freude, ein angenehmes Kribbeln, aber gleichzeitig ein immer größer werdendes Nicht-Verstehen. Ich mußte mich stark ablenken, um die Gedankenflut abzuwenden.
Wir fuhren los nach Hamburg, denn es war inzwischen allerhöchste Zeit.

*

Es wird klarer

Mein Wunsch, ein Medium zu werden, war noch immer genauso ausgeprägt. Inzwischen hatte ich selbst versucht, medialen Schreibkontakt herzustellen. Es gibt genügend Literatur, die die Praktiken beschreibt. Aber kaum jemand sagt etwas über die Gefahren, die darin auch liegen können. Glücklicherweise hatte ich stets einen unermeßlichen Schutz.

Allabendlich zur gleichen Stunde setzte ich mich hin, nach dem Gebet erwartungsvoll den Bleistift in der Hand haltend. Die ersten Tage geschah nichts. Doch eines abends - meine Hand wurde zwar nicht beim Schreiben geführt - fühlte ich eine Flut von Gedanken, die ich einfach aufschrieb.

Sie kamen so schnell, daß ich große Mühe hatte, mit dem Schreiben nachzukommen. Aber das war gut so, es verhinderte das sofortige Bewerten und beugte Beeinflussungen durch eigene Gedanken vor.

"Lies jetzt die Bibel auf Seite 777, und du wirst erkennen und verstehen", schrieb ich. "Du mußt Geduld lernen. Du bist medial veranlagt und weißt über die Kontakte. Sei dankbar dafür und verfolge dein Ziel. Lache dabei und sei fröhlich, denn auch das ist eine Gabe Gottes. Wir lieben dich. Und wir freuen uns, daß du uns gerufen hast. Wir segnen dich im Namen Gottes. Gott zum Gruß."

Ich schlug meine Bibel auf. Seite 777. Mein Blick fiel sofort auf Vers 3. "Alles hat seine Zeit", hieß die Überschrift. "Ein jegliches hat seine Zeit", ging es weiter, "und alles Vorhaben unter dem Himmel hat seine Stunde: Geboren werden hat seine Zeit, Sterben hat seine Zeit; Pflanzen hat seine Zeit, Ausreißen, was gepflanzt ist, hat seine Zeit; Töten hat seine Zeit, Heilen hat seine Zeit; Abbrechen hat seine Zeit, Bauen hat seine Zeit; Weinen hat seine Zeit, Lachen hat seine Zeit."

Und so ging es noch endlos weiter im Prediger Salomo. - "Man mühe sich ab, wie man will, so hat man keinen Gewinn davon", endete der Vers.

Ich hatte verstanden, zwar hatte ich etwas anderes erhofft, und nur leise brummend, aber doch gehorsam und ehrfürchtig räumte ich meine Utensilien weg und stellte die Schreiberei zunächst wieder ein.

Alles hat eben seine Zeit.

Etwa vier Monate später bekam ich die Adresse eines Mediums. Ich hatte nicht das Bedürfnis hinzugehen und hob sie auf für später, für irgendwann einmal.

Aber schon nach wenigen Wochen spürte ich den starken Drang, jetzt doch dieses Medium aufzusuchen. Und das, obwohl ich gar keine besonderen Fragen auf dem Herzen hatte.

Es war ein interessanter Termin. Viel wurde mir über meine Heiltätigkeit gesagt, natürlich einiges über eine "glorreiche Zukunft", ich werde berühmt, und, und, und. Na ja, so etwas nehme ich gänzlich unbeeindruckt hin. An Ruhm war mir nichts gelegen; und ich bin sehr vorsichtig im Umgang mit solchen Ankündigungen.

Mir war schon klar, daß der Genauigkeitsgehalt bei Einzelmedien sehr fragwürdig ist, da sie schnell Eigenes aus ihrem Bewußtsein mit hineinbringen, vielleicht eigene Vorstellungen, Wünsche. Es ist nicht leicht, dieses von den tatsächlichen Durchgaben zu trennen. Außerdem setzen sie sich der Gefahr aus, bei der eine negative Beeinflussung stattfinden kann, weil eine Kontrolle durch andere Menschen nicht gegeben ist.

Nun, ich erzählte nichts von mir, um etwaige Eigeninterpretationen des Mediums so gut wie möglich auszuschließen. Erstaunlich sind dann doch die nachprüfbaren Ergebnisse gewesen; und ich bekam ein gutes Gefühl dafür, was ich glauben konnte und was nicht.

"Dein Seelenpartner ist da", sagte sie.

Und ich spürte, es stimmte. Freudig fühlte ich seine starke Präsenz, die von diesem Tag an immer tiefer und bewußter wurde. Das Medium "plazierte" ihn ins Geistige Reich. Er war im früheren Leben - in unserem letzten gemeinsamen - Arzt, und jetzt heile er aus dem Geistigen Reich, zusammen mit mir.

Nun, daß diese Plazierung und Aufgabe nicht stimmte, stellte ich erst einige Zeit später fest. Das war eine dieser Eigeninterpretationen. Aber dennoch spürte ich die immer stärker werdende Verbindung. Es war ein herrliches Gefühl! Und wer oder was er tatsächlich war, spielte zu dieser Zeit eigentlich gar keine Rolle.

Ich nahm ihn wahr, wußte, er hatte dunkles Haar und tiefblaue Augen. Ein konkretes Bild von ihm wurde mir geistig übermittelt, aber ich konnte es nicht sehen. Ich fragte nach seinem Namen.

"Wenn du ihn sehen kannst, wirst du seinen Namen wissen", lautete die Durchgabe.

*

Noch einmal vergegenwärtigte ich mir die vergangenen Monate. Es wurde tatsächlich alles immer deutlicher. Die Schleier des Nicht-Verstehens schienen sich nach und nach zu lichten, das Erwachen immer mehr zu erblühen. Die Zeit schien gekommen. Einem Impuls entsprechend, startete ich spontan einen weiteren medialen Schreibversuch.

Wieder schrieb ich die schnell fließenden Gedankenströme, die von außen zu kommen schienen, auf:

"Alpha Centauri. Es gibt einen Kontakt mit diesen Wesen. Forsche, welche Möglichkeiten für dich machbar sind, mit ihnen zusammenzutreffen. Gehe hin und lasse geschehen, was sich ereignet. Du wirst davon profitieren. Dein Wunsch wird erfüllt. Hohes Gedankengut wird zu dir kommen, geistige Entwicklung in Quantensprüngen. Sei gefaßt darauf! Du brauchst keine Angst zu haben, die Wesen kennen dich und sie lieben dich. Mache andere darauf aufmerksam, gehe jedoch vorsichtig mit den Botschaften um, sie werden dir helfen, die Menschen dem Licht näherzubringen. Lasse geschehen, erwarte nichts Spezifisches! Mache dich frei! Ich bin dein Stern. Ich bin von Alpha Centauri. Gott zum Gruß. Amen."

Als ich das Geschriebene anschließend in Ruhe las, war ich verblüfft. Alpha Centauri! Schon als Kind hörte ich den Namen dieses Sternbildes - sicherlich in der Zeit, als ich noch Astronom werden wollte - er klang schon damals für mich wie Musik, und ich habe diesen Namen oft wiederholt, ohne mir seiner Bedeutung bewußt zu sein. Eigentlich hat mich der Name Alpha Centauri mein Leben lang als wohlklingende Melodie begleitet. Ich wußte nicht warum.

Erstaunt war ich nun über diese Botschaft. War es überhaupt eine Botschaft? Oder war es doch mein Wunschdenken? Ich hatte weder jetzt noch in den letzten Wochen an Alpha Centauri gedacht, ich wußte auch nichts darüber, kannte nur den Namen, es konnte also nicht momentan in meinem Gedankengut vorherrschen, was mir eine klitzekleine Sicherheit dafür gab, daß es nicht meine eigenen Gedanken waren.

Ein Kontakt steht bevor..., sollte das wirklich möglich sein, sollte jetzt bald ein Traum wahr werden? Auf alle Fälle wurde es spannend.

Ich kniete wieder einmal vor meinem Bücherregal und blätterte meine UFO-Literatur durch. *Vielleicht finde ich eine Stelle, der ich entnehmen kann, ob Ashtar Sheran etwas mit Alpha Centauri zu tun hat.* Es dauerte etwas, bis ich es in einem Buch mit verschiedenen Kontaktberichten tatsächlich bestätigt fand: Ashtar Sheran war auf Alpha Centauri beheimatet.

Mein Herz machte einen Freudensprung. Zwar sagte das alles noch nichts darüber, ob diese Botschaft echt war, aber irgendwie war ja alles ein kleines bißchen stimmig. Eine Hoffnung war da. Ich wollte mich jetzt auf nichts fixieren, die Botschaft sagte ja auch ...*erwarte nichts Spezifisches*; ich würde einfach abwarten. Und Geduld ist ja auch eine Tugend, die wir gar nicht genug üben können.

*

In regelmäßigen Abständen traf ich mich immer wieder mit dem Medium und damit auch mit meinen Geistigen Helfern und erhielt sozusagen eine "geistige Heilerausbildung". Ich sollte Diagnosen stellen, die entweder bestätigt oder korrigiert wurden, die Geistwesen schulten mein drittes Auge, trainierten das geistige Sehen. Ich bekam Bilder, das Medium die Beschreibung in Worten, und wir hatten damit auch gleichzeitig eine gegenseitige Kontrolle. Es war eine wunderschöne und äußerst effektive Arbeit. Eine so tiefe Freude ergriff mich, nun direkten Kontakt zu diesen liebevollen Lichtwesen zu haben, die mit mir heilten, deren Kanal ich sein durfte. Ich fühlte tiefste Dankbarkeit und Glückseligkeit.

Schon in der ersten Sitzung meinten die Geistwesen, daß ich viel lesen würde, aber in letzter Zeit Bücher anfange, sie jedoch bald wieder weglege, weil ich spürte: das ist es nicht!

Genau so war es. Ich konnte es nur bestätigen.

"Warte ab!", meinten sie geheimnisvoll. Und dabei beließen sie es.

Ich fuhr nach Hause, voller Freude über das gerade Erlebte, versunken in Gedanken über die Durchgaben, die ich annehmen konnte und die, die ich nicht annehmen konnte.

Intuitiv griff ich zu einer alten Ausgabe eines Magazins über UFOs und spirituelles Wissen, schlug irgendeine Seite auf - und blickte zu meiner völligen Überraschung wieder in das Antlitz von Ashtar Sheran.

Sofort begann mein Herz wild zu klopfen.

Ein spiritueller Forschungskreis bot mediale Botschaften von Ashtar Sheran an. "Botschaften nicht von dieser Erde", Botschaften der Santiner an die Erdenmenschheit. Das war es, das wußte ich!

Sofort griff ich zum Telefon, um meine Bestellung aufzugeben. Eine liebe Stimme meldete sich mit Waltraud Sokolowski und lud mich gleich zu sich ein, um die Broschüren dort abzuholen.

"Es ist ja in der Nähe, und so können wir Porto sparen", meinte sie. Freudig nahm ich die Einladung an, gleich am nächsten Tag.

Später erst, einige Monate nach unserem Termin, wurde uns klar, daß auch dieses ein geführtes Treffen war.

Mich interessierte dieser mediale Kreis sehr. Der christliche Spiritualismus ist die irdische Verbindung zur Urheimat des Menschen und zugleich die Lehre vom bewußten Weiterleben nach der Entkörperung, also nach dem irdischen Sterben. Im Gegensatz zum Spiritismus, also dem Hervorbringen physikalischer Phänomene, sucht der Spiritualismus Kontakte zu autorisierten Lehrern des Göttlichen Lichtes, um Belehrungen über die Wahrheit der menschlichen Existenz zu erfahren.

Neben Lichtboten, hohen Vertretern aus dem positiven Geistigen Reich, meldete sich in diesem Kreis auch Ashtar Sheran, das Oberhaupt der Santiner, vom Planeten Metharia.

Ich stellte viele Fragen an Waltraud und wagte sogar die Frage, ob man nicht in diesen Kreis einsteigen könne. Die Antwort war so, daß ich sogleich jegliche Hoffnung verlor. -

Dennoch, ich konnte regelmäßig die Protokolle dieser medialen Sitzungen bekommen. Ja, das war doch schon viel.

Wieder daheim, begann ich natürlich sofort in den Botschaften, die Ashtar Sheran gab, zu lesen. Alles, was ich darin fand, kannte ich im tiefsten Grunde meines Inneren. Viele interessante Details verblüfften mich, und am meisten schockierte mich, wie schlimm es tatsächlich um die Erdenmenschheit steht.

"Wir kommen als Brüder von Stern zu Stern", las ich. "Wir haben einen Auftrag, den wir bestimmt zu Ende führen müssen, weil der Allmächtige keinen Handel treibt. Was Er befiehlt, ist für alle zwingend bis zum Sieg, ohne Rücksicht auf Raum und Zeit. Darum haben wir erneut diese Reise unternommen.

Ihr nehmt eure Existenz als selbstverständlich hin. Euren Verstand betrachtet ihr als euren Verdienst. Das Maß eurer Erkenntnis habt ihr selbst geschaffen. Eure Liebe besteht im Eigennutz. Was euch an die Existenz Gottes mahnt, dafür findet ihr oder eure Wissenschaft keine Erklärung. Was euch an den Tod erinnert, weist ihr von euch. Ihr flieht vor dem Übersinnlichen und flüchtet immer weiter fort von Gott. Über die wirkliche Wahrheit wird gelästert und gelacht. Das Heilige wird verspottet, das Böse wird zur Lustbarkeit erkoren. Dabei habt ihr keine Ahnung davon, daß ihr über die erhabensten und heiligsten Mysterien des Allmächtigen lacht.

Jedes menschliche Wesen entstammt einem Zentralpunkt, einer geistigen Zentralsonne, einer gewaltigen Intelligenz, ganz gleich, welche materiellen Unterschiede auch bestehen mögen. Der geistige Teil des Menschen kommt aus dem Geist Gottes. Milliarden Funken aus einem gewaltigen Feuer, und jeder Funke springt in eine Form.

Die primitivsten Menschen dieser Erde sind in der Erkenntnis einer anderen Daseinsform erfahrener und wissender als der modernste Wissenschaftler.

Inmitten dieser Unkenntnis, Verleugnung und Verdrehung, Verzerrung und Gottlosigkeit kommen wir im Auftrag unseres ALLVATERS. Unser Auftrag ist eine heilige Mission und darum wird er angefeindet, wie eine Religion angefeindet wird. Unser Auftrag lautet: Fahrt nieder zur Erde. Beobachtet das Tun der Erdenmenschheit. Verhütet den Untergang des Planeten. Säubert die vergiftete Atmosphäre! Verdichtet und akklimatisiert euch, daß man euch auf Erden erkennt. Leistet den Erdenmenschen brüderliche Hilfe! Bringt geistiges Licht auf diese Welt und laßt eine neue, göttlichsoziale Weltanschauung entstehen! Lehrt die Gottgläubigen die Wunder, welche irrtümlich als Aberglaube und Magie mißachtet werden. Vor allem aber, befreit die Erdenmenschheit von allen Erscheinungen der Dämonie, welche den Höhepunkt erreicht haben, denn die Zeit ist bald um, in der der Ungeist auf diesem Erdenplan sein Unwesen und seine Herrschaft getrieben hat!

Mit diesem Auftrag hat Gott uns die Erde mit ihrer Menschheit anvertraut. Wir sind die Treuhänder eures Planeten und arbeiten jetzt unsichtbar im Namen eures Erlösers Jesus Christus."

Das war der Auftrag der Santiner. Wahrhaftig eine Botschaft "nicht von dieser Erde", ein Tatsachenbericht aus der Sicht der Santiner.

Gott will der Menschheit dieser Erde helfen, und er hält Seine schützende Hand über uns. Diese Tatsache haben wir allein dem Treuhänder unseres Planeten zu verdanken. Der Treuhänder dieser Erde heißt auf ewig: Jesus Christus, dem Gott alle Vollmachten erteilt hat.

Doch Jesus Christus steht nicht allein da. Ihm dienen die Engel des HERRN, Ihm dienen die positiven Seelen im Reiche Gottes und auf Erden, Ihm dienen die Menschen der interplanetarischen Bruderschaft vieler anderer Planeten, Ihm dienen die Santiner von Metharia, im Sternbild Alpha Centauri - und Ihm dient vor allem der schon vor 2ooo Jahren angekündigte Menschensohn. Dieser ist von Jesus Christus, im Einvernehmen mit dem Erzengel Michael, und in der übertragenen Vollmacht Gottes, als Haupt der Göttlichen Himmelsflotte eingesetzt. Sein Name lautet: Ashtar Sheran.

Ashtar Sheran ist ein Weltenlehrer. Er ist der Führer einer Bruderschaft, die mit den Mitteln höchster technischer Vollendung im Universum missioniert, aber keinesfalls mit Feuer und Schwert.

Es ist unmöglich, ein Wort im irdischen Sprachgebrauch zu finden, diese Funktion zu beschreiben. Um es besser zu definieren, kann man sagen, daß Ashtar Sheran ein Messias ist. Gleich Christus ist er mit der Göttlichen Hierarchie telepathisch verbunden und richtet sich nach diesen Anweisungen. Man könnte sagen, daß Ashtar Sheran der Christus der Santiner ist.

Die Mission ist die gleiche, eine große Mission, in der alle stehen, Lichtboten, jenseitige Helfer und Schutzpatrone, ja sogar Engel und Erzengel. Auch die Santiner stehen in der gleichen Mission. Die Weltraumschiffe beteiligen sich schon seit biblischen Zeiten an der Erweckung der Menschheit.

Viele stellen die Frage, warum dieser Messias, Ashtar Sheran, nicht aus seinem Raumschiff aussteigen und wie Christus zu den Erdenmenschen sprechen will. -

Nun, die Entwicklung dieses Santiners, sagen wir Christus, ist so hoch, daß es zu einer materiellen Feinstofflichkeit gekommen ist, die in dieser Form bisher unbekannt war. Ashtar Sheran ist trotz aller Anstrengungen nicht fähig, sich auf diesem sehr festen Stern dauerhaft zu materialisieren. Jede derartige Materialisation löst sich schon nach wenigen Minuten wieder auf. Außerdem ist sie nur unter gewissen Voraussetzungen möglich.

Ganz anders ist das bei den anderen Santinern, die mit Hilfe technischer Vorrichtungen astralisiert oder materialisiert werden können.

Wenn wir mit Ashtar Sheran einen Kontakt haben, so befindet er sich in einem astralisierten Zustand, das heißt, er ist dann genau so ein Geist wie die jenseitigen Lichtboten. Er macht von den gleichen spirituellen Verständigungsmöglichkeiten Gebrauch.

Für die Santiner existiert er in seiner Materie, jedoch nicht für uns.

Ashtar Sheran ist ein Lehrer von gewaltigem Wissen. Er hat Einblick in die Geheimnisse des Universums, und er kennt die Geschichte dieser Erde. Er weiß um die Dinge, die uns ewig verborgen bleiben würden. Er weiß um den Untergang von Sodom und Gomorrha, und er kennt die Wunder um die Botschaft von Fatima.

Viele werden bezwungen sein von dem imposanten, eindrucksvollen Antlitz des Oberbefehlshabers der Ufonen. Viele werden es sehr befremdend finden, ob seiner eigenartigen Augen (gemeint ist der Ausdruck in medialen Zeichnungen), aber sie würden in helles Entzücken geraten, sähen sie diese Augen farbig. Sie sind etwas tiefliegend, überdacht von der hohen Stirn, und bei Ashtar Sheran ist der Augapfel nicht schneeweiß, sondern geht in seiner Färbung etwas ins Blaue, während seine Augen an sich, mit einer großen Pupille, sehr ins Tiefblaue, Unergründliche gehen. Dabei hat sein Antlitz etwas bestechend Offenes an sich. Die Farbe seiner Haut ist bronzen und wirkt trotz der Bräune fast durchsichtig. Das Haar ist tiefbraun, fast schwarz, durchsetzt von hellblonden Strähnen.

Es gibt nur einen Ashtar Sheran, genauer gesagt nur einen Ashtar, denn Sheran ist nur sein Titel. Sheran bedeutet soviel wie: Geistiger Führer zum Emporstieg. Er ist das Licht, das der Erlösung und der Erleuchtung der Menschheit vorausgeht. ---

Das ist eine Beschreibung aus den jenseitigen Sphären des Lichts, Worte, die einer Offenbarung gleichkommen.
Welch große Hilfe wird uns zuteil!
Er, Ashtar Sheran, verdient unser vollkommenes Vertrauen!

*

Überwältigt beendete ich soeben eine weitere Broschüre der medialen Botschaften von Ashtar Sheran.
"Friede über alle Grenzen", so schloß er stets seine Botschaften, doch diesmal endete er mit den Worten: sul inat is nit othen.
Ein tiefer Schauer überkam mich. Irgendwie schien sich alles in meinem Körper zusammenzuziehen, fast war es wie ein Krampf. Ohne daß ich wußte warum, fing ich lautlos an zu schluchzen.
Sul inat is nit othen - diese Worte klangen wie Musik. Ich kannte sie! Ich brauchte sie nur einmal kurz zu sehen und schon sprach ich sie. Wenn man eine bisher fremde Sprache liest, muß man die Worte mehrfach lesen, einstudieren, bis man einen Satz fehlerfrei nachsprechen kann. Aber hier genügte ein einziger kurzer Blick. Es waren so vertraute Worte. Und ich spürte wieder diese tiefe, tiefe, so unerklärliche Sehnsucht. Sul inat is nit othen - ich wiederholte es immer wieder. Ich war so aufgewühlt, daß ich nicht weiterlesen konnte.

Am nächsten Tag vertiefte ich mich wieder in diese Themen. Mir war inzwischen klar, daß dies die Geistwesen neulich meinten, "...warte ab!", hatten sie nur gesagt. Sie hatten mich zu absoluten Wahrheiten geführt. Und genau die hatte ich gesucht.
Ich las weiter. Der Erdenplanet sei der letzte negative Planet, ein Läuterungsplanet, hieß es. Und wieder war ich ganz verzweifelt. Wieso war ich hier? Das konnte doch alles nicht sein. Ich fühlte mich der Erde immer weniger zugehörig. Den Santinern fühlte ich mich so viel näher. Ihre Einstellungen, Vorstellungen,

ihre Lebens- und Denkweise entsprachen den meinen vollkommen. Dort fühlte ich mich dazugehörig. Zuhause.

Der letzte negative Planet, ein Läuterungsplanet. - Was hatte ich nur getan? Wie konnte ich das, was es auch immer war, tun? Oder fühlte ich mich den Santinern, Außerirdischen überhaupt nur näher, weil ich meinen Problemen davonlaufen wollte? Wollte ich mich nur nicht mit meinem wahren Sein identifizieren? Wollte ich besser sein als ich bin? -

Mein Zustand wurde immer entsetzlicher. Ich war doch ehrlich und auch realistisch. Was war nur los? Tiefste Verzweiflung übermannte mich.

Traurig versuchte ich, mich zu beruhigen, wollte meditieren. Ich betete, ganz verzweifelt habe ich Gott angefleht und ihn gefragt: "Habe ich tatsächlich etwas so Fürchterliches getan, daß mich das Karma hierher gebracht hat? Habe ich tatsächlich die Macht so mißbraucht?" Ich versprach: "Was immer es war, ich nehme es an und werde alles abarbeiten, wiedergutmachen, egal wieviele Inkarnationen es noch dauern möge." Ich würde dazu stehen. Dennoch, ich konnte es nicht fassen. Es war schrecklich, meine Verzweiflung wurde immer größer, der Schmerz immer tiefer. Statt mich zu beruhigen wurde alles nur noch schlimmer. Ich schluchzte und weinte und betete, betete um eine Antwort.

Ganz von alleine stiegen Bilder auf. Zuerst die Sitzung vor einigen Jahren bei einer hellsichtigen Frau. "Sie sind eine sehr ungewöhnliche Frau, mit einer ganz hohen spirituellen Reife, universell hoher Intelligenz", sagte sie.

Dann erlebte ich noch einmal eine weit zurückliegende Meditation, in der ich nach meinem Heimatplaneten fragte. Und noch einmal vernahm ich die telepathische Antwort: *Dreiodia*.

Sodann hörte ich die Stimme meiner Reikilehrerin: "Du kommst sicherlich von einem Planeten, auf dem nur Harmonie, Frieden und Liebe herrscht."

Noch einmal tauchte die Sternenmeditation auf, "...wir haben dich nicht vergessen", sagten sie, "wir sind immer bei dir."

Das nächste Bild stieg sofort hoch, und ich sah mich als kleines Kind, wie ich mich stets fremd fühlte und sehnsüchtig Trost im nächtlichen Sternenhimmel suchte.

Auch diese Szene wurde sogleich von der nächsten abgelöst. Ich war wieder im Sinai. Djebel Musa, der Berg Mose. Und jetzt wußte ich, daß ich von den Santinern dorthin geführt worden bin. Schließlich waren es Santiner, die zu biblischen Zeiten dort zu Mose sprachen, ihn aufnahmen in das große, Mächtigkeit und Würde ausstrahlende Mutterschiff und ihm die Gesetzestafeln übergaben.

Und dort habe ich gefühlt: Hier bin ich zuhause. -

Ich erlebte sodann Sequenzen meiner Rückführung vor etwa zehn Jahren noch einmal. Meine Lebensaufgabe sei es, aus Dunkel Licht zu machen. Bisher hatte ich es nie ganz richtig verstanden, jetzt auf einmal wurde mir die tiefe Bedeutung bewußt.

Und ich sah noch einmal, wie ich mein Schwert bekam:

Es ist Sonntag nachmittag, und ich fühle mich plötzlich müde und lege mich etwas hin.

Ich muß in Trance gewesen sein, denn ich war da und doch irgendwie nicht da. Ganz deutlich sehe ich mein Wohnzimmer, sehe, wie ich auf der Couch liege, nehme wahr, wie die winterliche Sonne ins Zimmer scheint.

Ich sehe einen Lichtwirbel. Nicht im Zimmer, nicht draußen, es ist, als wenn ich gleichzeitig in eine andere Dimension hineinsehen kann. Ganz tief und unendlich weit entfernt ist der Lichtwirbel, aber dennoch klar zu erkennen. Und auf einmal schleudert dieses gigantisch strahlende Licht aus seiner Mitte, aus den Tiefen des Universums, majestätisch und kraftvoll ein blau-golden funkelndes Schwert auf mich zu. In undenkbarer Geschwindigkeit und Mächtigkeit rast der Wirbel aus der Unendlichkeit des Alls auf mich zu, immer größer und gewaltiger werdend, das Lichtschwert eingebunden in seine ungebändigte Kraft, um dann abrupt ganz nah vor mir stehen zu bleiben.

Ich selbst bin in einem gewaltigen Energiefeld, das mich schier umzuwerfen droht. Es ist, als wenn ich mitten im kosmischen Zentrum dieses überirdischen Energiewirbels, das Schwert vor mir, stehe; alle Kraft muß ich aufwenden, um standzuhalten, um nicht einfach fortgeschleudert zu werden.

Es ist so machtvoll, daß leichte Angst in mir hochsteigt. *Soll ich mich einfach auf den Boden werfen?* Kaum kann ich diese enormen Kräfte noch aushalten. Aber dennoch, ich fühle, es ist etwas Wunderbares, etwas Göttliches. *Gott schützt mich!,* höre ich meine eigene Stimme. Ich will alles in mich aufnehmen. Das Schwert blitzt kraft- und würdevoll, strahlt eine himmlische Erhabenheit aus, etwas Mächtiges, Geheimnisvolles.

Noch einmal wiederholt sich dieser ganze Vorgang. Beim zweiten Mal ist die Energie noch intensiver, noch stärker. Das Magnetfeld ist nur um mich herum, schließt mich mit erbarmungsloser Kraft, aber dennoch liebevoll ein. Drumherum, ganz nah und doch sehr weit entfernt, ist gleichzeitig die "ganz normale Welt".

All dieses tauchte während meiner verzweifelten Meditation vor meinem inneren Auge auf. Und durchweg bei jedem neuen Bild spürte ich die Gedankenimpulse: *Wir haben dich die ganze Zeit geführt. Wir haben dich in den Sinai geführt, damit du dich deiner Herkunft erinnerst. Wir haben dich zum Geistigen Heilen geführt, zu deiner Berufung. Wir sind immer bei dir, und wir haben dich von Anfang an auf deine Aufgabe vorbereitet.*

Allmählich wurde ich ruhiger. Noch während ich so dalag, verspürte ich den starken Wunsch, eine Engelkarte zu ziehen. Ich beendete meine Meditation, nahm die Karten und bat um eine Antwort, um eine Bestätigung.

Mit immenser Deutlichkeit fühlte ich, daß es nicht nur irgendeine Karte war, die ich zog, diesmal war es eine Botschaft, gleich so, als wenn jemand zu mir spricht. Leuchtend sprangen mir die Worte in die Augen: "Sternenkind - Ich kam von den Sternen auf die Erde, um mitzuhelfen, einen Planeten ins Licht zu führen."

Ich war so ergriffen. Tiefe Erleichterung erfüllte mich, voller Dankbarkeit, voll wahrem und tiefem Erkennen. Ich war so glücklich, unendlich glücklich. Endlich hatte ich Klarheit. All die Ereignisse, die gerade an meinem inneren Auge vorbeigezogen sind, ergaben erst in ihrer Gesamtheit einen Sinn. Nie hatte ich dieses so deutlich erkannt. Es waren bisher nur vereinzelte Erlebnisse gewesen, an denen mich mein realistischer Verstand jedoch immer wieder zweifeln ließ.

*

In Liebe

"Jetzt sehe ich ein Raumschiff", sagte ich zu Esther, dem Medium, mit dem ich immer noch zusammenarbeitete.

Wir waren mitten in den Übungen, die mein inneres Sehen schulen sollten. Die Geistwesen sandten Bilder, meine Aufgabe war es, sie zu empfangen und den Sinn darin zu erkennen.

"Und weißt du, was das Raumschiff zu bedeuten hat?", fragte Esther.

"Ich denke schon", hauchte ich glücklich. Es wurde mir ganz warm ums Herz.

"Das hat mit ganz viel Liebe zu tun", gab das Medium das Gehörte weiter.

"Ja", sagte ich nur. Ich war tief bewegt, fühlte mich eingehüllt in einen Strahl der Liebe und Geborgenheit.

"Das ist so", begann sie ihre Eigeninterpretation, "Menschen glauben oft nicht an Raumschiffe und es gibt sie doch. Und so ist es mit der Liebe zwischen Mann und Frau, die Menschen glauben nicht, daß es die große Liebe gibt, und es gibt sie doch. Dieses ist wieder ein Zeichen dafür, daß doch noch ein Mann in dein Leben tritt, daß du wieder heiraten wirst."

"Nein", sagte ich ziemlich schroff.

Sie hatte mir mit diesem eigeninterpretierten Gleichnis die ganze schöne Stimmung genommen. Fühlte ich mich gerade vorher wie auf lichten Armen getragen, so knallte ich jetzt in diesem Moment voll auf den Boden.

Solange ich sie kannte, bekam sie angeblich immer wieder die Durchgabe, daß ich meine große Liebe bald treffen würde. Immer wieder, und "sie", die Geistwesen, schienen sich zu amüsieren, daß ich das nicht für möglich hielt, nicht wahrhaben wollte und jedesmal Nein sagte.

Sechzehn Jahre war ich nun, nach knapp dreijähriger Ehe, geschieden, sechszehn Jahre allein. Schon lange hatte ich für mich erkannt, daß ich meinen Weg allein gehen muß und will, weil die Aufgabe es so erfordert. Und ich fühlte, daß, solange die eigene Kraft auf der Schwingungsebene der Polarität beheimatet ist, also nicht in der höchsten Einheit, sich immer wieder Rivalitäten in der Partnerschaft ergeben würden.

Unwürdig erschien mir dieses Gegeneinander, mir und meiner Seele. Je mehr ich mich nun aber in mein Seelenlicht und die Urkraft der Zentralsonne, also in Gott verankerte, desto mehr würde ich in Einklang mit dieser höheren Ebene sein, mich dieser Quelle hingeben und öffnen, und aus dieser Quelle empfangen können. Und das bedeutet Loslassen.

Alles, was ich hier bisher erlebte, war nicht das, was ich in meinem Inneren kannte und suchte. Ich suchte etwas ganz Bestimmtes und einen ganz bestimmten Mann. Doch ich wußte inzwischen, daß ich ihn hier niemals finden würde. Seit meiner Kindheit kann ich diesen Mann beschreiben, kenne ich sein Wesen, weiß, daß er eine dunkle, aber ganz sanfte Stimme hat. Und ich kenne seine tiefgründigen Augen.

Vielleicht meine Wunschvorstellungen? - Vielleicht meine Wunschvorstellungen!

Also ich wollte nicht mehr. Und ehrlich gesagt hielt ich diese Durchgabe für ihre eigene Fantasie. Esther lachte nur.

"Ein Kind wirst du auch noch bekommen", strahlte sie, "einen Jungen."

Abwehrend winkte ich ab.

Es war solch ein Geschenk, daß ich Verbindung zu meinem Seelenpartner hatte. Wenn wir zusammen arbeiten würden, ich auf der Erde, er aus dem Geistigen Reich, das wäre meine ganze Erfüllung. Völlig in meiner Aufgabe aufzugehen, das war schon immer mein Wunsch. Wer hat da noch Zeit für eine Familie?

Meine Freundin Ursula traf da viel besser den Nagel auf den Kopf:
"Wenn du noch einmal heiratest, dann wird dein Mann bestimmt ein Außerirdischer sein", meinte sie schon vor sehr langer Zeit.

Lachend konnte ich das nur bestätigen. Das wäre natürlich etwas anderes. *Ach, wenn Märchen nur wahr würden!*

Ein bißchen mißmutig fuhr ich nach Hause. Das Bild, das mir medial übermittelt worden war, das Weltraumschiff, hatte mich so glücklich gemacht. *Warum nur hat Esther so ein lächerliches Gleichnis gebracht?*

Na ja, sie hat es gut gemeint, sie wußte ja nichts von meinen "außerirdischen Ambitionen". Oder sollte sie doch recht haben? Vielleicht war es gar nicht ihre Interpretation? Vielleicht war es doch eine Durchgabe?

Meine ganze Herzensfreude glitt durch diese Unsicherheit dahin. Ich hatte dieses Bild doch für eine Bestätigung der medialen Schreibbotschaft gehalten, "...es gibt einen Kontakt mit diesen Wesen".

Richtig traurig wurde ich nun. Also doch kein Kontakt, alles Einbildung!

Ich sitze im Auto und mein Blick wird in dieser Sekunde auf ein Plakat am Straßenrand gelenkt, richtig gezogen, so als ob mein Kopf ferngesteuert würde. "Live", steht in großen Lettern quer über das Bild geschrieben; es ist ein Plakat der Bundeswehr und zeigt im Vordergrund einen Soldaten in Großaufnahme, viele Soldaten im Hintergrund.

Im gleichen Augenblick weiß ich, weiß mit absoluter Sicherheit, daß das für mich bedeutet: es wird doch einen Kontakt geben. Eben live.

Ein symbolisches Zeichen, schließlich sprechen die Santiner auch von einer "Himmelsflotte" und nannten sich auch schon einmal "Soldaten des Friedens". Ja, dies war ein Zeichen für mich. Und eine riesengroße Hoffnung!

*

Ich las weiter in den Botschaften von Ashtar Sheran.
Wirklich, er sprach das aus, was ich immer fühlte, tief in meiner Seele kannte ich es, wußte ich alles. Es war ein merkwürdiges Gefühl, fast fand ich es vermessen. Aber niemals hätte ich diese Wahrheiten so treffend, so brillant ausdrücken können. Ich hatte allerhöchste Bewunderung für diesen Menschen, für dieses hohe Wesen, die leitende Seele einer riesigen Raumschiffflotte, deren Insassen auf dem Stern Metharia beheimatet sind. Und dieser Ausgangsstern ist der uns bekannte Alpha Centauri, 4,2 Lichtjahre von der Erde entfernt.

Das Sternenvolk wird "Santiner" genannt, was aus dem Italienischen kommt und soviel wie "Kleine Engel" oder "Kleine Heilige" bedeutet.

Genauso wie wir sind sie körperliche Wesen aus Fleisch und Blut, wenn auch aus einem feinstofflichen Fleisch. In der Entwicklung sind sie uns zwölftausend Jahre voraus, das Böse haben sie längst überwunden. Sie sind jetzt die "materielle Hand" Gottes, Seine Botschafter, die Seinen Auftrag erfüllen.

Bereits in der Vergangenheit spielten sie eine dominierende Rolle auf vielen Gebieten. So bauten sie die Pyramiden auf unserem Planeten und überwachen sie noch heute. Sie waren es auch, die Mose im Sinai das interstellare Gesetz, sieben Gebote und sieben Forderungen, übergaben.

Und sie hatten Kontakt mit Jesus Christus. Der "Stern von Betlehem" war das gleiche Mutterschiff wie vom Berge Sinai, das sodann die Geburt eines großen Lehrers ankündigte.

*

Die Verbindung mit meinem Seelenpartner spürte ich immer mehr. Es ist eigentlich nicht zu beschreiben, aber ich fühlte ein permanentes Band der Liebe und der Zusammengehörigkeit. Irgendwie war ich jetzt nie mehr alleine. Es war wunderschön, und ich freute mich so sehr auf unsere gemeinsame Arbeit. Nur so kann man alles geben. Das war für mich Gottesdienst, in Zusammenarbeit der verschiedenen Welten gemeinsam eine Aufgabe zu erfüllen.

Mittlerweile hatte ich auch die ersten Protokolle des Medialen Forschungskreises bekommen und ebenso eine Broschüre mit medialen Zeichnungen, die einige Santiner darstellen.
Sie waren mir alle äußerst sympathisch, und ich fühlte mich mit jedem sehr verbunden. Jeder einzelne strahlte etwas Vertrauensvolles, Wunderbares aus.
"Oh, der ist aber nett!", stieß ich laut und voller Entzücken beim ersten Umblättern der sechsseitigen Broschüre aus. "Oshur Shinar, Stützpunktkommandant der Weltraumstation Share" stand neben der Abbildung.
Ich war sehr angetan von diesem Bild, von diesem Mann - wirklich! Alle hatten etwas Besonderes, aber Oshur Shinar hatte etwas ganz Besonderes.
Na ja, dachte ich, *wenn er in einer Weltraumstation ist, dann ist er uns ja näher als seine Mitbrüder und -schwestern von Metharia. Und wenn er der Erde näher ist, dann kann er mich bestimmt auch durch irgendeine Technik wahrnehmen, hören, wenn ich abends sehnsuchtsvoll in die Sterne blicke und mit ihnen spreche...* Von diesem Tag an sprach ich, bevor ich ins Bett ging und mich mit meinem traditionellen Blick in den nächtlichen Himmel von dem Tag verabschiedete, nicht mehr zu den Sternen, sondern zu Oshur Shinar, dem Kommandanten der Weltraumstation Share.
Öfter blitzte etwas am Himmel auf, und ich hielt es kurz für

das erhoffte Zeichen, eine Botschaft, ein sich ankündigendes Raumschiff. *Jetzt ist es soweit!,* dachte ich und mir stockte jedesmal der Atem, aber es blieb bei einem kurzen Aufblitzen, konnte also natürlichen Ursprungs sein oder einfach meiner Fantasie entspringen.

Ich hatte schon einmal das Gefühl, ein wahrhaftiges Raumschiff gesehen zu haben. Es ist ein paar Jahre her.

Ich war mit dem Auto gerade in einer ziemlich unbefahrenen Gegend unterwegs. Plötzlich sah ich am Himmel etwas Metallisches glänzen. Sofort hielt ich an und beobachtete es aufmerksam.

Sichtbar für mich hatte es die Form eines Bumerang, war sehr, sehr hoch und dann ganz plötzlich, von einer Sekunde auf die andere, im Nichts verschwunden.

Vor dem Schlafengehen bat ich an jenem Abend um ein Zeichen, ob es wirklich ein sogenanntes UFO war. Und ich bekam tatsächlich einen Traum, der dieses bestätigte.

Also, sie waren da und sie waren sichtbar.

Aber ich wünschte, sie deutlicher sehen zu dürfen, näher, tiefer, wie auch immer.

Die Protokolle des Medialen Kreises, die monatlich eintrafen, fesselten mich so sehr, daß ich es fast gar nicht ertragen konnte, sie zu lesen.

"Ihr braucht eben einen Stützpfeiler in eurem Kreis", antwortete einmal Elias, der führende Lichtbote dieses Kreises, auf eine Frage.

"Oh..., das kann ich doch sein", rief ich bittend und sehnsüchtig wünschend aus.

Es drängte mich so sehr, in diesen Kreis zu kommen, daß ich innerlich ganz unruhig wurde. Aufgescheucht lief ich durch meine Wohnung. *Was soll ich nur tun?*

Wieder fiel mir die Antwort von Waltraud ein: "Es wollen viele zu uns, aber das geht natürlich nicht."

Ja, das konnte ich auch verstehen, sicherlich fühlte sich jeder Protokolleser so stark davon beeindruckt, daß er liebend gerne selbst dabei wäre.

Ich versuchte Abstand zu gewinnen, aber es ging nicht.

Ich könnte einen Brief an den Kreis schreiben, überlegte ich, *aber ist das sinnvoll? Hunderte solcher Briefe werden dort sicherlich eintreffen...*

"Ich schreibe einen Brief an den Lichtboten Elias", beschloß ich plötzlich laut. Und das tat ich sogleich.

"Lieber Elias, lieber Ashtar Sheran", begann ich, und schilderte all mein Drängen und Ziehen zu diesem Kreis, dieses tiefe Gefühl in mir, daß ich irgendwie dorthin zu gehören schien. Und ich bat sie, mir ein Zeichen zu geben - wenn dieses Gefühl richtig wäre, mir eine Botschaft zu senden, was ich tun sollte.

Dann legte ich den Brief aus. Eine Nacht lang, danach packte ich ihn weg.

Exakt vierundzwanzig Stunden später kam die erhoffte Antwort. Ich stand gerade im Badezimmer und machte mich fertig fürs Bett.

Auf einmal ging mir die Formulierung eines Briefes durch den Kopf, den ich an den Kreis schreiben würde. Satz für Satz hatte ich ihn gedanklich vor Augen - dann war es plötzlich rasendschnell klar: Das war eine Inspiration, fast wie ein Diktat.

Rasch, die Zahnbürste achtlos hinwerfend, das Handtuch noch hinter mir herziehend, eilte ich zu meinem Schreibtisch, nahm ein Blatt Papier und schrieb in einem Zuge, ohne Pause, ohne Zwischenüberlegungen, ohne Formulierungen zu suchen, den Brief. Ich schrieb, wie sehr mich die Protokolle bewegten, erwähnte die tiefe Verbundenheit, die ich den Santinern, besonders Ashtar Sheran gegenüber empfand, und fragte an, ob ich einmal Gast in einer Sitzung sein dürfte.

Dann ging ich zu Bett.

Am nächsten Morgen las ich das Geschriebene noch einmal durch, wollte eventuell nötige Verbesserungen anbringen, aber - das war überhaupt nicht notwendig. Es paßte.

Umschlag, Briefmarke, Post - und warten. *Bis zu einer Antwort wird es sicherlich dauern.*

Welche Überraschung! Schon nach wenigen Tagen flatterte eine ganz liebe Antwort in meinen Briefkasten, von Ellen, dem Schreibmedium dieses Kreises.

Ja, ich dürfe kommen, alle Anfragen werden den Lichtboten vorgelegt, die dann entscheiden, und Elias hatte mit Ja geantwortet.

Von sich aus fragte Ellen gleich noch, ob es ein Termin sein dürfe, an dem Ashtar Sheran auch anwesend sei. Und auch dieses wurde mit einem Ja beantwortet.

Oh, wie unendlich dankbar war ich ihr dafür. Ich selbst hatte nicht den Mut gehabt, diesen Wunsch zu äußern, es wäre mir unbescheiden vorgekommen.

Für mich war die ganze Welt voller Sonnenschein. Ich konnte es kaum fassen. Alles, was in den letzten beiden Jahren geschehen war, - dazu das, was mir jetzt bevorstand... Ich schwebte wie auf Wolken, tanzte, jubelte, ich war überglücklich.

Jetzt bloß auf dem Boden der Tatsachen bleiben, sagte ich mir immer wieder. Aber meine Freude durfte ich auch genießen.

Einen festen Besuchstermin hatte ich noch nicht. Es würde noch etwas dauern, schrieb Ellen, da noch einige Gäste vorher dran wären und außerdem auch noch nicht bekannt war, wann

Ashtar Sheran sich wieder melden würde. Aber was machte das? Ich hatte die Zusage. Und ich konnte warten. In Geduld hatte ich mich nun schon so ziemlich geübt.

Ellen lud mich in der Zwischenzeit zu sich nach Hause ein, zum kleinen Kennenlernen.

Ja, es war ein besonders schönes Zusammentreffen. Wir sahen uns in die Augen und fühlten eine tiefe Verbundenheit, Vertrautheit.

"Dein Brief hatte etwas Besonderes", sagte Ellen, "wir bekommen sehr viel Post und können gar nicht so schnell antworten, aber hier war etwas - ich mußte einfach sofort zurückschreiben."

Beiden von uns ging es so, daß wir kein Gefühl der Fremdheit empfanden. Wir vertieften uns schnell in angeregte Gespräche und verabredeten uns einige Male in den nächsten Wochen.

Inzwischen hatte ich auch ein weiteres Mitglied des Kreises kennengelernt, Johanna, die Mutter von Ellen. Auch wir hatten von Anfang an eine tiefe Zuneigung füreinander.

Es war einfach wunderbar. Viel Tee haben wir drei getrunken und viel Kuchen miteinander gegessen. Keine von uns wollte spekulieren, aber wir alle hatten das unausgesprochene Gefühl, daß wir irgendwie zusamengehörten und ich fest in den Kreis käme.

*

Der Kreis

Von Ellen und Johanna lieh ich mir alle verfügbaren Jahrgänge der Sitzungsprotokolle aus und begann ein regelrechtes Studium.

Was dort an Wissen vermittelt wurde - es war unglaublich. Jede freie Minute verbrachte ich inmitten dieser medialen Durchgaben, im Papiergewühl hochwertiger Protokollinhalte.

Sobald Ashtar Sheran sprach oder Tai Shiin, sein Assistent, überkam mich unwillkürlich eine tiefgreifende Wehmut.

1990 sagte Tai Shiin: "Die Klimastrukturen sind umgekippt, das heißt, der Norden ist nicht mehr kalt und der Süden nicht mehr heiß. Doch ihr werdet im Laufe der Zeit meine Worte erkennen. Achtet auf die Schönheiten n o c h in eurer Natur! Beschützt diese so gut, wie es euch möglich ist."

Alles krampfte sich in mir zusammen. Eine tiefe, tiefe Traurigkeit überkam mich. *Wie kann man Gottes wunderbare Natur so leichtfertig zerstören?* Ich sah innerlich die Bäume, hohe Berge, Landschaften, die verborgenen Schätze der Mineralienwelt. Es war, als hätte ich den großen, gesamten Schmerz der Erde in mir. Ich fühlte, daß mit der Zerstörung der Natur ebenfalls ein Teil von mir zerstört wurde, weil auch ich ein Teil der Natur bin, ein Teil Gottes, genau wie wir alle.

Mit Ellen hatte ich darüber gesprochen, daß ich mich seit jeher fremd auf der Erde fühlte, daß ich schon immer das Gefühl hatte, "woanders zuhause zu sein". Und ich vertraute ihr an, wie nah und verbunden ich mich den Santinern fühlte.

In geduldiger Vorfreude wartete ich auf den großen Termin, den Tag, an dem ich Gast einer Sitzung sein konnte, die Stunde, in der ich Ashtar Sheran erleben durfte.

Was für Vorstellungen hast du nur, versuchte ich mich zu bremsen. *Selbst wenn du ein Santiner bist, wird Ashtar Sheran dich nicht einmal kennen.* Einige tausend Santinerseelen sind hier auf der Erde inkarniert, hatte ich nachgelesen. *Schließlich kann selbst er nicht jeden kennen, und was soll ihn schon mit mir verbinden? Er ist so hoch entwickelt. Uns trennen wohl Welten, und nicht nur die materiellen.*

Ich hatte Angst, später irgendwie enttäuscht zu sein. *Vielleicht bin ich ja hier inkarniert, um jetzt durch eine Aufgabe die Möglichkeit zu haben, mich sehr viel stärker weiterzuentwickeln. Und wenn ich einen bestimmten Reifegrad erreicht habe, vielleicht lernen wir uns ja dann richtig kennen,* dachte ich.

Alles, was ich bisher über Ashtar Sheran gelesen hatte, schien zu erklären, warum mich dieses Bild von ihm so angezogen hatte. Ja, wenn ich tatsächlich eine Santinerseele wäre, dann würde ich mich ja an ihn erinnern. Und es war klar, daß jeder Santiner ihm große Bewunderung und Liebe entgegenbrachte. In den Protokollen stand geschrieben, daß man sagen könne, Ashtar Sheran sei für die Santiner das, was Jesus Christus für die Erdenmenschen bedeute.

Auf alle Fälle würde ich alles, was mir nur möglich war, in die Aufgabe, die mir gegeben würde, hineinlegen, das wußte ich.

Aufgabe - hoffentlich bekam ich auch eine. Ich bat von ganzem Herzen darum, in Gedanken sprach ich mit Ashtar Sheran und sprach gedanklich ebenso intensiv mit Elias und Argun, den beiden führenden Lichtboten des medialen Kreises, die im unendlichen, lichtvollen Jenseits ihr Zuhause haben. -

Und wieder bekam ich einen verheißungsvollen Traum, einen Botschaftstraum, der mir sagte, daß ich tatsächlich eine Aufgabe bekommen würde, von den Santinern ebenso wie von den Lichtboten.

Mein Glück, meine tiefe Erfüllung war unfaßbar. Ich war so dankbar, so unendlich dankbar und empfand tiefe Demut.

Eines Tages während einer Meditation tauchte ganz überraschend ein markantes Gesicht vor mir auf - so echt, als wäre es wirklich vor mir.

Ein wunderschöner Mann breitete die Arme aus, lachte mich warm und herzlich an. Es ging ein Strahlen von ihm aus - soviel Vertrautheit, soviel Freude, soviel Heiterkeit.

Ich war völlig überwältigt und kam ganz aus meiner Versenkung heraus. *Das ist doch ein Santiner,* freute ich mich.

Es war mir unmöglich weiterzumeditieren. Verblüfft stand ich auf, kramte den Prospekt mit den medialen Zeichnungen hervor, und tatsächlich, es war Oshur Shinar.

Von vorne, ohne Helm und so lebendig wirkte er ganz anders als auf der medialen Profilzeichnung. Tief beglückt war ich von seinem überraschenden Erscheinen.

Womöglich hört er mich tatsächlich, wenn ich nachts auf dem Balkon meine rufenden Gedanken aussende? Du liebe Zeit, auf einmal war es mir schrecklich peinlich.

Ich hoffte jeden Tag, ihn noch einmal zu sehen, aber nichts geschah. Dennoch war ich vollkommen glücklich über all das Schöne, das mir widerfuhr. Mein Leben war stets so unglücklich und schwer gewesen, oft hatte ich geglaubt, es nicht ertragen zu können. Doch die vergangenen beiden Jahre brachten so viele Veränderungen. Und diese letzten Monate - ja, es schien, als würden jetzt die schönen Jahre beginnen. Ich war unendlich gerührt. Mehr denn je ging mir alles nur noch darum, meine Aufgabe, wie immer sie auch aussehen mochte, in höchstmöglicher Vollkommenheit zu erfüllen.

Nach dieser Traumbotschaft, die bestätigte, daß ich eine Aufgabe bekommen würde, wagte ich, wieder einem Impuls entsprechend, einen weiteren medialen Schreibversuch.

Ich fragte, ob ich etwas über die Aufgabe wissen dürfte, die ich von den Santinern bekommen würde.

Wenn überhaupt, so erwartete ich die Antwort eines Geistwesens. Völlig erstaunt war ich, die telepathischen Gedanken Ashtar Sherans nun wahrzunehmen. Sie kamen so schnell, daß ich wieder Mühe hatte, mit dem Schreiben nachzukommen.

Er schien zu sagen, daß er schon lange zu mir spreche, daß dies aber noch mehr und direkter werde. Ich solle mich immer vergewissern, ob ich aufnahmebereit sei und auch wirklich ihn empfange.

Ich brauche deine Hilfe an verschiedenen Knotenpunkten, schrieb ich sodann die empfangenen Gedanken nieder. Ein Netz werde aufgebaut, und mit Hilfe der Santiner solle ich die Organisation auf Erden durchführen. Mehrere Santiner würden mir zur Seite stehen. Und neben meiner Heiltätigkeit würde mich diese Aufgabe vollkommen in Anspruch nehmen.

Und er versprach, daß wir beide auch direkt zusammenarbeiten werden. *Sorge dich nicht, die Verbindung steht*, hieß es.

Dann ging es weiter: *Das Netz ist sehr wichtig. Du wirst die Menschen an den Knotenpunkten unterweisen und ihnen helfen, und die Aufsicht behalten. Du wirst also viel auf Reisen sein.*

Die Gedankenflut strömte weiter, er selbst freue sich ebenfalls auf diese Zusammenarbeit, und: *Alles, was du tust, tust du für den Schöpfer.*

Die Botschaft endete mit *sul inat is nit othen* - die Santinerworte für den Gruß "Friede über alle Grenzen" - und mit seinem Namen.

Mein Glück war kaum zu fassen. Endlich hatte mein Leben einen Sinn. Es war reine Freude und Glückseligkeit. Ich war Gott so dankbar. Endlich fing ich an, gerne hier zu leben.

*

Und dann plötzlich, wie es oft so ist, wurde diese tiefe Glückseligkeit für einen kurzen Augenblick jäh unterbrochen.
"Sturm im Kreis", teilte mir ein Telefonanruf von Ellen mit. Edeltraud, das Sprechmedium, hatte den Kreis verlassen. Zunächst herrschte ein ziemliches Chaos. Man überlegte, wie und ob man überhaupt weitermachen solle. Alles lief darauf hinaus, daß sich ein eigener Kreis um Edeltraud bilden würde, ebenso um Ellen.
Aber zunächst gab es nur eine riesengroße Verwirrung. Erst einmal abwarten, hieß es.

Im ersten Moment fühlte ich mich tief getroffen. Ashtar Sheran meldete sich stets durch das Sprechmedium. Und das Sprechmedium war nun weg.
Jetzt war ich so nah daran...
Für einen Tag fiel ich in ein fürchterlich tiefes, schwarzes Loch. Schlagartig zogen vom Nacken her Kopfschmerzen hoch, Schmerzen, wie ich glaube, sie niemals zuvor gehabt zu haben. So sehr ich mich auch bemühte, es wurde nicht besser, nur immer schlimmer.
Mühevoll und unter höchster Anstrengung beendete ich meine Arbeiten. Ich legte mich hin zur Meditation, um diesen Druck loszuwerden. Doch es war unmöglich, ich konnte nicht einmal liegen, es war, als wenn mein Kopf auseinanderplatzen würde.
Nach einem halbstündigen Versuch ging ich ins Bett. Schlafen konnte ich natürlich auch nicht. Mein Kopf schmerzte, ich konnte ihn nicht halten, konnte nicht liegen, gar nichts. Jeder Nerv im Körper schien vor Spannung zu ächzen.
Gegen zwei Uhr morgens sah ich zum letzten Mal auf die Uhr. Ich war so müde, wollte endlich schlafen, bat meine Geistführer unentwegt um Hilfe und Heilenergien.

Als ich am nächsten Morgen aufwachte, war alles ganz anders. Kopfschmerz und -druck waren vollkommen weg. Ich war hellwach, ausgeschlafen wie noch nie. Mühelos konnte ich aufstehen und mich nur wundern. Ich war so dankbar, so leicht kam ich mir vor.

Es muß wirklich härteste Arbeit in dieser Nacht für die Heilengel gewesen sein. Ich war so froh, daß es sie gab und daß sie mir so sehr halfen.

Ruhig und gelassen war ich und wußte: es ist alles gut. Das Zusammentreffen mit Ashtar Sheran würde sich nur noch etwas hinauszögern. *Es wird schon seinen Sinn haben,* sagte ich mir. *Und vielleicht ist diese Trennung oder Teilung des Kreises überhaupt der Grund dafür, daß ich zu diesem Zeitpunkt an den Kreis herangeführt worden bin.*

"Ein Stein kann warten", sagt eine alte Weisheit. Und ich wollte und konnte warten.

Ich erinnere mich, wie ich vor etwa zwei Wochen spät abends am Küchenfenster stand. Es ist ein schräges Fenster, das eben durch diese Schrägstellung einen optimalen Blick in den Himmel gewährt.

Es ist kurz vor elf, ganz klar ist es draußen. Viele Sterne sind deutlich zu sehen.

Ich fühle mich wohl, bin voller Freude, wie immer, wenn ich in die Sterne blicke. Aus einem Impuls heraus strecke ich beide Arme nach vorne, die Handflächen nach oben haltend, schließe die Augen und wiederhole wie ein Mantra immer wieder: "Sul inat is nit othen, sul inat is nit othen..."

Als ich die Arme nicht mehr länger so ausgestreckt halten kann, falte ich die Hände auf dem Rücken, öffne die Augen und schaue glücklich in den Himmel.

In Gedanken spreche ich mit meinen Santinerfreunden:

Ich weiß, daß ihr meine Gedanken hören könnt. Wenn ich euch doch nur wahrnehmen, einmal sehen könnte, nur eine Bewegung, damit ich euch erkenne...

Und es ist nicht zu beschreiben, aber im gleichen Moment sehe ich einen gleißend hellen Lichtball, einen <u>Lichtstrahl,</u> wie er <u>schräg von links nach rechts oben</u> saust, rasend schnell, kaltes, weißes, unendlich hell strahlendes Licht, wie ein riesiger Komet mit gigantischem Schweif.

Ein Gruß für mich?

Ich prüfte kurz: eine Sternschnuppe war es nicht, so groß sind sie nicht und sie fliegen nicht nach oben. Ein Flugzeug konnte es auch nicht gewesen sein, Flieger sind nicht so schnell, strahlen auch nicht, außerdem war es viel zu tief. Etwas anderes, etwas das in der Atmosphäre verglühte? Nein, dazu war es viel zu niedrig, außerdem fällt solches dann nach unten und nicht nach oben.

Und welcher Zufall sollte es auch sein, - gerade in dem Moment, in dem ich telepathisch mit unsichtbaren Raumschiffen sprach...?

Ja, es war ein Gruß für mich!

Jeder kann sich denken, welch tiefe Freude ich empfand. Dies alles gab mir Halt und Sicherheit. Ja, ich würde mit Santinern zusammentreffen, ich würde Ashtar Sheran im Kreis erleben.

*

Angekommen

Der fünfte November 1994 - die erste Sitzung im Schwalenberger Forschungskreis nach der Teilung. Ich war dabei.
Den ganzen Tag schon war ich sehr aufgeregt. Ich lernte jetzt die anderen Kreismitglieder kennen, begrüßte Emil, seine Frau Rosemarie, und traf auch <u>Waltraud</u> wieder, die ich ja schon kannte. Wir waren uns alle gleich sehr sympathisch.
Irgendwie kannte ich alle schon ganz gut. Durch das Lesen der vielen Protokolle bekommt man ein gutes Bild von allen Personen.
Als Ellen mir vor Wochen in unserer Kennenlernphase ein Video von einer Sitzung vorführte, konnte ich ganz leicht jeden einzelnen namentlich nennen. Sie war sehr erstaunt, als ich während des Films fragend feststellte: "Das ist Emil, richtig? Und das ist Johanna, das muß dieser sein, das jener."
Wir hatten viel Spaß dabei.

Ich war gespannt auf den Abend, und wurde nun von Johanna sanft, aber bestimmt auf den ehemaligen Platz von Edeltraud, dem Sprechmedium, gedrückt, genau gegenüber von Ellen, dem Schreibmedium dieses Kreises.
Ich empfand es als Ehrenplatz. *Bestimmt hat es eine Bedeutung.*
Der Abend begann. Rosemarie las ein Gebet vor, dann meditierten wir zu leiser Musik. Gleichzeitig war ich ergriffen und aufgeregt. Ich hatte das Gefühl, als wenn ich in einem Konzertsaal säße und der Saal sich leise und unauffällig fülle. Immer wieder öffnete ich kurz die Augen - ich spürte ein "<u>dichtes Gedränge</u>" um mich herum, so daß ich mich immer wieder vergewissern mußte, ob die Geisteswelt nicht doch sichtbar wäre. Mein Herz klopfte.

"Gott zum Gruß und Friede über alle Grenzen", eröffnete Argun, der Lichtbote, nach einleitenden Worten von Emil, diesen Abend.

"Ich begrüße euch alle recht herzlich", schrieb er weiter durch das Medium, "und ganz besonders begrüße ich Barbara. Ich freue mich, sie hier am Tisch sitzen zu sehen."

Ich war überrascht über so eine liebevolle Begrüßung, so persönlich, sogar mit Namen. Das hatte ich nicht erwartet.

Während Ellen das Geschriebene vorlas, nahm ich innerlich ganz genau Arguns Stimme wahr, sie war tief und kräftig, und ich spürte gleichzeitig einen ganz warmen Strahl der Liebe in mein Herz dringen.

Alles war so schön, so liebevoll. Und es war so spannend, den Bleistift in Ellens Hand zu beobachten, wie er in behender Geschwindigkeit großzügig über das Papier flog, geführt von unsichtbarer Hand.

Argun beantwortete einige Fragen der Teilnehmer und schrieb dann weiter: "Barbara, hast du Fragen auf dem Herzen?"

Vor Aufregung konnte ich kaum sprechen.

"Ich grüße dich ganz herzlich, Argun. Und ich freue mich sehr, daß ich heute hier sein darf", sagte ich mit freudig zitternder Stimme. "Ich bin sehr dankbar dafür. Und ich könnte tausend Fragen stellen, aber ich habe das Gefühl, daß jetzt nur eine wichtig ist, daß ich aus einem ganz bestimmten Grund hier bin, so, als ob ich hierher geführt wurde..."

Es war heraus, ausgesprochen. Gespannt warteten wir alle auf seine Worte. Ich glaube, ich hielt die Luft an, bis Ellen seine Antwort vorlas.

"Ja, du bist hierher geführt worden, aus einem ganz bestimmten Grund", schrieb er, "dieses Medium und du - ihr beide habt im Geistigen Reich eine zeitlang eine gemeinsame Ausbildung durchwandert - und du bist hierher geführt worden, um hier deine Aufgabe zu erfüllen."

Meine Augen strahlten, mein Herz schien sich vor Freude zu überschlagen.

Ich dankte Argun und fragte, ob ich noch eine Frage stellen dürfe. Ich sagte ihm, daß ich mich den Santinern sehr verbunden fühlte und auch schon viel erlebt hätte, was diese Verbindung irgendwie zu bestätigen schien. Bebend fragte ich ihn, ob er mir dazu etwas sagen dürfe.

"Ja, es besteht eine Verbindung zu den Santinern. Und zu Metharia. Dort liegt auch ein Teil deiner Aufgabe", schrieb Argun.

Alles in mir jubelte. Jetzt erst war es richtig klar. Jetzt hatte ich eine endgültige Bestätigung. Ja, es war wahr!

Um mich herum schien sich alles zu drehen. Ich war angekommen, noch nicht "zuhause", aber angekommen.

Wir alle waren glücklich, freuten uns gemeinsam.

"Die Santiner sind die Cherubim der Bibel", sagte <u>Waltraud, selbst Santinerseele.</u> Aber das wußte ich schon längst.

"Barbara, ich freue mich, dich bald wieder hier am Tisch sitzen zu sehen", schrieb Argun zum Ende der Sitzung.

Metharia! Mein Heimatplanet!

Die vielen unbewußten, oft unerklärlichen "Erinnerungen" ergaben plötzlich einen Sinn.

Die regelmäßigen Träume stiegen in mir hoch, die mich seit meiner Kindheit begleiteten. Immer flog ich in irgendwelchen Flugmaschinen. Wie Flugzeuge sahen sie nie aus. Sie waren rund oder oval, fliegende Objekte jeglicher Form, merkwürdige Raketen und atemberaubend schnelle "Metallschüsseln", mit denen ich die physikalisch unmöglichsten Manöver fliegen konnte.

Aber auch in der Realität bedeutete mir das Fliegen sehr viel in meinem Leben, und um diesen Drang zu stillen, begann ich vor vielen Jahren hoffnungsvoll mit der Segelfliegerausbildung. Doch diese Art der Fliegerei war mir bald zu langweilig. Alles in meinem Herzen war ausgerichtet auf unendliche Geschwindigkeiten. Karussells konnten nicht schnell und wild genug sein, schnelles Fahren liebte ich, die modernen Höchstgeschwindigkeitszüge faszinierten mich. Aber alles war nie schnell und wendig genug. - Erinnerungen!

Ein sehnsüchtiges, irgendwie bekanntes Gefühl erfüllte mich, als ich zum ersten Mal von Planeten mit einem binären Sonnensystem las. Metharia hat zwei Sonnen! - Erinnerung!

Meine eigene Einstellung von Emanzipation und Gleichberechtigung wich immer sehr von den hiesigen Vorstellungen ab. Die Frau ist von Gott zarter geschaffen, und daher gebührt ihr der Schutz des Mannes. Sie kann natürlich einen Beruf ausüben, jedoch nur einen Beruf, welcher dem Weiblichen angepaßt erscheint. Gleichberechtigung hat bei den Santinern nicht den Sinn wie hier bei uns, denn alle sind vor Gott gleich. Das wissen und beherzigen die Santiner. Nur wird ein Santiner niemals zulassen, daß eine Frau eine Arbeit verrichtet, die ihr nicht angepaßt ist. Sie achten ihre Lebensgefährtin als die verantwortliche Trägerin des Göttlichen Willens, des Göttlichen Lebens, und als Wegbereiterin der planvollen Zukunft.

Auch das war meine Erinnerung!

Seit Jahren suche ich ein ganz bestimmtes Gewand. Ich weiß, daß es weiß ist, Weiß mit Gold - ein schlichtes, fließendes Gewand. Ich habe eine ganz bestimmte Vorstellung davon. Langsam wird auch dieser Wunsch für mich nachvollziehbar. - Erinnerung!

Und noch unendlich lange könnte ich diese jetzt begreifbaren Erkenntnisse aufzählen...

Nun war es offiziell, ich war dabei, gehörte zum Kreis. Meine Freude war besonders groß, da ich mich auch gleichzeitig so wohl zwischen allen Kreisteilnehmern fühlte. Es war keine gegenseitige Scheu da, nicht das unter Menschen so oft übliche Abchecken, ich fühlte mich voller Liebe aufgenommen.

Es war ein Uhr morgens, als wir uns verabschiedeten, nachdem wir noch miteinander erzählt und köstlich zusammen gegessen hatten, und Johanna mich zum Auto brachte. Wir verabschiedeten uns zum bestimmt fünften Male, ich stieg in den Wagen, startete den Motor, griff nach meiner Brille, die ich nachts brauche, wollte sie gerade aufsetzen, doch plötzlich hing sie fest. Ein fürchterlicher Lärm begann, es war horrorartig...

An den Brillenbügeln war eine Umhängekette befestigt, und diese hatte sich in der Lenksäule verfangen, war in einem Öffnungsschlitz hängengeblieben und löste so die Hupe aus. Ein ununterbrochener schriller und entsetzlich lauter Hupton hallte durch die nächtliche Stille.

Geistesgegenwärtig machte ich sofort den Motor aus, aber das Ding hupte einfach weiter.

Bilder schossen mir durch den Kopf, wie ich schon einmal einen Mann in einer gleichen Situation beobachtet hatte. Auch er konnte die Hupe nicht abstellen, zwängte sich unters Auto und löste dort entsprechende Kabel oder Kontakte.

Himmel, wie soll ich das tun? Ich wußte nicht einmal, welche Kabel oder Kontakte zu lösen waren, und schon gar nicht wo. Und es war mitten in der Nacht, stockfinster, und alles schlief - noch!

Ich zerrte an der Kette und fühlte leichte Panik und Hilflosigkeit in mir aufsteigen. Gleichzeitig mußte ich über diese komische Situation lachen. Mein Blick streifte Johannas entsetztes Gesicht, ihre Hand erschrocken vor den Mund haltend und ängstlich wispernd: "Oh, die Nachbarn."

Wild entschlossen rappelte ich am Lenkrad, riß weiter an der Kette und auf einmal, ganz plötzlich, war der Spuk vorbei, ich hatte die Kette wieder freibekommen. *Gott sei Dank!*

Johanna und ich sahen uns an: "Ich bin nicht immer so laut", flüsterte ich lachend, aber noch ganz geschafft von dem Schreck.

Humorvoll betrachteten wir es als Salutschuß für den Neubeginn, für meine Aufnahme in den Kreis, umarmten uns zum sechsten Mal; Johanna huschte ins Haus, ich gab Gas und brauste davon.

Es ergab sich so, daß die nächste Sitzung einem eingelösten Versprechen galt, es wurde noch einmal eine gemeinsame Sitzung mit Edeltraud, dem Sprechmedium, bei einem befreundeten Ehepaar durchgeführt.

Also würde diesmal der Lichtbote Elias sprechen. Ich freute mich sehr, nun auch die alte Kreisformation kennenzulernen und Elias.

Als ich mich gegen Abend für die Sitzung fertigmachte, wagte ich den Gedanken: *Ob Ashtar Sheran auch anwesend sein würde, sprechen würde?*

Ich hatte die ganz leise Hoffnung, schalt mich aber gleich, daß das wohl etwas viel verlangt wäre. Zunächst war ich doch reichlich genug beschenkt worden!

Aufgeregt fuhr ich zur Sitzung.

Elias begrüßte jeden einzelnen, mich liebevoll den Nachwuchs nennend, und sagte: "Ashtar Sheran wird auch noch kommen."

In tiefer Dankbarkeit und einem Doch-nicht-fassen-können klopfte wild mein Herz.

Ich begrüßte Elias ebenfalls und sagte ihm, daß ich mich sehr freue, ihn so überraschend schnell treffen zu dürfen.

"Es geschehen Dinge, die nicht erwartet werden", war seine Antwort.

Aufmerksam verfolgte ich den Abend, aber meine Gedanken waren schon der Zeit voraus, an dem Punkt, an dem Ashtar Sheran eintreffen würde.

Dann war er da.

"Gott zum Gruß und Friede über alle Grenzen", begrüßte er uns, die linke Hand mit dem Handrücken an die Stirn gelegt, die typische Begrüßungsart der Santiner.

Ich hatte das große Glück, nur zwei Stühle entfernt neben ihm zu sitzen. Aufmerksam beantwortete er einige Fragen und teilte mit, daß sie nun den Observer bald wieder freigeben würden. (Vor einiger Zeit hatten die Santiner den von der NASA gestarteten Mars-Observer "ausgeliehen"; sie haben ihn technisch verändert, um ihn dann zu gegebener Zeit wieder freizugeben.)

Ich wollte unbedingt mit ihm selbst sprechen. Mein Herz schlug bis zum Hals, ich wußte nicht warum, aber es fiel mir unendlich schwer, ihn mit Ashtar Sheran anzureden, und so stotterte ich zu meinem Entsetzen auch noch dabei. Der Name wollte mir einfach nicht über die Lippen kommen.

Von ganzem Herzen begrüßte ich ihn und sagte, wie überwältigt ich sei und wie sehr ich diesen Moment herbeigewünscht hätte. "Es ist so überraschend und unerwartet", fuhr ich fort, und, "ich möchte mich bei euch für alles bedanken, für all die Zeichen, die ihr mir gegeben habt."

"Achte auf die Zusammenarbeit mit deinen Geistführern, ja", antwortete er leise, mich ansehend.

Wieso antwortet er so, das paßt doch gar nicht zu dem, was ich sagte, raste ein riesiges Fragezeichen wild durcheinanderirrend durch meinen Kopf. *Wie meint er das, warum verstehe ich das nicht?*

Alles in meinem Inneren zog sich zu wirren Selbstzweifeln zusammen, *es ist gar nicht wahr, sie haben gar keine Zeichen gesandt, es war alles meine Einbildung.* Ich schämte mich über meine Selbsttäuschung, darüber, daß ich hier doch irgendwelche versteckten Erwartungen hatte. *Wie konnte ich mich so irren?* ---

Die Sitzung war auch bald danach zu Ende. Ich war überglücklich und traurig zugleich. Endlich hatte ich Ashtar Sheran getroffen, ihn erlebt. Welch großes Geschenk, welche Gnade für mich und welche Gnade für alle anderen hier, die ihn schon so oft erleben durften!

Wir alle unterhielten uns noch gemütlich, aßen abschließend etwas miteinander. Mich zog es bald nach Hause, ich wollte allein sein. Waltraud, die ich an diesem Abend abgeholt hatte, setzte ich wieder bei ihr zu Hause ab, fuhr dann alleine weiter.

Seltsam war mir zumute. Glücklich war ich, nachdenklich, ergriffen, bewegt und auch vollkommen leer. Nun hatte ich das erlebt, wonach ich mich so lange gesehnt hatte. So schnell war es vorbei. Melancholische Traurigkeit überkam mich.

Daheim angekommen, machte ich mich mechanisch fertig fürs Bett. Unendlich viele Gedanken rasten durch meinen Kopf, gleichzeitig war kein Gedanke greifbar - Leere. Irgendwie war ich tief unglücklich, und ich wußte nicht warum. Ich schimpfte mit mir selbst, über meine Undankbarkeit, nun nach diesem großen Erlebnis so traurig zu sein. *Warum nur?* Ich fühlte eine große Entfernung, Ashtar Sheran war ein so hoher Lehrer, und es lagen unüberbrückbare Welten zwischen uns. Er war so weit weg. Unnahbar, unerreichbar! Vorher hatte ich mich ihm so viel näher gefühlt. Lag es daran, daß ich vielleicht doch im Stillen erwartet hatte, Ashtar Sheran würde mich persönlich, als Santinerin, als Seele von seinem Volk, als seine Mitarbeiterin begrüßen? Lag es daran, daß ich vielleicht doch gehofft hatte, er würde jetzt schon zu mir über meine Aufgabe sprechen?

Nach wie vor empfand ich eine so hohe Ehrfurcht vor ihm, eine grenzenlose Liebe, aber auch eine seltsame Befangenheit, und eine große Verlassenheit.

Unglücklich schlief ich ein.

Müde, niedergeschlagen und irgendwie einsam wachte ich am nächsten Morgen auf. Auf dem Weg ins Badezimmer schienen plötzlich sämtliche Wände meiner Wohnung ganz nah zusammenzurücken. Erschrocken sah ich mich um. Es war alles in Ordnung, aber ich fühlte mich, als wenn ich erdrückt würde. Alles war zu eng, selbst mein Körper schien mir zu klein. Ich wollte "raus".---

Dieses merkwürdige Gefühl begleitete mich den ganzen Morgen, dazu diese tiefe, unerklärliche Traurigkeit und Leere. Jetzt hatte ich alles erlebt, was ich mir so sehr gewünscht hatte. Es war so gewaltig, daß jetzt alles irgendwie zu Ende schien, so, als wenn nichts mehr kommen könnte. Einen Moment lang hatte ich sogar das Gefühl, daß selbst die Kreisarbeit mir nichts mehr bedeuten würde. All die Erhabenheit, das Strahlen unserer hohen Lehrer machte mir plötzlich angst; angst, meine Aufgabe gar nicht bewältigen zu können. Alle erwarteten so viel von mir, einschließlich ich selbst. Kam ich mir vorher kristallklar vor, doch schon ziemlich vorangekommen in meiner Entwicklung, so war auf einmal alles nicht mehr da. Ich fühlte mich klein, unscheinbar, immer noch am Anfang stehend, keinen Schritt vorangekommen.

Trotzdem war ich nach wie vor ergriffen von der Begegnung, und auch erfüllt. Und doch kam ein paar Herzschläge lang das Gefühl in mir auf, - obwohl ich so etwas Schönes erlebt hatte und in der Kreisarbeit auch noch erleben würde, - jetzt würde ich lieber sterben.

Ich versuchte, mich zusammenzunehmen, schließlich mußte Renate bald eintreffen. *Was soll ich ihr bloß erzählen?!* Am liebsten hätte ich den Besuchstermin abgesagt, aber sie war schon längst auf der Autobahn, um die etwas mehr als zweihundert kilometerlange Fahrt hinter sich zu bringen, und ich hatte vor langer Zeit schon versprochen, mit ihr zu Esther, dem Channelmedium, zu gehen. Sie erhoffte sich Rat von ihr, aus den Jenseitigen Sphären, und bat mich, dabei zu sein.

Warum bin ich nur so entsetzlich traurig, warum komme ich mir so verloren, so verlassen vor? Was habe ich denn erwartet? Doch eigentlich gar nichts. Und es war doch ein schöner Abend, eine wunderbare Begegnung...

Ich begann meine Morgenmeditation und endete wie immer, indem ich Gott bat, alle Hilfsbedürftigen in seine Arme zu nehmen. Dabei überfluteten mich meine eigenen Tränen, und ich schluchzte tief und verzweifelt, daß ich heute selbst eine Hilfsbedürftige sei, und ich bat Ihn, mich bitte, bitte auch in Seine Arme zu nehmen.

Ich trocknete die Tränen, und schon bald darauf klingelte es. Renate stand vor der Tür und ihre liebe Anwesenheit brachte mich glücklicherweise auf andere Gedanken. Alle Traurigkeit war plötzlich verflogen, und voller Freude erzählte ich ihr von der Kreisarbeit und den beiden, für mich so besonderen Sitzungen.

*

Gottes Arme

Und wenn ich auch meinte, nun alles an Wunderbarem, alles an Überraschungen erlebt zu haben - es folgte gleich die nächste.

Es war abends, Renate und ich saßen Esther gegenüber und freuten uns auf die helfenden Durchgaben, die nun für Renate gegeben werden sollten.

Als Esther begann, meiner Freundin die Durchsagen der Lehrer aus der Geistigen Welt zu übermitteln, spürte ich, daß jemand hinter mir stand, seine unsichtbaren Hände auf meiner Schulter hielt, dann auf meinem Kopf. Gleichzeitig sah ich Bilder, einen wunderschönen Bahnhof, aber anzuschauen wie ein Tempel, strahlend weiß; am Eingang eine Uhr, zehn Uhr fünfzig zeigte sie an. Geistig ging ich in den Bahnhof hinein und sah gerade noch einen Zug wegfahren, aber so schnell, daß ich den Zug an sich nicht mehr sah, sondern nur noch Energiewellen, die von einer unvorstellbaren Geschwindigkeit zeugten. Dann sah ich ein Schiff, dann einen "futuristischen Rennwagen".

Es schien um Geschwindigkeit und Reise zu gehen.

Ich sagte zu Esther, daß jemand hinter mir stünde und bat sie zu fragen, wer es sei.

"Ja, sie wollen dir etwas zeigen", antwortete sie.

"Ja", erwiderte ich, "die Bilder laufen schon. Aber was hat es zu bedeuten?"

"Das sagen sie dir später."

Ich spürte wieder diese unbeschreibliche Wärme in meiner Wirbelsäule, wie sie sich dann über den gesamten Rücken ausbreitete. Wenn es in meinem Ohr klingelte, wußte ich, jetzt kommen neue Bilder. Ich sah Straßen und eine Großstadt, wie New York, aber vollkommen aus Licht. Alle Bilder, die ich sah, hatten keinerlei Farbe, sondern bestanden nur aus purem Licht, strahlend hell und märchenhaft schön.

Nun sah ich einen Tempel, dann einen Tunnel, der jedoch nur aus einer Seitenwand und der Decke bestand, die andere Seite war offen und bot einen Ausblick auf eine majestätische Berglandschaft. Tunnel und Berge waren aus schillerndem Licht.

Ich hatte den Eindruck, daß es sich um eine Reise handelte, die mir hier angekündigt wurde. Und in diesem Moment sah ich einen Planeten, aus der Sicht des Weltraums, sah, wie ich mich von dem Planeten immer weiter entfernte, hinein in den Weltraum, ins unendliche All.

Esther war beschäftigt mit den Durchgaben für Renate, doch immer wieder fragte sie mich zwischendurch: "Was machen die mit dir? Ich weiß gar nicht was los ist, "sie" lachen immer und sagen, Barbara wird eine Überraschung erleben!"

Später sagten sie: "Zwei Überraschungen." Esther gab weiter durch: "Sie sagen, daß du um Worte nie verlegen bist."

"Ja, das stimmt."

"Aber diese Überraschung wird dir die Sprache verschlagen! Eine weiß ich, - ein Mann."

Fängt die schon wieder an, dachte ich und verdrehte die Augen. Doch jetzt auf einmal richtete sich die ganze Aufmerksamkeit auf mich. Die Durchgaben für Renate schienen beendet, und das Medium bekam heiter durchgegeben: "Hat sich Barbara verliebt?"

Ein bißchen verblüfft und irgendwie ertappt antwortete ich: "Ja, irgendwie schon, aber nicht so wie du denkst, nicht so eine Liebe. Es ist keine Liebe wie sonst hier auf der Erde, sie hat nichts mit dem Mann, den du dauernd ankündigst, zu tun. Es ist eine andere Art der Liebe, es hat etwas mit der Göttlichen Liebe zu tun."

"Ja", sagte Esther ernst, "eine heilige Liebe, so wie bei Jesus. So bekomme ich das durch."

Fassungslos sah ich sie an.

Sie hörte weiter die Botschaft, daß dieser Mann hier sei. Ihn hätte ich gespürt.

Ashtar Sheran hier?, durchfuhr es mich. "Nein, nein", winkte ich ab, "das muß ein Irrtum sein. Dieser Mann kann nicht hier sein." *Mit so etwas hält er sich doch nicht auf, das ist nicht wichtig genug.*

"Warum glaubst du, daß er nicht hier ist?"

"Er hat eine so große Aufgabe und Mission und so viel Wichtigeres zu tun. Ich habe ihn erst gestern erlebt, da kommt er nicht heute schon wieder - und schon gar nicht nur wegen mir", begründete ich meinen Einwand.

Esther versenkte sich wieder und gab das, was sie hörte, weiter: "Es ist allein meine Entscheidungsfreiheit, wohin ich gehe, wo ich erscheine und wo ich mich melde. Ich sehe, wo es wichtig ist, und entscheide selbst."

Ich konnte es nicht fassen, das waren genau die Worte, die Ashtar Sheran gestern in der Sitzung gesagt hatte, und genau solche Worte hatte ich bereits in einer der vielen Botschaften von ihm gelesen. Dieser Satz war wie eine Identifikation.

Er sprach weiter von einer langen, tiefen Seelenverbindung. Ich stoppte den Redefluß von Esther wieder und meinte, daß wir vielleicht doch von verschiedenen Seelen sprechen würden.

"Es waren gestern mehrere Seelen, Geistwesen, anwesend", sagte ich ihr, ich dachte, daß sie vielleicht Argun meinte, da ich ihn hier im Laufe des Abends auch kurz innerlich wahrgenommen hatte.

"Nein", channelte Esther weiter, "sie sagen, es ist genau der, den du meinst, der, der in deinen Gedanken ist, ein großer Mann, ein schöner Mann, so schön, mit so viel Licht, eine so hell leuchtende Person. So viel Licht ist um ihn. Und seine Augen, die sind strahlend blau. Solche Augen gibt es nicht noch einmal, so strahlend, so wunderschön!"

Sie hatte Ashtar Sheran perfekt beschrieben. Ich zitterte innerlich, war sehr nervös. Hitzewellen überkamen mich. Ich spürte, wie sich an meinem Hals vor Aufregung lauter rote Flecken breit machten.

"Wer ist das?", fragte mich Esther.

"Ashtar Sheran", brachte ich leise und ehrfürchtig hervor und erklärte ihr kurz mit zitternder Stimme, wer er ist.

"Ich kenne ihn nicht", zuckte Esther die Schultern, "habe noch nie etwas von ihm gehört."

Sie lauschte wieder nach innen und fuhr fort: "Und Barbara, er wünscht, daß du ihn wie einen gewöhnlichen Menschen behandelst, daß du ganz normal mit ihm sprichst. Er sagt, er sei ein Mensch wie jeder andere. Du sollst nicht zu ihm aufschauen, sondern ihn ganz normal behandeln."

Ich erkannte in dem Gesagten die Ashtar Sheran vollkommen eigene Bescheidenheit, auch das waren ganz typische Worte von ihm, die ich schon gelesen hatte. Ich war so ergriffen, und es war schwer, ihm "normal" zu begegnen. So viel Achtung hatte ich vor ihm, vor dem, was er ausstrahlt und was er ist.

Mir fiel auf, daß Esther an diesem Abend ganz anders war als sonst. Sie ist Engländerin, ein lustiger und lockerer Typ. Immer war irgendein Witz dabei, eine Albernheit. Aber heute war sie sehr ernsthaft. Sie fühlte wohl unbewußt, daß sehr hohe Wesen anwesend waren. Ihre Stimme, die sonst eher derb ist, klang jetzt ganz weich, und ich meinte fast, Ashtar Sheran zu hören, seine sanfte, melodische Stimme.

"Er sagt, daß er wiederkommen wird", sprach Esther weiter.

"Ich weiß", sagte ich leise. *Natürlich wird er wiederkommen, irgendwann muß ich ja etwas über meine Aufgabe erfahren,* beruhigte ich mich, indem ich die Situation scheinbar abmilderte.

"Ihr kennt euch aus dem Vorleben."

"Ja", das klang logisch. *Von Metharia, wie sollte ich ihn sonst wiedererkannt haben?*

"Eure Seelen sind immer noch tief verbunden."
Er mit mir? - Langsam wehrte ich mich wieder dagegen. Das konnte doch alles nicht richtig sein, das war nicht Ashtar Sheran, die Durchgaben waren sicher nicht richtig.

"Barbara, warum willst du das alles nicht wahrhaben", hörte Esther und gab es an mich weiter, "hör auf, ewig zu denken: warum ich, warum ich? Nimm es einfach an. Es ist wunderschön. Er sagt, er wird dich mitnehmen auf eine Reise, eine Astralreise. Er wird dich an die Hand nehmen und dir vieles zeigen. Denn das ist etwas, worüber du schon viel nachgedacht hast, was du dir schon lange wünschst, ja? Und du wirst dich anschließend genau an diese Reise erinnern."

Es ist unbeschreiblich, was sich alles in mir abspielte. Eine Astralreise, das war wirklich ein lang ersehnter Wunsch von mir.

Esther, die gar nichts von meiner neuen Kreisarbeit wußte, sprach weiter: "Und du wirst sehr viel einbringen in den Kreis, in dem du jetzt arbeitest. You will grow up this Kreis", verfiel sie in ihre Muttersprache. "Du wirst viel Stärke hineinbringen. Deine Arbeit dort wird sehr wichtig sein."

Ich war fassungslos über den ganzen Verlauf des Abends.

"Du fragst immer sehr viel, wenn du nachts "oben" bist um zu lernen. Argumente hast du gerne. Und du diskutierst sie immer sehr ausführlich. Und immer noch neue Fragen fallen dir ein. Es macht dir sehr viel Spaß, und eine Sache wird mit Fragen über Fragen von allen Seiten durchleuchtet."

"Oh", sagte ich betroffen, "hoffentlich nerve ich da nicht zu sehr."

"Nein, sie mögen das. They love it, they love you for it. Du warst schon immer ein Philosoph, und bist auch heute noch ein kleiner. Dort oben stellst du immer Überlegungen an, wie man Energie konservieren kann, zum Beispiel mit einer Maschine. Du hast viele Ideen und diskutierst sie gerne. Auch möchtest du immer Dinge von einer Welt in die andere mitnehmen. Von der Erde in die andere Welt und von dort mit auf die Erde. Aber Barbara, das geht nicht, die Energie des Körpers ist jeweils eine andere. Du weißt das, trotzdem versuchst du es immer wieder. Sie amüsieren sich darüber."

Spaßig bekam Esther nun vermittelt: "Vielleicht gelingt es dir ja einmal, einen Cassettenrekorder mitzubringen, damit du das alles aufzeichnen kannst, zur Erinnerung. Aber denk daran, dort gibt es keine Steckdosen."

Ja, ich erkannte mich vollkommen wieder.

Ich hätte soviel Kraft in mir, die noch nicht voll zum Tragen komme, ging es weiter. Und dann folgten einige Anweisungen für meine Heilbehandlungen. Ich müsse lernen, mit den Energien besser umzugehen. Nicht alles auf einmal, sondern am Anfang wenig und dann langsam steigern.

Noch einmal wurde mir eindringlich gesagt, daß ich Ashtar Sheran bitte wie einen ganz gewöhnlichen Menschen behandeln soll, "er wünscht es sich so sehr", vermittelte Esther.

Und mein Lebenspartner werde auch sehr bald in mein Leben treten. "Es ist eine ganz reine Seele. Und du wirst ihn sofort erkennen. Es ist Liebe auf den ersten Blick. Barbara, du wirst so viel Schönes noch erleben", beendete das Medium die Durchgaben aus den lichten Regionen.

Als ich zuhause im Bett lag, konnte ich lange nicht einschlafen. Ich war hellwach und so voller Energie, wie kaum je zuvor. Und ich war irritiert. *War das echt? Oder war es eine Prüfung? Wurde getestet, ob ich Echtes von Unechtem unterscheiden konnte? Wie leichtgläubig war ich? Hat die negative Seite mich schon erfaßt? So schnell?*

Aber es war eine so schöne Antwort auf meine Stimmung und

Traurigkeit von heute morgen. Gott hatte mich in seine Arme genommen, mein Gebet ist erhört worden, und Er hatte erlaubt, daß ich weitaus mehr bekam als nur einen kleinen Trost. Die Durchgaben kamen spontan, ich hatte ja überhaupt nicht damit gerechnet. Schließlich waren wir wegen Renate dort. Und viel Gesagtes sprach für die Echtheit. Dennoch, ich nahm nicht alles als wahr an. Es wurden auch Dinge durchgegeben, die ich gefühlsmäßig nicht annehmen konnte, die ich gleich für mich strich und die hier auch nicht genannt sind.

In Gedanken bat ich Argun, unseren Lichtboten im Kreis, um Hilfe. Ich sah mit geschlossenen Augen, wie er schrieb: *Es ist wahr.* Ich versuchte, den Satz zu verändern, um herauszufinden, ob auch dieses eine Selbsttäuschung sei, indem ich ein "nicht" einfügte: *Es ist nicht wahr*, schrieb ich in Gedanken. Aber selbständig formierte sich der Satz immer wieder neu, das "Nicht" fiel stets heraus, und es blieb stehen: *Es ist wahr.* Trotzdem blieb ich verunsichert. Es kam mir vermessen vor, die Echtheit nicht doch immer wieder anzuzweifeln.

Ich schlief kaum in dieser Nacht, nur etwa zwei bis drei Stunden. Um halb fünf erwachte ich mit einem wichtigen Satz, den ich zwar versuchte ins Tagesbewußtsein mit hinüberzunehmen, was aber nicht ganz gelang. Ich wußte nur noch die Worte: Menschen, Energie und Christus. Ganz deutlich war aber, daß es eine Erinnerung an eine Schulung war.

Obwohl ich so wenig geschlafen hatte, fühlte ich mich hellwach und ausgeschlafen, und das, obwohl ich schon die ganzen letzten Tage nur äußerst wenig Schlaf gehabt hatte. Ich war voller Kraft, angefüllt mit purer und reiner Energie - glücklich. Ein fantastisches Gefühl! Auch waren die Schulter- und Nackenverspannungen, die mich tagelang schon quälten, plötzlich völlig verschwunden.

Trotzdem mußte ich noch eine weitere Sicherheit haben. In

der nächsten Kreissitzung fragte ich Argun: "Waren diese Durchgaben wirklich echt oder war es eine Prüfung?"

"Nun", begann Argun, "es wird vieles geführt werden, doch auch du durchwanderst dort Prüfungen, die auf dich zukommen. Wie empfindest du selbst diese Botschaft?"

Ich antwortete, daß ich mich sehr damit auseinandergesetzt hätte. Die meisten Dinge sprächen dafür, daß es wahr sei. Einen Teil hätte ich selbst herausgestrichen und denke, daß der andere Teil stimme.

"Nun, so ist es auch", antwortete Argun schreibend, "du wirst herausfinden, welches der wahre Teil ist."

Jetzt irritierte mich auch diese Antwort wieder. *"Du wirst es herausfinden...", bedeutet das, ich habe den falschen Teil als wahr angenommen?* Jetzt war ich noch mehr verunsichert und hielt es für das beste, gar nicht mehr darüber nachzudenken und das ganze einfach zu vergessen. Anscheinend war ich doch viel zu vermessen in meinen Gedanken.

*

Tanzende Sterne

Es ergab sich, daß ich mit einem Ehepaar zusammengeführt wurde, das regelmäßig UFOs sieht. Sie gehen Nacht für Nacht ins Feld, beobachten sie und "sprechen" sogar mit ihnen. Nachdem eine Frage gestellt wird, bewegen sich die sternengroßen Raumschiffe entweder horizontal, was Ja bedeutet, oder vertikal, was Nein bedeutet.

Begeistert lauschte ich ihren Erzählungen. "Darf ich einmal mitgehen?", fragte ich gespannt.

Wir gingen noch am selben Abend gemeinsam hinaus, und mir wurden die "Sterne" gezeigt, die eben keine sind, die, die sich bewegen.

"Sie strahlen ein ganz anderes Licht aus", hieß es, "manchmal sieht man sogar, wie sich die rotierenden Farben verändern."

Ich war ziemlich erstaunt. Waren das doch genau die Sterne, die ich schon selbst beobachtet hatte, über die ich mich wunderte, daß sie so ganz anders als die übrigen strahlten. Ja, und auch die rot-grünen Farbschimmer hatte ich gesehen. *Sie bewegen sich,* hatte ich oft genug gedacht, es dann aber für eine optische Selbsttäuschung gehalten. Und jetzt erfuhr ich, daß genau dies die sogenannten UFOs sind. Man muß also tatsächlich erst lernen, sie zu sehen.

Aufgeregt fuhr ich nach Hause und suchte von meinem Balkon aus den Sternenhimmel ab. Tatsächlich, ein Stern blinkte und schien sich tanzend zu bewegen, als ich mich auf ihn fixierte.

"Bist du ein Raumschiff?", wagte ich die Frage.

Sofort erfolgte eine mehrmalige waagerechte Hin- und Herbewegung, was wohl Ja bedeutete.

"Wollt ihr so auch zu mir sprechen?", und wieder bewegte sich der rötlich funkelnde Stern horizontal hin und her.

Ich bat jetzt, ob nun ein Kreis nach rechts geflogen werden könne, einfach für mich, um sicherzugehen, daß ich mir dieses hier nicht selbst einbildete. Und genau das geschah!
Ich hatte das Gefühl, Tai Shiin wäre in diesem Raumschiff. Oh, ich war so glücklich. Jeden Abend, so oft der Himmel klar war, stand ich draußen und beobachtete in ehrfürchtiger Bewunderung die geheimnisvoll tanzenden "Sterne". Spontan reagierten sie jedesmal auf meine Gedanken.

Es war Wochenende, und ich hatte mich bei Ursula angemeldet. Fröhlich brachte ich die knapp dreistündige Fahrt hinter mich. Vielleicht erlebten wir heute ja etwas ganz Besonderes. Gestern abend, als ich wieder den nächtlichen Sternenhimmel betrachtete, fragte ich "sie", ob ich morgen Ursula diese Entdeckung zeigen dürfe, ob sie sich dann auch, dieses demonstrierend, bewegen würden. Ein - ich fand fröhliches - Ja wurde als Antwort geflogen. Nun war ich gespannt.

Ursula und ich verbrachten einen schönen Nachmittag und machten dann einen kleinen Abendspaziergang. Aber der Himmel war dicht, dicke Wolken ließen keinen einzigen Stern hindurchleuchten. *Schade, dachte ich, dann habe ich das gestern wohl doch falsch verstanden.* Wir sahen während des Abends noch ein paarmal aus dem Fenster, aber eine Veränderung war nicht in Sicht.

In tiefe Gespräche verwickelt, schreckten wir plötzlich auf, als ihr Mann ins Zimmer kam und sich verabschiedete: "Ich gehe jetzt ins Bett. Ihr könnt ja noch hinausgehen und euch die Sterne ansehen."

Kurz vor zwölf war es inzwischen. Ursula und ich sahen uns verblüfft an. Er wußte nichts von unserem Vorhaben, in die Sterne zu sehen. Wir waren sehr verwundert.

"Es ist, als ob er geschickt worden ist", sagte ich lächelnd.

Schnell zogen wir uns etwas Warmes an und schlüpften in die winterliche Nacht hinaus.

Genau über unserem Haus war ein riesiges Wolkenloch. Rundherum dicke, schwere Wolkenmassen.

"Welch ein Geschenk", jubelte ich und zeigte Ursula die leuchtenden Sternenschiffe. Fünf bis sieben waren es, und sie bewegten sich. Wild hin- und herhüpfend boten sie uns eine unglaubliche Demonstration.

"So habe ich sie selbst noch nie gesehen", konnte ich nur fassungslos feststellen. Sie blinkten und tanzten, drehten Kreise, flogen Schlangenlinien. Eines war besonders hell, sogar ziemlich groß, und wieder hatte ich das sichere Gefühl, es wäre Tai Shiin.

Bewegungslos standen wir, den Kopf tief in den Nacken gelegt, plötzlich schoß ein riesengroßer Lichtball knapp an uns vorbei.

"Was war das?" Wir waren überwältigt über dieses fantastische Schauspiel, das hier für uns veranstaltet wurde. Auch Ursula kam aus dem Staunen nicht mehr heraus.

Völlig durchgekühlt gingen wir nach einer halben Stunde wieder hinein, tranken noch etwas Heißes, um uns aufzuwärmen, und gingen dann zu Bett. Ich war tief beeindruckt und unendlich dankbar. So viel Liebe!

Ruckartig wache ich auf. Es ist viertel vor zwei. Irgendwie bin ich geweckt worden. Sofort springe ich, wie auf Kommando, aus dem Bett, ich weiß, ich soll zum Fenster gehen.

Der Himmel ist wieder zugezogen, nur ein einziger "Stern", der besonders helle, in dem ich Tai Shiin vermute, ist zu sehen, hat sich vor die Wolken geschoben. Er hat seinen Standort gewechselt und scheint tiefer als vorhin zu stehen.

Telepathisch höre ich in meinem Herzen: *Wir wollen uns verabschieden, denn wir gehen jetzt.*

Es erfolgen Bewegungen, die auf mich wirken, als wenn es winkt, dann steigt das Sternenschiff langsam etwas höher, und plopp!, als wenn jemand das Licht ausknipst, ist es weg. Dematerialisiert!

Stundenlang habe ich danach wach gelegen. Welch großes Glück wurde mir beschert.

Gegen sechs Uhr früh sah ich noch einmal auf die Uhr und mußte kurz danach endlich eingeschlafen sein. Als ich etwa zwei Stunden später aufwachte, konnte ich gerade noch das Bild festhalten, wie ich mit Tai Shiin sprach. Ich fragte ihn nach den Voraussetzungen, um Astralreisen machen zu können.

Vierzehn Dinge zählte er mir auf. Ich wiederholte jede einzelne Nennung und stellte bei jeder fest, daß ich sie eigentlich erfülle, bei einer bestimmten sagte ich, daß ich dort noch stärker werden müsse. Ich versuchte noch in diesem halbwachen Zustand, das soeben Gehörte in Worte zu kleiden, um es ins Tagesbewußtsein mitzunehmen, noch einmal ging ich alle vierzehn Begriffe durch, dann war ich hellwach - und hatte alle vergessen! -

Nachmittags verabschiedete ich mich von Ursula, und abends, wieder zuhause angekommen, ging ich in die Stille, um mich an diese "verschwundenen" vierzehn Begriffe zu erinnern.

Einen Schreibblock auf den Knien, einen Stift in der Hand, vertiefte ich mich und bat um Inspiration.

Spontan strömten die Gedanken, ich schrieb in einem einzigen Fließen, ohne eine Pause zu machen: "Nächstenliebe, Hilfe untereinander, Gutes über seine Mitmenschen denken und reden, die Göttliche Kraft anerkennen, die Liebe zu mir selbst, Klarheit und Reinheit, Wunsch nach Wachstum, Ruhe und Gelassenheit, Verzeihen, Nehmen und Geben, Zuhören, Loslassen, Vertrauen."

Der Schreibfluß endete abrupt, gedankliche Leere.

Ich zählte die Begriffe durch und stieß einen Pfeifton der Überraschung aus. Es waren genau vierzehn!

*

Reich beschenkt

Inzwischen hatte ich in den Protokollen vergangener Sitzungen mehrfach gelesen, daß alle auf der Erde inkarnierten Santinerseelen freiwillig hier sind. Diese "frohe Botschaft" nahm mir endlich die Last meiner angeblichen Schuld, die ich schon mein ganzes Leben lang auf meinen Schultern trug.

Nun war es klar, es ging um eine Aufgabe - darum war ich hier -, um die Mission, gemeinsam mit den Santinern in den Raumschiffen, die Erdenmenschheit auf die "Endzeit" vorzubereiten. Die Endzeit einer Entwicklungsphase, in der der Planet sich einer Transformation unterziehen wird, um in eine höhere Schwingungsoktave einzutreten. Eine Umwandlung, die den Göttlichen Gesetzen entspricht, die aber niemals einer Weltzerstörung gleichzusetzen ist.

Immer mehr öffnet sich der menschliche Geist seiner inneren Wissensquelle, aus der er schöpfen und Antwort finden kann auf die Fragen nach dem wahren Sinn des Lebens, nach der Gerechtigkeit des Schicksals und einem Leben nach dem Tod.

Diese Öffnung und andere Fortschritte, die sich im Zusammenleben der Völker zeigen, sind Teil der neuen kosmischen Energien, die jetzt den größten Evolutionsschritt einleiten, dem diese Menschheit entgegengeht. Ohne eine außerirdische Hilfe ist sie aber nicht imstande, ihn zu bewältigen; dazu hätte es einer frühzeitigen Umkehr auf der abschüssigen Bahn bedurft, auf der sie durch Eigensinn und Machtmißbrauch geraten ist.

Aber auch in solch einem Augenblick spürt der Mensch noch die Liebe des Allgeistes, wenn er durch sein Reueempfinden den Willen zur Umkehr zeigt. Dadurch verliert nämlich der "Verführer" die Herrschaft über seine Opfer, die sich von nun an einer liebevollen Betreuung gewiß sein dürfen.

Gott ist unvorstellbarer Fortschritt. Er ist Aufbau und eine ständige Entwicklung in Liebe, Freiheit und Gerechtigkeit. Niemals hat Gott von einer Weltzerstörung gesprochen. Für den Himmel, also für die Hohen Jenseitigen Sphären, ist es daher unbegreiflich, wie wir Erdenmenschen an eine kommende Vernichtung dieses Planeten denken können.

Gott hört zu, aber Er handelt auch entsprechend Seiner Gesetze, die ein Chaos, eine Zerstörung, verhindern. Gott wirkt der Zerstörung entgegen, während die Erdenmenschheit die Zerstörung begünstigt.

Wenn die Menschen am Bisherigen festhalten, und nicht Gott und Seine Liebe und Sein Licht entdecken und danach leben, wenn sie nicht bereit sind für die große Transformation, dann geht ihr Weg ins Verderben. Gott, der Schöpfer allen Seins, hat darum den Santinern den Auftrag gegeben, den Untergang dieser Terra zu verhüten. Ein Auftrag, der eine heilige Mission ist. Er hat diese Erde mit ihrer Menschheit den Santinern anvertraut.

Sie kommen als Freunde, als Brüder von Stern zu Stern, mit dem Göttlichen Auftrag, den Erdenmenschen brüderliche Hilfe zu leisten. Sie bringen die Göttliche Wahrheit und lehren uns die wahren Gesetze des Lebens. Sie säubern unsere vergiftete Atmosphäre, bringen Licht in diese Welt und lassen neue, göttlich-soziale Weltanschauungen entstehen.

Unsere Brüder und Schwestern aus dem Weltraum sind schon vor langer Zeit in solch großer Zahl gekommen, daß sie Raumstationen anlegen mußten und neue Stützpunkte auf Nachbarplaneten eingerichtet haben; sie haben sich auf eine lange Zeit vorbereitet, denn ihr Auftrag ist schwer, umfangreich und vielseitig. Und die Gefahren für sie sind sehr groß.

Tag für Tag und Nacht für Nacht fliegen sie in ihren kleinen Flugschiffen bei uns ein und aus. Sie setzen glühende Zeichen und Phänomene in den Himmel, und sie ziehen in großen Formationen über unsere Atomzentren. Sie haben vollkommene Kenntnis von den zerstörerischen und kriegerischen Ambitionen.

Große Umwälzungen wird es künftig auf diesem Planeten noch geben, weitere Kriege und schwerwiegende Naturkatastrophen. Ungeheure Kräfte ballen sich zusammen, die sich in Erd- und Seebeben entladen werden, Vorboten der eigentlichen kataklysmischen Ereignisse, die in naher Zukunft losbrechen werden. Und dagegen gibt es dann keinen Schutz mehr.

Doch wir brauchen uns nicht zu fürchten vor den chaotischen Zuständen, welche durch die Gewalt der Elemente eintreten werden. Allen Menschen, die willens sind, den Evolutionsschritt zu vollziehen, wird eine Evakuierung in den Raumschiffen ermöglicht, um sie vor den Umbildungsprozessen, denen dieser Planet ausgesetzt sein wird, zu retten, da kein Mensch in der Lage ist, diese gewaltigen geographischen Veränderungen lebend zu überstehen.

Eine Armada von vielen Millionen Raumschiffen, riesige Rettungsschiffe werden dann in der Formation leuchtender Kreuze am Himmel erscheinen, und durch diese Symbolik die Erlöserkraft des Gottessohnes zum Ausdruck bringen.

Die Evakuierung ist bis ins kleinste Detail vorbereitet, so daß sie jetzt, in diesem Moment, stattfinden könnte; doch allein Gott gibt dazu das Zeichen. Die Stunde hat bereits geschlagen.

Schauen wir dann, wenn es soweit ist, nicht zurück auf das, was wir verlassen müssen, sondern richten wir unseren Blick und unser Vertrauen liebevoll auf die Santiner, auf unsere Sternengeschwister, die uns in brüderlicher Hilfsbereitschaft auf eine höhere Seinsebene begleiten werden.

Später, wenn wir nach einem etwa dreimonatigen Aufenthalt in den Raumschiffen, zum ersten Mal wieder auf unseren Planeten zurückkehren, werden wir ihn nicht wiedererkennen.

Dieser erste Besuch wird nur der Orientierung dienen. Wir werden den Eindruck des ersten Schöpfungstages nach dem Bibeltext bekommen, wonach sich das Wasser vom Festland schied und alles öde und leer war. Es werden noch einige Vulkane tätig sein, Berge und Täler werden sich noch in der Ausformung befinden, und die Erdachse wird sich in ihrer neuen Lage stabilisieren.

Wir kehren sodann in die Raumschiffe zurück, um von dort zu beobachten, wie sich allmählich das Leben zu regen beginnt. Da die neue Erde die Grobstofflichkeit dann verloren hat und in einen feinstofflicheren Zustand übergegangen ist, wird sich die Ausbreitung der Vegetation in einem Maße beschleunigen, das uns in Erstaunen versetzen wird. Die Pflanzenarten, welche die Erde begrünen sollen, werden durch Gedankenkraft materialisiert. Auch das Wachstum kann durch die gleiche Kraft beeinflußt werden. Wir werden uns daran gewöhnen müssen, daß alles uns nachgeordnete Leben auf unsere Gedanken reagiert, als Ausdruck und Eigenschaft der Feinstofflichkeit.

Die Erde wird wieder zu einem blühenden Paradies.

"Wir sind keine Engel Gottes", sagt Ashtar Sheran, "wir möchten nicht mit diesen Lichtwesen verwechselt werden, denn das wäre Gotteslästerung. Doch wir stehen der Geisteswelt Gottes sehr nahe und tauschen mit dieser unsere Gedanken und Pläne aus, lassen uns unterweisen und handeln für die Lichtwesen, weil die Geisteswelt Gottes nur wenig Kontakt zur Materie hat. Wir sind ein Bindeglied zwischen der geistigen und physischen Welt."

Seit Jahrtausenden bemühen sich die Santiner, im Einvernehmen mit Jesus Christus und unter der Leitung des Erzengels Michael, um die Erlösung dieser Menschheit aus den Fesseln der Negativität.

Das ist eine wahrhaft heilige Mission, um der Erdenmenschheit die Wahrheit über das Leben in seiner Ganzheit zu überbringen.

Die Mission - ich war erleichtert und unendlich glücklich. All die quälenden Belastungen fielen ab, meine Seele wurde freier und bekam einen gewaltigen Schub nach vorne. Ich war so dankbar für dieses Wissen, und überhaupt dafür, daß ich in diesem großen Plan mitarbeiten darf.

Die Kreisarbeit machte mir viel Freude, und ich wurde sehr verwöhnt. Ich erfuhr die Namen meiner Geistlehrer, und in der nächsten Sitzung meldete sich überraschenderweise sogar Emanuel, einer meiner Geistlehrer, selbst.

"Wenn du es möchtest, so kann ich mich hier melden. Wir umschließen dich in unserer Liebe", schrieb er und zog symbolisch einen Kreis um diese Worte.

Ich stellte viele Fragen über alles, was mir schon lange auf der Seele brannte und war immer wieder tief bewegt über all das, was uns dort widerfuhr.

Und so fragte ich auch nach einem Stein, dem Fluorit, der mich besonders interessierte.

"Es ist ein ganz neuer Stein, man hat ihn vor dreißig oder vierzig Jahren zum ersten Mal hier auf der Erde gefunden", fragte ich Argun, "und man sagt, daß kosmische Wesen diesen Stein hierhergebracht haben. Stimmt das, kommt er von Metharia?"

Argun bestätigte: "Ja, das ist richtig. Es wäre auch gut, den Menschen zu empfehlen, die mit Ashtar Sheran und den Santinern eine enge Verbindung haben, daß sie diese Steine um sich haben."

Wie schön, das war wieder so eine Bestätigung. Vor einigen Jahren, als ich mit der Kristallarbeit begann, fiel mir ein Fluorit in die Hände. Ich hatte zunächst gar kein Interesse mehr an Kristallen, sondern nur noch für diesen Stein. Ich fühlte mich so verbunden mit dem Fluorit, daß ich ihn überallhin mitnahm. Er war ein Teil von mir.

Und jetzt wußte ich, auch das war eine Erinnerung. Eine Erinnerung an Metharia.

Beim weiteren Studieren der alten Protokolle stieß ich immer wieder auf das Wort "Jahwus". Es war etwas, das mich sehr anzog und gedanklich nicht losließ.

Jahwus ist der Grundstoff der materiellen Schöpfung. Dieser Stoff hat sich in dem einmaligen unglaublichen Willensakt Gottes zusammengezogen und hat die Kugel hervorgebracht, die dann in der Explosion der Beginn der materiellen Schöpfung war. Dieser Stoff ist in allem enthalten. Und dieser Stoff ist die Grundlage für das, was die Menschheit "Wunder" nennt, denn dieser Stoff enthält die Göttlichen Gesetze. Er regelt und informiert die Zellen. Jede Zelle, jedes Atom enthält alle Informationen durch den Stoff Jahwus.

Wenn die Menschheit seelisch und geistig reif ist, so wird ihr der Schlüssel zu diesem kosmischen Stoff von den Santinern gegeben werden. Und dann wird das, was wir "Wunder" nennen, für uns kein Wunder mehr sein, sondern ein Arbeiten mit der Göttlichen Schöpfung. Der Mensch wird das sein, was er sein sollte, - ein Mitschöpfer des Göttlichen. Die Voraussetzung jedoch ist ein göttliches Denken und ein göttlich reines Leben.

Der Stoff Jahwus beinhaltet einen "Schlüssel", sagte die Geistige Welt. Und diesen Schlüssel wollte ich herausfinden. Ich war sicher, daß es mir gelingen würde. Und so brütete ich zwei bis drei Stunden über diesen Begriff, kam aber zu keinem Ergebnis. *So geht es auch nicht*, beendete ich mein Brüten. Ich beschloß, diesen Begriff Jahwus ständig in meinem Bewußtsein zu behalten, sehr aufmerksam zu sein, und wußte, daß ich so meinem Ziel näherkommen würde.

Und so war es auch.

Irgendwann, nur wenige Wochen später, beim Lesen eines Buches, wurde es mir auf einmal klar. Ich spürte sogleich eine innere Aufregung und Freude darüber, daß ich den ganzen Nachmittag singend und tanzend durch meine Wohnung lief.

Ob es wohl auch wirklich der letztendliche Begriff, der Schlüssel war?, dachte ich später leise zweifelnd, denn es war so leicht. Freudestrahlend ging ich in die nächste Sitzung und lachte Argun an, daß ich eine wunderbare Entdeckung gemacht hätte.

"Habe ich das nun richtig erkannt?", war meine große Frage. Ich sprach das Schlüsselwort nicht aus, denn ich dachte, es ist eine Sache, die jeder für sich selbst entdecken muß, um es richtig zu verstehen.

Und Argun antwortete: "Dieser Schlüssel wird jenen Menschen dann offenbart, wenn die Seele die Reife dazu hat." Und er bestätigte: "Es ist jedoch so, daß dieses von jeder Seele, von jedem selber erkannt werden sollte. Es wird den Menschen nur wenig nützen, jetzt dieses Wort zu lesen. Die Erkenntnis muß in der Seele stattfinden."

"Ja..., hab ich ihn nun gefunden?" Immer noch stand ein bescheidenes Fragezeichen in meinem Gesicht. *Warum hat er nicht einfach Ja gesagt?* Allgemeines Gelächter erklang, und ein langgezogenes "Jaaaa!" hallte im Raum.

Ich fragte gleich weiter, ob die furchtbare Begegnung in der letzten Nacht auch damit zusammenhing, mit der Anwendung dieses neuen Wissens. "War es eine Prüfung?"

Nach langer, langer Zeit war ich wieder einmal im Schlaf von drohenden schwarzen Schatten angegriffen worden. Nicht mehr rechnend mit solchen Überfällen, übermannte mich sofort die Angst, und ich versuchte nur panisch zu entkommen.

Als ich aufwachte, ärgerte ich mich über meine jämmerliche Reaktion, fast wünschte ich mir eine erneute Begegnung, um würdevoller, gelassener und besonnener mit dieser Sache umzugehen.

Müde schlief ich wieder ein, und schon zwei Stunden später wurde mir mein Wunsch gewährt; schwarze Schatten entfesselter Gewalt gingen erneut auf mich los. Doch diesmal erstarkte meine Seele zu einer nie gekannten Kraft, sie wuchs unvorstellbar über sich hinaus, glänzendes Licht erfüllte mein Bewußtsein. - Ja, diesmal konnte ich zufrieden sein mit meiner Reaktion.

Dennoch, ich war irritiert, daß diese Begegnungen nun wieder anfingen. Warum zog ich solche Wesen an? Was war mit mir? Verunsichert und leicht nervös nahm ich das Buch, zu dem ich auf merkwürdige Weise gekommen war, zur Hand.

Ich bekam gestern einen Anruf aus dem esoterischen Buchladen, in dem ich eine CD bestellt hatte. "Sie ist eingetroffen", hörte ich die Stimme am Telefon. Ich bedankte mich und sagte, daß ich irgendwann in der nächsten Woche vorbeikäme, es eile nicht.

Kaum hatte ich den Hörer aufgelegt, zog ich - über mich selbst erstaunt - meine Schuhe an und machte mich auf den Weg in das Geschäft. Es "zog" mich auf eine unerklärliche Art richtig dorthin.

Dann stand ich sehr lange Zeit vor der Kasse und wollte bezahlen, die Inhaberin, die ich recht gut kenne, war im Nebenraum mit einer Kundin beschäftigt, ewig lange, und ich wunderte mich, warum sie nicht kam, um schnell zwischendurch zu kassieren.

Immer wieder wanderte ich gelangweilt auf ein bestimmtes Bücherregal zu, warf einen kurzen Blick darauf und ging wieder zurück zum Kassentisch. Beim dritten oder vierten Mal, als ich wieder vor demselben Bücherregal stand, nahm ich plötzlich ganz kurz "Emanuel" wahr. Ich stutzte, sah genauer hin, zog das Buch heraus, "Das Buch Emanuel". Ich bekam eine Gänsehaut und ein angenehmes Vibrieren durchzog alle meine Zellen. *Ob das etwas mit meinem Geistlehrer zu tun hat...?*

Ich entschloß mich, dieses Buch zu kaufen - und schon kam, wie auf Zuruf, die Geschäftsinhaberin aus dem Nebenraum, um zu kassieren.

Und nun blätterte ich an diesem Morgen, nach dem erneuten

Angriff, zum ersten Mal in diesem Buch. War es mir gestern aus diesem Grunde zugeführt worden? Vielleicht fand ich etwas, was mir half, mein wiederkehrendes nächtliches Erlebnis zu verstehen.

Ich schlug das Buch irgendwo auf, "Das Reifen des Geistes durch Prüfungen", lautete die Überschrift.*

Ich las die Worte von Emanuel: "Kind, es wird im Augenblick viel von dir verlangt. Wir wußten, daß dieser Augenblick kommen werde und suchten, durch richtiges Einwirken, dich für diese Zeit widerstandsfähig zu machen. Und du kannst widerstehen, kannst aushalten am Posten und nach Gottes Willen wirken, wenn du nur willst. Wie meine Stimme in solcher Zeit dir doppelt klar wird, so werden es auch die Stimmen derer, die Freude an deinem Fall hätten. In Stürmen, Kämpfen und Klärungsperioden werden Elemente entfesselt und in Berührung mit dem kämpfenden Geist gebracht, die sonst fern von ihm gehalten sind, und zwar gesetzlich fern, weil die Anziehungskraft fehlt. Doch im Sturme führt der Wirbel zusammen, was durch ruhige, gesetzliche Anziehungskraft niemals zusammengebracht werden könnte. Es hebt nicht ein Gesetz das andere auf, aber neue Elemente haben neue Gesetze. So fühlst du in dieser Zeit des Kampfes und der Prüfung eine Bitterkeit in dir aufsteigen, wie du sie früher nie gefühlt, und die durch niedere Wesen angeregt war, die an dich herangelassen wurden, um den Kelch der Prüfung vollzumachen. Und warum?, fragst du, - warum das Schwere noch erschweren? Es gibt eben Gesetze, von denen ihr nichts wißt, und ein solches Gesetz ist, daß den Geist in einem Reifepunkt alles früher einzeln Überwundene vereint angreifen muß, um seine Kraft zu erproben. Und es kommt über jeden Geist eine solche Zeit stets vor jedem geistigen Wendepunkt in seinem Leben, vor dem Übergang von einer Weltenstufe oder Sonne zur anderen."

---

* Das Buch Emanuel, Bernhard Forsboom

Ich fand große Erleichterung in diesen Worten und endlich tiefes Verstehen, Annehmen und Akzeptieren. Trotzdem stellte ich an diesem Sitzungsabend die Frage, ob die Antwort, die ich in dem Buch fand, tatsächlich auch mir galt, ob ich alles richtig verstanden hätte.

Zu meiner besonderen Freude meldete sich anstelle von Argun sogar Emanuel selbst und schrieb: "Liebe Barbara, ich habe dir dieses Buch zugeführt. Wir arbeiten gut miteinander. Und die Prüfung ist zu unserer Zufriedenheit."

Ich war so tief erfreut über das Ergebnis und über die Tatsache, daß Emanuel mir selbst diese Antwort gab, und über diese wunderbaren Führungen. Die Welt war schön. Alles war in Ordnung. Immer mehr fing ich an, das Leben richtig zu lieben, egal, wie hart die Prüfungen auch sein würden. Ich würde damit fertig werden, die Geistige Welt sollte immer zufrieden mit mir sein.

In der folgenden Woche wurde mir im Traum eine Vorausschau auf die bevorstehende Evakuierung durch die Raumschiffe offenbart:

Ich sehe die Verseuchung des Planeten, der Böden, des Grundwassers - den totalen Stillstand der Industrie, den kompletten Stillstand von allem. Die Menschen haben keine Arbeit mehr, kein Zuhause, ihre Häuser müssen sie verlassen.

Ziellos ziehen sie umher, hoffnungslos und vollkommen gleichgültig. Alles scheint aussichtslos. Man hat nichts mehr, weil nichts mehr geht. Man braucht auch nichts mehr, weil nichts mehr ist.

Plötzlich schwankt die Erde. Sie stoppt, dreht sich nicht mehr, sie scheint aus den Fugen zu geraten. *Der Polsprung!*, denke ich.

Eine Frau schreit: "Da sind die Scheiben!"

Ich renne hin zu ihr und erblicke die vielen Raumschiffe, die jetzt auf der Erde landen. Endlich, endlich akzeptieren die Menschen die Sternengeschwister, nehmen ihr tatsächliches Vorhandensein und ihre helfende Hand zur Kenntnis und heißen sie als Freunde von einem anderen Stern hoffnungsvoll willkommen...

"Das ist dir gezeigt worden, da es mit deiner Aufgabe zusammenhängt", sagte mir Argun erklärend in der nächsten Sitzung. "Es werden auch anderen Menschen noch Dinge über die Evakuierung gezeigt werden, um dieses langsam in das Bewußtsein der Menschen hineinzubringen."

Neugierig fragte ich Argun, wie denn meine Aufgabe in dieser Beziehung aussehen wird, denn das war im Traum nicht erkennbar.

Er antwortete durch mediale Schrift, daß meine Aufgabe zunächst einmal darin liege, mein Leben hier als ein Vorbild vorzuleben, aus meinem inneren Wissen heraus, so wie es auf Metharia war. Den restlichen Teil der Aufgabe würde ich später erfahren.

Gegen Ende der Sitzung erfolgte noch einmal ein überraschender Schriftwechsel. Große Kreise wurden zur Einstimmung über das Papier gezogen - unendlich viele Kreise.

Dann begann jemand zu schreiben: "Gott zum Gruß, Barbara. Mein Name ist Shenar. Ich begrüße dich von ganzem Herzen."

Argun übernahm sofort wieder das Schreiben, denn es gab Schwierigkeiten mit der Anpassung zwischen unsichtbarem Schreiber und Medium.

Ich begrüßte "Shenar" auch ganz herzlich, war tief bewegt, daß sich ein Santiner bei mir meldete und fragte Argun noch schnell, in welcher Verbindung "Shenar" und ich stehen.

"Ihr kennt euch von Metharia", lautete die saloppe Antwort, und Argun beendete sodann die Sitzung.

Mit einem ganz seltsamen Gefühl fuhr ich in dieser Nacht nach Hause. Es war ein schönes Gefühl, ein sehr glückliches. Ich erinnerte mich, wie ich auf der Herfahrt ein ganz warmes Strahlen in meinem Herzen wahrnahm und auf einmal "wußte", daß sich heute ein Santiner bei uns melden würde. Das war ungewöhnlich, denn Ashtar Sheran und Tai Shiin meldeten sich stes im anderen Kreis, sprechend. Aber ich hatte die tiefe Gewißheit, daß sich Tai Shiin heute bei uns melden würde. Meine Überzeugung war so stark, daß ich im Auto einen lauten Jubelschrei ausstieß. Aber sofort rief ich mich wieder zur Räson, *bloß keine Erwartungen, bloß keine falschen Hoffnungen,* und schnell konzentrierte ich mich auf andere Gedanken.

Jetzt, auf der Heimfahrt, überhaupt seitdem sich "Shenar" gemeldet hatte, spürte ich wieder dieses tiefe und warme Gefühl in meinem Herzen.

Ich hatte das Gefühl, daß der Name "Shenar" nicht ganz richtig war. Es gab einen Setun Shenar, aber ich wußte genau, daß dieser es nicht war.

Santiner sind nicht nur in der Lage, ihren Körper zu dematerialisieren und wieder zu rematerialisieren, sie können auch ganz bewußt ihren physischen Körper verlassen, um zum Beispiel mit ihrem Astralkörper während einer medialen Sitzung anwesend zu sein und dann auch, auf gleiche Weise wie die Geistwesen, einem Schreibmedium die Hand führen. Oder aber, sie gehen sogar, wie Ashtar Sheran, in den physischen Körper eines Trancemediums hinein, das seinen Körper ja während des Trancezustandes verläßt. Die Verbindung zum jeweiligen eigenen physischen Körper bleibt durch die Silberschnur aufrechterhalten.

Die Silberschnur ist ein energetisches Versorgungsband zwischen materiellem und feinstofflichem Körper, sie wird bei der Geburt mit eingefügt und löst sich beim Tod wieder vom Körper. Mittels der Silberschnur ist es möglich, Astralreisen zu machen, das heißt, der Astralleib löst sich vom materiellen, physischen Körper; beide Körper bleiben durch die Silberschnur verbunden. Dieses energetische Silberband ist tausende von Kilometern dehnbar, entscheidend ist, wie weit der Geist das Loslösen beherrscht. Es ist eine Begabung der Seele, den Geist zu beeinflussen, um diese Loslösung zu erreichen, und der Grad an Liebe und Demut, der in dieser Seele vorherrscht, bestimmt über Länge und Weite der Ausdehnung.

Meine Gedanken kreisten in der Woche natürlich nur um "Shenar", und ich bekam langsam das immer sicherere Gefühl, daß es Oshur Shinar war.
Vorsichtig fragte ich unseren lieben Lichtboten Argun in der nächsten Sitzung und er bestätigte es.
"Es ist der Name, den du sagst", schrieb er, und: "Er hatte etwas Schwierigkeiten mit dem Medium, darum hat er auch abgebrochen." -
Oshur Shinar, der Stützpunktkommandant der Weltraumstation Share, meldete sich bei mir. Ja, vor vielen Wochen hatte ich ihn in einer Meditation schon deutlich wahrgenommen, so nah, als wenn er vor mir stünde, - und dann meine nächtlichen Sterngespräche auf dem Balkon..., *oh!*
Noch einmal nahm ich den Prospekt mit den medialen Zeichnungen zur Hand, betrachtete das Bild von ihm, und genau in diesem Moment wußte ich: Oshur ist mein Mann, meine Dualseele!
Soviel Liebe durchflutete mich, und ich spürte ganz intensiv seine Präsenz, unsere ganz tiefe Verbindung. Und ich wußte auf einmal auch, daß er der durch das Channelmedium angekündigte Mann war, der in mein Leben treten sollte, die ganz große Liebe. Mein Seelenpartner, den das Medium irrtümlich ins Geistige Reich plaziert hatte.
"Eine ganz reine Seele", lautete die Durchgabe. Sogar der Zeitpunkt stimmte.
Ich war tief bewegt und ganz still. Es war fast so etwas wie ein heiliger Augenblick. Ich hatte ihn wiedergefunden, den Mann, den

ich seit meiner Kindheit suchte; lange dunkle Haare, tiefblaue Augen, die dunkle, melodische und sanfte Stimme.

Lächelnd verstand ich jetzt auch, warum ich als kleines Mädchen so unsterblich in Winnetou verliebt war; seine Erscheinung, die langen schwarzen Haare, der Ausdruck in seinen Augen und die vollkommene Erhabenheit seines Wesens. "Lieber Gott", betete ich damals in meiner kindlichen Überzeugung, daß alles möglich sei, "bitte verwandle mich und laß mich Indianerin werden."

Und dann erinnerte ich mich auch noch an die Autogrammkarte von einem Sänger, die ich seit meinem zwölften Lebensjahr mit mir herumtrug. Ich weiß bis heute nicht, welche Lieder er sang, aber er hatte lange dunkle Haare, leicht gewellt. Ich fand ihn so schön, so vertraut, trug dieses Bild mit mir herum, hütete es wie einen Schatz.

Ich mußte lachen, als ich es vor erst knapp drei Jahren bei einer Aufräumaktion wiederfand, tief untergegangen in irgendeiner Schublade; das Bild hatte auf geheimnisvolle Weise all meine vielen Umzüge mit überlebt. Und diesmal, als ich es nun wieder ausgegraben hatte, habe ich mich dann - glücklicherweise - von meinen Mädchenträumen getrennt und das Bild mit einem letzten sehnsuchtsvollen Seufzer in den Müll geworfen.

Oshur - ich hatte ihn gefunden.

*

Im Tempel

Wieder philosophierte ich über meinen Lieblingsstein, den Fluorit. Wenn er zerbricht, zerfällt er in lauter einzelne Oktaeder, das sind kleine Doppelpyramiden; diese Oktaeder verkörpern die Vollkommenheit. Alle acht Seiten des Oktaeders ergeben ein perfektes, gleichseitiges Dreieck, und die Kräfte vereinen sich in sechs Spitzen. Jede dieser Endungen bildet dann die Spitze einer vierseitigen Doppelpyramide.

In meinen Augen ist es ein sehr geheimnisvoller Stein, und ich bat den Lichtboten Argun, etwas mehr darüber zu berichten.

"Ein umfangreiches Thema", begann er. "Dieser Stein enthält große Kräfte und steht auch mit den Kräften der ägyptischen Pyramiden in Verbindung. Auf Metharia wird er in einer gewissen Art als Kraftquelle und als Schutz benutzt. Für die Erde ist der Fluorit ein Geschenk für die Menschen, die offen für diese Kräfte sind."

Ja, und nun schilderte ich, was mir gestern widerfahren war:

Nach einer Meditation öffnete ich die Augen, und mein Blick wurde automatisch auf eine Hinterglasmalerei gelenkt, die ich vor gut drei Jahren angefertigt hatte. Sie stellt eigentlich nichts Erkennbares dar, besteht nur aus transparenten Farben, der untere Teil ist schimmernd grün, der obere violett, dazwischen ist etwas Blau; jede Farbe für sich ist von goldenen Strukturen zart durchbrochen. Im oberen Bereich habe ich einen erhabenen, goldenen Stern auf das äußere Glas, also die fertige Malerei geklebt.

Ich weiß nicht wieso, aber für mich hat dieses Bild etwas Besonderes.

Als mein Blick nun nach der Meditation auf dieser Glasmalerei ruhte, schien sie auf einmal in einem ganz besonderen Licht zu erstrahlen, und ich erkannte ganz plötzlich - und zum ersten Mal - daß diese Farben exakt die Farben des Fluorits sind.

Ich war in einer aufgeregten und beschwingten Stimmung und

stellte umgehend direkte Vergleiche an. Dadurch, daß es eine Hinterglasmalerei ist, haben die Farben die gleiche Transparenz und Durchlässigkeit wie die schimmernden Steine.

Das plötzliche Erkennen durchflutete mich mit so viel Freude, und ich wußte, daß dieses Bild eine ganz tiefe Bedeutung hat.

Argun bestätigte dies auch, und sagte, daß dieses Bild für mich eine Verbindung zu Metharia, zu einem Raum darstellt.

Ich war verblüfft. Also hatte ich mich mit dieser Malerei unbewußt an Metharia erinnert. *Welcher Raum es wohl war?*

Einige Tage ging ich mit diesen Gedanken in die Tiefe der Meditation und bekam allmählich ein Gefühl dafür. *Es ist ein runder Raum, ein Heiligtum, ein Ort der Kraft. Der Boden ist aus grün-goldenem Fluorit, und ich sehe mich selbst barfuß darüber gehen. Es ist ein ganz warmer Boden, so angenehm und wohltuend. Der runde Raum ist umgeben von mehreren Säulen, hoheitsvolle Säulen aus violettfarbenem Fluorit. Und irgendwie ist auch noch eine Pyramide da, vielleicht das Dach, ich weiß es nicht genau.*

"Es ist in Ordnung so", sagte Argun später zu dieser Beschreibung, "und es wird mit der Zeit noch klarer werden."

Während Argun dies schriftlich durchgab, hatte Ellen das Gefühl, diesen Raum zu kennen. Ihr fiel ein, daß sie einmal - vor etwa neun Jahren! - während einer Sitzung etwas Ähnliches kritzelig auf ein Stück Papier geschrieben hatte, eine Vision.

Eigenartigerweise hatte sie diesen "Schmierzettel" niemals weggeworfen. Und welch ein "Zufall", vor wenigen Wochen fand sie ihn wieder, so daß sie ihn nun schnell heraussuchen konnte.

Sie gab ihn mir im Anschluß an unsere Sitzung. Ich nahm den Zettel, begann zu lesen - und war ganz erschüttert über die exakte Beschreibung des Raumes.

"Ich sehe einen Tempel aus hellem Stein", stand dort geschrieben. "Es führen erst fünf Stufen, dann ein Absatz, dann noch einmal fünf Stufen, wieder ein Absatz und noch einmal fünf Stufen hinauf, dann stehe ich in der Säulenhalle. Es sind sieben Säulen, und jede hat ihren bestimmten Platz. Dann geht es in einen großen Raum, der kreisförmig ist und an dessen Wänden die zwölf Sternzeichen in Stein gehauen, als Statuen stehen. In der Mitte ist eine Art Altar, wo ein Feuer brennt, der Boden ist mit Symbolen bedeckt. Die Decke besteht aus blauem Stein, wie auch der Altar. Am Altar steht ein Mädchen. Sie hat langes, schwarzes Haar und ist ganz in Weiß und Gold gekleidet. Sie trägt ein Stirnband mit sieben Steinen, von denen der mittelste groß und tropfenförmig ist". -

Vertieft in die Worte, mit Geist und Seele in dem Tempel stehend, suchte ich, wankend mit den Händen hinter mich tastend, nach einem Halt. Die Worte verschwammen vor meinen Augen, alles schien sich zu drehen, und ich den Boden unter den Füßen zu verlieren.

"Das Haar ist mit Goldband umflochten, und sie ist barfuß", las ich weiter. "Sie steht vor dem Altar und sieht mit leeren Augen in das Feuer. Sie sieht ganz andere Dinge - Dinge, die sie anderen nicht beschreiben kann. Sie fängt an zu tanzen, ohne daß sie es selbst wahrnimmt. Sie tanzt, während sie Menschen, Tage und Ereignisse an ihren inneren Augen vorüberziehen sieht. Sie tanzt für ihren Schöpfer." -

Vor mir drehte sich alles, mir war schwindelig, fast war ich einer Ohnmacht nahe. "Das bin ich!", brachte ich erstickt mit zitternder Stimme hervor.

*

Es war ein wunderschönes Wiedererleben und ist in Worten nicht zu beschreiben. Dieses plötzliche Klarwerden hatte niemand erwartet. "Mit der Zeit wird es klarer...", hatte Argun gesagt. Wer

hätte gedacht, daß "mit der Zeit" schon am selben Abend ist.
Ellen und ich nahmen uns ganz, ganz fest in die Arme.

Wieder einmal wurde deutlich, warum die Geistige Welt zunächst immer nur ein kleines Stückchen weiterhilft. Das eigene Suchen und das eigene wahre Wiedererkennen ist soviel tiefgreifender und unendlich schöner, als wenn man einfach alles nur erzählt bekommt.

"Nun Barbara, dieses war für dich ein großes Wiedererkennen", teilte uns Argun dazu in der nächsten Sitzung mit. "Du hast auf Metharia in einem Tempel mit an den Gottesdiensten teilgenommen. Das heißt, du hast sie mitgestaltet."

*

Einweihung

In der letzten Sitzung vor dem Weihnachtsfest legten wir die Zeichnungen einer Protokolleserin mit der Frage aus, was sie zu bedeuten haben.

Ich fühlte mich von diesen Grafiken stark angezogen, sie hatten viel zu sagen, auch schienen sie mir sehr vertraut.

Uns wurde mitgeteilt, daß es mediale Zeichnungen seien, der Zeichner sei ein Santiner, es sei eine Symbolschrift und - sie könne entschlüsselt werden.

Das war das Signal für mich. "Dann habe ich ja Weihnachten etwas zu tun", sagte ich lachend und freute mich auf diese Entschlüsselungsarbeit.

Emil fragte verblüfft: "Wie, das willst du lesen, entschlüsseln?"

"Ja, ich werde es versuchen. Die Zeichnungen sagen mir irgendwie sehr viel."

Gleich am nächsten Morgen machte ich mich an die Arbeit. Es war der vierundzwanzigste Dezember, und ich verbrachte knappe zehn Stunden des Tages in der Eisenbahn auf dem Weg nach Bayern, um Weihnachten bei der Familie meines Bruders zu verbringen. Ich fühlte mich wohl, hatte genügend Zeit, saß in einem fast leeren Abteil, mich nun in die Entzifferung einer Symbolschrift, die von einem anderen Stern kam, vertiefend.

Es dauerte eine Weile, dann hatte ich einen Anfang gefunden, langsam noch - behutsam, und dann war alles nur noch ein Fließen. Nach und nach wurde ein Bild nach dem anderen klar, alles ergab jetzt einen Sinn.

Zusammengefaßt zeigte diese Symbolschrift die Erd- und Menschheitsgeschichte auf. Beginnend mit der Schöpfung wurden der Weg und die Entwicklungsschritte der Erdenbewohner, die erste Ankunft der Santiner hier auf diesem Planeten, die Belehrungen, die an die Menschheit in den damaligen Hochkulturen weitergegeben wurden, aufgezeigt.

Der Kontakt zu Mose war darin erkennbar, der Erlösungsplan Christi und der stufenweise Aufstieg, endend in der bevorstehenden Neugestaltung der Erde.

Ich war unendlich beschwingt über diese Entzifferung. Natürlich war mir klar, daß ich Hilfe von "oben" hatte, daß ich inspiriert wurde, - es war alles wie im Märchen. Auf einmal gab es nur noch Momente, Augenblicke, Stunden, Tage und Wochen des Glücks.

Wie im Fluge verging die lange Bahnfahrt, soviel erlebte ich auf dieser Tour.

Die ganze Zeit über hielt ich einen besonderen Stein in der Hand. Natürlich einen Fluorit. Gestern erst hatte ich ihn gekauft, und in letzter Minute, schon mit dem Koffer in der Hand, griff ich nach ihm; er wollte mit auf diese Reise.

Durchscheinend weiß war dieser ungewöhnliche Stein, durchzogen mit einer hauchzarten rosafarbenen Schattierung und nahezu durchsichtig. Seine Transparenz machte sechs geheimnisvolle "Kammern" sichtbar, und es sah aus, als wenn er aus diesen Einzelteilen zu einem Ganzen zusammengesetzt wäre.

Entzückt und mit viel Liebe betrachtete ich ihn immer wieder von allen Seiten und fühlte seine sanfte Energie.

Plötzlich "wußte" ich, daß er auseinanderbrechen, einfach in sechs Teile zerspringen würde.

In einer dieser Kammern hatte ich einen Lichteinschluß in Form einer kleinen Pyramide entdeckt. Ich wollte sie erforschen, und als mir bewußt wurde, daß der Stein zerbrechen würde, beschloß ich, besser schon jetzt per Meditation in diese Pyramide "hineinzugehen".

Nur eine schläfrige Frau saß in meinem Abteil, ich fühlte mich ungestört und vertiefte mich:

Licht. Ich sehe nur Licht, soviel Licht, ich schwebe durch lange, unendliche Lichttunnel. Es ist ein wundervolles Gefühl. Lichte Wesen begleiten mich, Wärme und Geborgenheit umgeben mich, und wir schweben weiter und weiter.

Nach langer Zeit machen wir vor einer großen Lichtpyramide halt. Ein Santiner - ich erkenne in ihm Ashtar Sheran, was mich überrascht, da ich eher vermutet hätte, Oshur in ihm zu erkennen - erwartet mich dort und begleitet mich in die Pyramide hinein. Wir gehen zu einem Altar und dort wird mir ein langer, weißer, sehr schöner Umhang über die Schultern gelegt. Ein silbern schimmernder, transparenter Schleier wird über mein Haar gedeckt, der sanft über den Kopf, über mein Gesicht, bis auf den Boden fällt.

Es ist eine sehr feierliche Zeremonie.

Dann war alles vorbei, ich war zurück im Hier und Jetzt, im Zug, das Abteil noch immer mit der schlafenden Frau teilend.

Tatsächlich fiel mir kurze Zeit später der Fluorit aus der Hand, und zerbrach. In sechs einzelne Kammern! Die innere Pyramide hatte sich durch die Bruchstellen aufgelöst, war nicht mehr erkennbar.

Zwei Wochen trug ich dieses schöne Erlebnis mit mir herum, dann hatte ich den Mut, im Kreis nachzufragen, was es zu bedeuten hat, wenn man auf Metharia, in einem Tempel oder einer Pyramide, in einen weißen Mantel gekleidet wird.

Mein Herz stockte leicht, denn statt der erwarteten schnellen Schriftzüge von Argun wurde Ellens schreibende Hand jetzt großzügig, viele Kreise ziehend, gleichmäßig über das Papier bewegt - als Ankündigung, daß jemand anderes sich melden würde - Kreise, die der Anpassung und Einstimmung zwischen Medium und unsichtbarem Schreiber dienten.

Oshur meldete sich.

"Es steht dann eine Einweihung bevor", schrieb er, "ich grüße dich von ganzem Herzen."

Ich fühlte, wie seine tiefe Freude sich auf mich übertrug, sich immer mehr in mir ausbreitete. Ich war unendlich glücklich.

Ellen meinte spät abends, lange nach der Sitzung, zu mir - wir hatten uns immer noch so viel zu erzählen - "ich glaube, Oshur ist dein Mann. Ihr wart auf Metharia zusammen, habt euch dann für die Mission getrennt und kommt nach der Evakuierung wieder zusammen."

Ich war so froh, daß ich dieses Wissen nun mit ihr teilen konnte. Es war so wunderschön; und daß sie es selbst erkannt hatte, sprach so viel über unsere, Ellens und meine, tiefe Verbindung.

*

"...Viele sind auch von uns auf der Erde inkarniert, um den Erdengeschwistern beizustehen. Wir freuen uns, daß wir mit unseren Lieben wieder zusammenkommen, denn auch für uns ist die Trennung schwer. Aber bald ist es zu Ende, und diejenigen, die sich lieben, werden sich finden, um miteinander dem Licht entgegenzuwachsen."

Wieder eine schöne, erfüllende Ankündigung - ebenfalls eine mediale Botschaft unserer Sternengeschwister - die ich in einem Buch fand.

Wir würden wieder zusammensein, ich fühlte es so, dennoch gab mir jede kleine Bestätigung ein noch sichereres Gefühl.

Viele Gedanken machte ich mir darüber, wann wir uns getrennt hatten, und wie? Sind Santinerseelen direkt von Metharia hierher gekommen? Oder haben alle schon einen langen Inkarnationszyklus auf der Erde hinter sich?

Ich hörte von Menschen, die sich unter Hypnose daran erinnerten, wie sie im Raumschiff, vor ihrer Erdenmission, eindringlich gefragt worden sind: "Willst du auf die Erde gehen? Bist du auch wirklich bereit dazu, denn Schweres steht dir bevor."

Ja, und was war mit meinen Erinnerungen, woher "kannte" ich Oshur, wieso trug ich sein Bild schon als Kind in meinem Herzen? Alle Hinweise verdichteten sich zu der Gewißheit, daß wir tatsächlich erst auf Metharia zusammengelebt und uns sodann für diese Mission getrennt hatten. Das erklärte auch all die anderen vielen Erinnerungen, die ich hatte.

Ich wollte mich nicht in vielleicht doch falsche Vorstellungen verstricken und wagte in einer der nächsten Sitzungen, in der auch Oshur wieder einmal astral anwesend war, die Frage: "Ist es richtig, daß die Inkarnation einer Santinerseele auf Erden nicht unbedingt das Ende einer dortigen Daseinsform (auf Metharia), also den Tod, bedeutet?"

"Nun, es besteht eine enge Verbindung dorthin", begann Oshur zu schreiben, "doch mehr möchte ich dazu noch nicht sagen. Es ist noch zu früh", endete er.

Und das war für mich eine ziemlich deutliche Bestätigung. "Es besteht eine enge Verbindung dorthin...", das bedeutet wohl, daß man dort, auf Metharia, bewußt in einen todähnlichen Zustand gegangen ist und über den üblichen Weg durchs Geistige Reich dann hier auf dem Planeten Erde reinkarniert ist!?

*

Es war zwei Tage vor meinem Geburtstag, neun Uhr abends, das Telefon läutete.

"Ja... Guten Tag..., ich lese auch die Protokolle, habe Ihre Telefonnummer von Emil und bin auch eine Freundin von Emil", vernahm ich eine interessante Frauenstimme, die umständlich erklärte, wer sie sei.

"Mein Name ist Savitri", sprach sie weiter. Und spontan unterbrach ich sie: "Savitri, ich kenne dich doch, ich weiß, wer du bist. Auf deinen Anruf habe ich irgendwie schon gewartet."

Nun war sie etwas verblüfft, und ich erklärte ihr, daß ich vor einigen Monaten, als ich noch nicht im Kreis war, aber schon die Protokolle bezog, natürlich auch den Teil gelesen hatte, als Ashtar Sheran zu ihr sagte, sie solle versuchen, sich für den Herbst bereitzuhalten, da die Santiner sie als Stützpunkt in Anspruch nehmen möchten.

"Und als ich deinen Namen las", sagte ich freudig zu Savitri, "da überkam mich ein ganz tiefes Gefühl des Kennens, der Liebe und Vertrautheit. Und ich wußte, daß wir uns bald begegnen würden."

Im Nu waren wir in ein ganz tiefes Gespräch verwickelt, wir waren uns überhaupt nicht fremd, sprachen so miteinander, als wenn wir schon das ganze Leben miteinander verbracht hätten. Keinerlei Scheu, keine Schüchternheit, kein Fremdsein, nur ganz tiefe, gegenseitige Verbundenheit.

Nach gut dreieinhalb Stunden, eine halbe Stunde nach Mitternacht, beendeten wir unser erstes Telefonat. Wir hatten uns wiedergefunden.

In dieser Nacht konnte ich nicht schlafen, mußte immer wieder über unsere Verbindung, über diese schöne Zusammenführung nachdenken. Daß solch tiefes Wiedererkennen möglich war, war einfach unfaßbar.

Savitri hatte in den Protokollen von meinem Erinnerungserlebnis im Tempel gelesen, und sie kannte ebenfalls diesen Tempel. Gleichfalls sah sie ihn seit längerem vor ihrem inneren Auge. Bevor sie die Botschaft von Ashtar Sheran bekam, hatte sie das Gefühl, sie müsse diesen Tempel bauen, - nach Spanien wollte sie deswegen emigrieren. Das wurde rechtzeitig gestoppt, und nun erfuhr sie durch die Protokolle, durch mein Erlebnis, daß es auch für sie eine Erinnerung an Metharia, unseren Heimatplaneten war.

Zwei Tage später, an meinem Geburtstag, traf ein kleines Überraschungspaket von ihr ein, verziert und geschmückt mit silbernem Flimmer und klitzekleinen goldenen Sternchen. Welche Ähnlichkeit! Auch ich versende meine Post meistens in dieser glitzernden Aufmachung. Sie schrieb einen lieben Brief und berichtete von dem Traum, den sie in der Nacht nach unserem ersten Gespräch hatte:

Wir beide standen auf einer kleinen Landzunge in einer Meeresbucht und waren von sehr hohem Wasser umgeben. Klares Wasser, aber stürmisch bewegt. Zwei Santiner, "unsere Santiner", saßen rechts von uns, weit entfernt, am Ufer. Sie lachten immer zu uns herüber und winkten uns zu. Wir wollten mit der Strömung zu ihnen schwimmen, waren entschlossen, alles auf uns zu nehmen. Doch da war die große Entfernung, das sehr tiefe und gefährliche Wasser. Aber trotz der Entfernung waren wir uns doch sehr nahe. Plötzlich änderte die Strömung die Richtung, gewaltige Strudel machten sich in den brandenden Meereswogen breit.

Zuerst wollten wir es trotzdem wagen, uns in die tobenden Fluten stürzen. Savitri aber hielt uns zurück, die Vernunft siegte und sie sagte, daß wir, sollten wir gegen den Strom schwimmen, überhaupt nicht ankommen würden. Wir beschlossen, uns die starke Strömung zunutze zu machen, uns von ihr ans Ufer treiben zu lassen - an das unseren Männern gegenüberliegende Ufer -, um dann den sehr viel weiteren und äußerst beschwerlichen Landweg zu nehmen.

Als wir das Ufer erreicht hatten sagte ich: "Es ist gefährlich. Die Menschen hier tragen Revolver."

"Ja, aber wir werden beschützt", antwortete Savitri beruhigend. Und wir machten uns auf den langen Weg.

Das war ihr Traum. Aus den Protokollen wußte sie, daß sich Oshur bei mir gemeldet hatte, und aufgrund ihrer eigenen Medialität erkannte sie sofort, daß er meine Dualseele ist. Für sich selbst wußte sie schon längst, daß auch ihr Dual ebenfalls inmitten der Sterne, im Raumschiff, zuhause ist.

Es war also mein Geburtstag. Fünf Uhr morgens. Mir war so, als ob ich liebevoll geweckt worden wäre, denn im Erwachen sah ich noch das Bild einer erhabenen lichtvollen Gestalt. Sogleich war mir ungewöhnlich feierlich zumute, ich stand freudig auf.

"Wir werden an deinem Ehrentag dabeisein", hatte Argun in der letzten Sitzung gesagt. Wie schön, so hohe Gäste zu haben.

Einem Impuls entsprechend hatte ich meine Familie gebeten, an diesem Tag bitte nicht zu kommen, daß ich lieber zu einem späteren Zeitpunkt mit ihnen beisammen sein würde. Diesen Geburtstag wollte ich nur mit Ellen verbringen. Schon lange wollte sie mich einmal besuchen, doch es ergab sich bisher nur immer so, daß ich sie besuchte, weil es sehr viel einfacher war, da sie zwei süße kleine Kinder hat und sich nicht so gut freimachen kann.

An diesem Wochenende war es aber soweit, wir hatten viel Zeit - nur für uns.

Welches Geschenk, daß auch die Lichtboten anwesend sein würden. Johanna erklärte mir, daß früher schon einmal durchgegeben worden sei, daß die Lichtboten jeden an seinem Geburtstag "besuchen" würden. Eine wundervolle Geste! Hoffentlich würde ich die Anwesenheit auch spüren...

Natürlich tat ich das. Was sonst sollte diese feierliche, hohe Schwingung bedeuten! Wieder kam mir der Gedanke ...*Ashtar Sheran*.

Knapp eine Woche schon hatte ich das leise Gefühl, daß wir hier eine Sitzung im kleinen Rahmen abhalten würden, nur Ellen und ich. Jedesmal verscheuchte ich diesen Gedanken wieder, weil ich wußte, daß Sitzungen nur im Schutz des gesamten Kreises durchgeführt werden. Außerdem war Vollmond, und in dieser Zeit finden erst recht keine Sitzungen statt.

Trotzdem, ungefragt kam der Gedanke immer wieder hoch: *Wir machen eine Sitzung!* Zu Ellen sagte ich nichts davon. Aber die Geistige Führung ist so unbeschreiblich! Ellen bekam ihrerseits einige Tage vorher das Gefühl, daß wir beide eine Sitzung haben werden. Weil auch sie verunsichert war, bat sie Argun still um ein Zeichen. Er gab es ihr, indem er sagte: "Barbara, wir werden an deinem Ehrentag dabeisein." -

"Wir haben Schutz", flüsterte sie mir nach der Sitzung zu.

"Ich weiß", antwortete ich lächelnd.

Wir sahen uns verblüfft an. Dann lachten wir geheimnisvoll. Keiner wußte von den Inspirationen des anderen, doch jetzt sprachen wir so, als wenn wir vorher schon darüber spekuliert hätten.

Was ich ihr aber noch immer nicht sagte, war mein ständiger Gedanke: *Ashtar Sheran wird sich melden.* Einerseits erschien mir dieser Gedanke vermessen - war es mein Wunschdenken?, - andererseits hatte ich ein recht sicheres Gefühl dafür, daß er tatsächlich kommen würde.

Aber zunächst kam Ellen.

Wieder hatte ich in der Nacht eine Traumbotschaft bekommen:

Ich würde heute drei Botschaften erhalten, die mir noch einmal die Sprache verschlagen werden. Die erste Botschaft beträfe mich, die zweite mich und andere Menschen, die dritte wieder mich.

Ich erzählte Ellen davon, und viel später erst stellten wir fest, daß unsere Gespräche derart geführt wurden, daß sie immer genau an den Punkt kamen, wo sich diese angekündigten Dinge nacheinander offenbarten.

Gemütlich aneinandergekuschelt ließen wir unsere Seelen sprechen, lachten, waren dann wieder ganz still vor Rührung und Freude, waren ergriffen vor Dankbarkeit über die Führung der Geistigen Welt und freuten uns auf unsere kleine Sitzung. Alles war so voller Harmonie, voller Licht. Wir strahlten, alles um uns herum strahlte mit.

"Hast du auch das Gefühl, daß wir heute Abend noch zusätzlich besonders hohen Besuch bekommen werden?", fragte ich sie vorsichtig.

"Nein, wen meinst du?"

Oh, sicherlich hatte ich mich geirrt, und lenkte schnell vom Thema ab.

"Ich würde so gerne mal eine Astralreise machen", sagte ich zu Ellen, "und ich..."

"...du wirst Astralreisen machen!", unterbrach sie mich.

Fragend sah ich sie an.

"Ich traute mich gar nicht das zu sagen", meinte Ellen, "aber bei mir kommt die ganze Woche schon das starke Gefühl durch, daß du Astralreisen machen wirst."

Überrascht sahen wir uns an, wir ahnten beide, daß dies die erste Botschaft war.

"Ich denke, du wirst, wenn du die Reisen machst, direkte und aktuelle Anweisungen von den Santinern bekommen, die wir dann über den Kreis verarbeiten und verbreiten", fuhr Ellen fort.

Wir waren beide sehr still über die erhabene Fülle dieses Tages.

"Macht dir das gar nichts aus?", fragte ich Ellen, mich über ihre Gelassenheit wundernd.

"...daß ich keine machen werde, meinst du? Nein, das macht mir überhaupt nichts aus. Eifersucht kenne ich nicht."

Wir umarmten uns herzlich, voller gegenseitiger Freude.

"Gestern abend hatte ich eine eigenartige Meditation", erzählte ich sehr viel später. "Ich wollte noch einmal Rückschau auf das vergangene Lebensjahr halten und mich frei und bereit machen für das kommende, aber es kam ganz anders. Zunächst sah ich in dieser Meditation noch einmal die Schreibbotschaft, die ich bezüglich meiner Aufgabe in Verbindung mit den Santinern bekommen habe - also das Lichtnetz, die Stützpunkte, die aufgebaut werden sollen. Dann wurde mir plötzlich ganz deutlich bewußt, daß ich der Verbindungspunkt vieler anderer, ebenfalls hier auf der Erde inkarnierter Santinerseelen bin. Mehrere habe ich ja schon durch die Kreisarbeit kennengelernt, und wenn ich mir ihre Wohnorte betrachte und Verbindungslinien hierherziehe, ist es wie der Beginn des Netzaufbaus."

Ich machte eine Pause und scheute etwas, ihr nun den Traum zu erzählen, den ich schon vor einem Jahr hatte, also lange bevor ich zu dem Kreis kam. Aber auch diesen Traum erlebte ich gestern in der "geführten" Meditation noch einmal, er gehörte also wohl mit hinein.

"Ähm", begann ich und räusperte mich noch einmal, meine Stimme klang leicht belegt, "ich hätte dir das nie erzählt, wenn ich es gestern nicht so gesehen hätte, und irgendwie habe ich jetzt das Gefühl, daß ich es dir erzählen "muß". - Der Traum war so...", und ich machte noch einmal eine kleine Pause.

"Jetzt erzähl schon", drängte Ellen ermutigend.

"Ja. - Ich bin in einem wunderschönen Park, weite, saftig grüne Rasenflächen umgeben mich, vereinzelt stehen dort große, uralte Bäume. Ich sitze auf einem kleinen, etwa zwei Meter hohen Felsen oder Kraftstein, der mitten in dieser Parklandschaft steht. Sehr wohl fühle ich mich dort, bin zufrieden mit mir und meiner Welt. Alles ist gut.

Von weitem kommen vier Männer auf mich zu. Sie haben silberblondes, bis auf die Schultern reichendes Haar, ihr Gang ist leicht federnd, schwingend, und sie strahlen sehr viel Harmonie aus. -

Santiner waren mir zu der Zeit noch völlig unbekannt", unterbrach ich kurz meine Traumerzählung.

"Sie bleiben also vor mir stehen und bitten mich, Kanzler zu werden. Ich bin tief bewegt über das Vertrauen, das sie mir damit aussprechen, lehne aber ab und sage, daß ich dieser Aufgabe nicht gewachsen sei. Ich sei zwar überhaupt nicht einverstanden mit der Regierung, so wie sie gehandhabt werde, aber ich würde auch niemals behaupten, daß ich es besser könne. Ich müsse leider ablehnen.

Doch sie redeten weiter liebevoll, aber eindringlich auf mich ein, ich könne es, ich solle es gut überlegen, es sei eine große Hilfe für alle. Und eine Hoffnung. -

Deutlich wurde mir noch einmal die Unfähigkeit der jetzigen Regierung vor Augen geführt. Im Traum wurde zwar die derzeitige Regierung gezeigt, aber trotzdem ging es gleichzeitig um ein ganz anderes Regierungssystem. Ein spirituelles Regierungssystem.

Nach langem Hin und Her nahm ich diese Aufgabe dann doch an. Mein Wirken und Arbeiten in diesem Amt war geprägt von Ehrlichkeit und absoluter Gerechtigkeit. Keinerlei Vorurteile und Diskriminierung sollte es mehr unter den Menschen geben. Und es ging um die Verkündung der Göttlichen Wahrheit.

Die Arbeit war schwer und mühevoll, lastete auf mir, aber ich gab stets all meine Kraft und Liebe in diese Aufgabe hinein und war sehr dankbar für das Vertrauen und die Verantwortung, die man in meine Hände legte. Sehr sorgsam ging ich damit um." -

"Das ist der Traum", sage ich zu Ellen. "Damals, als ich danach aufwachte, hatte ich gleich wieder, peinlich berührt, die Augen geschlossen und laut zu mir selbst gesagt: 'Jetzt gehen aber die Pferde mit dir durch!', fuhr ich fort. "Danach hatte ich gelacht. 'Das kann doch nicht wahr sein', dachte ich immer wieder. Welch dreister Traum. Und dabei hatte ich niemals irgendwelche politischen Ambitionen."

Ich sah Ellen an, aber sie war ganz gefaßt und schien alles für völlig normal zu halten.

"Irgendwie spürte ich damals aber doch, daß es kein normaler Traum war, sondern daß er eine Botschaft enthielt. Darum schrieb ich alles ganz genau auf, und hoffte, wenn überhaupt, dann zum richtigen Zeitpunkt mehr darüber zu erfahren", schloß ich mit belegter Stimme, die Tiefgründigkeit ahnend.

Ja, und dieser Zeitpunkt war nun gestern abend gekommen. Irgendetwas damit verband sich mit meiner Aufgabe...

"Die Aufgabe!", riefen Ellen und ich gleichzeitig aus.

Das war also der zweite Punkt, der mir für heute als Offenbarung angekündigt worden war, die Botschaft, die mich in Verbindung mit anderen Menschen betraf. Ich hatte in der gestrigen Abendmeditation meine Aufgabe gesehen. Sie hatte mit Menschenführung zu tun.

Soviel Ehrfurcht ergriff uns bezüglich dieser Offenbarung, daß wir uns fest umarmten und glitzernde, kleine Freudentränen wegblinzeln mußten. Glück, Ergebenheit und Hingabe, Demut und Liebe, alles, was ist, war eingebunden in diesen Moment.

Inzwischen war es dunkel geworden. Einige Kerzen brannten schon, und ich zündete einem Impuls entsprechend jetzt noch alle anderen Kerzen an, die sich in meinem Wohnraum befanden. Und das sind nicht wenige! Enige mehrarmige Leuchter, dazu kamen viele einzelne Kerzen, und als ich fertig war, brannten zwischen dreißig und vierzig Lichter. So viele feierliche Flammen, so viel Festlichkeit überhaupt lag in dem Raum. Er war zu einem Tempel geworden.

Lange vorher schon hatten wir Arguns Energie und auch die weiterer Geistwesen wahrgenommen. Was für ein Tag!

Noch am Nachmittag sprachen wir von der mir angekündigten Einweihung. Wann sie wohl sein würde?

Und plötzlich wußte ich es: *Jetzt!!!* Die Kerzen, die Feierlichkeit, alles...

"Das ist die Einweihung", preßte ich, tief erschüttert von diesem großen Erkennen, hervor. - Die dritte Offenbarung. -
Ohne Absprache setzten wir uns beide auf den Boden. Ich kniete. Wir sprachen eine Weile flüsternd über das unerwartete große Geschehen. Dann nahm ich wahr, daß Ashtar Sheran und Oshur astral eintrafen. Ganz deutlich spürte ich ihre Energien.
"Ashtar Sheran steht hinter mir und hält seine Hände segnend über meinem Kopf", sagte ich leise zu Ellen. "Oshur sitzt links neben mir, seine Hand auf meiner Schulter haltend."
Eine gewaltige Energie strömte durch mein Kronenchakra in meine Wirbelsäule, sich im ganzen Körper ausbreitend. Alles war voller Licht. Noch immer hielt Ashtar Sheran die Hände über meinem Kopf. Ich bewegte mich keinen Millimeter und hielt fast den Atem an. Es war ein unendlicher Augenblick, ein Erlebnis, das mit Worten nicht beschrieben, sondern nur als das vollkommene Eingebundensein in der allumfassenden Göttlichen Liebe verstanden werden kann.

Nachdem die Weihung geschehen war, drängte Ellen. "Wir sollen jetzt anfangen zu schreiben."
Wir gingen hinüber, ins andere Zimmer.
Nahezu ehrfurchtsvoll setzte sich Ellen ganz langsam und bedächtig auf ihren Platz, denn als sie das Zimmer betrat, streifte ihr Blick das Bild von Ashtar Sheran, und ungläubig begann sie zu ahnen, daß er nun durch sie schreiben würde. Und auch für Ellen war das etwas ganz Besonderes.
"Sul inat is nit othen", begann Ashtar Sheran, "ich begrüße euch beide."
Ellen selbst war so aufgeregt, daß sie kaum vorlesen konnte, so sehr zitterte ihre Stimme.
Dann schrieb er weiter: "Meine liebe Oshea..."
"...das ist mein Name", hauchte ich mit brüchiger Stimme, die kaum hörbar war.

"Ich möchte mich heute bei dir melden. Es ist wahr", schrieb er weiter und bestätigte mir damit die vage Erkenntnis einer verzweifelten Frage nach der Seelenfamilie.

Ellens Stimme klang beim Vorlesen ganz anders als sonst, sie war weich, harmonisch und sehr behutsam.

Ashtar Sheran schrieb weiter: "Die Einweihung wurde vollzogen, und du hast die Aufgabe erkannt."

Ich war so glücklich. Aufgeregt stotternd verhaspelte ich mich schon wieder bei seinem Namen. Ich hatte mir vorgenommen, ihn diesmal nur Ashtar zu nennen, da ich bei der ersten Sitzung solche Schwierigkeiten hatte, ihn mit seinem vollen Namen, Ashtar Sheran, anzusprechen. Doch auch bei "Ashtar" stockte ich jedesmal und versprach mich dabei.

Ich versuchte, meine große Freude, meinen tiefen Dank, meine Ergriffenheit zu offenbaren, doch ich konnte kaum sprechen.

"Mir fehlen einfach die Worte", stammelte ich immer wieder. "Daß ich das so erleben darf, das alles erkennen durfte, daß du es mir sagst, uns mit dem Santinergruß begrüßt hast, mich mit meinem Namen ansprichst..."

Bebend fuhr ich fort: "Ich freue mich so auf die große Aufgabe, über das Vertrauen, und ich werde all meine Kraft und Liebe dort hineinlegen", versprach ich.

"Wir werden uns bald gegenüberstehen", schrieb Ashtar Sheran abschließend.

Dann erfolgte ein Schriftwechsel, und es war zu lesen: "Oshea, dieser Name hat für uns eine tiefe Bedeutung", Oshur unterschrieb.

Ich zitterte am ganzen Körper. Es ging weiter und wir erkannten nun schon in den neu beginnenden Schriftzügen das Temperament von Argun: "Gott zum Gruß und Friede über alle Grenzen. Ich begrüße euch nun auch schriftlich. Es sind einhunderttausend Seelen hier, um zu schützen. Nehmt diesen Abend mit in das ganz tiefe Bewußtsein. Es wird euch in der kommenden Zeit helfen.

Die Gemeinsamkeit der Einweihung hat den Sinn, eine Verbundenheit zu besiegeln."

"Es ist so feierlich, so heilig", sagte ich, "ich habe so etwas noch nie erlebt. Es wird immer unvergeßlich bleiben, und ich kann nur immer wieder sagen: Danke. Danke. Danke!"

Ich fragte, ob er uns noch etwas zu unserem Kreis sagen wolle.

"Nun", begann Argun, "ihr werdet dabei geführt. Die Fehler der Menschheit liegen in diesem Kreis verborgen. Löst sie, dann habt ihr eine große Herausforderung geschafft!"

"Argun, kannst du noch unsere Gedanken bestätigen, die wir uns gemacht haben, bezüglich der Aufgabe des Kreises, daß wir nun zu einem rein helfenden Kreis werden, nicht mehr nur darauf hinweisend, daß es eine Evakuierung geben wird, sondern daß wir die Menschen auf das 'Leben danach' vorbereiten", brachte ich meine nächste Frage hervor, noch immer zitternd.

Ellen las die Antwort vor: "Nun, die Schulung der Menschen beginnt schon jetzt. So haben wir dann viele Helfer, wenn es einmal soweit ist. Die Menschen denken nicht in die Tiefe, sie denken: Evakuierung, welch eine Sache! Doch welcher Mensch denkt: und was kommt dann?", endete die Durchgabe.

Ich fragte weiter, ob ich die Botschaft "Gemini" richtig verstanden hätte. - In einer Meditation hatte ich gesehen, wie der Lichtbote John Sheridan in bezug auf einen Kristall, der mir zugeführt worden ist, der in Verbindung mit mir, meiner Aufgabe, und Oshur steht, das Wort "Gemini" schrieb.

Ich kannte das Wort zwar, mußte aber dennoch erst im Fremdwörterbuch nachblättern, da ich die Bedeutung vergessen hatte. Es stand in keinem meiner Bücher und ich mußte einige Tage warten, bis ich in die Stadt kam und ein Büchergeschäft aufsuchen konnte.

"Astrologisch: Zwilling", fand ich heraus, und das war für mich die vollkommene, die "schriftliche" Bestätigung, daß Oshur nicht nur meine Dualseele (wir haben alle mehrere Duale, die "Seelenfamilie"), sondern meine Zwillingsflamme, meine Zwillingsseele ist.

"Ja", wurde nun in geschwungener Schrift antwortend auf das Papier geschrieben. Unterschrift: Emanuel. Ich freute mich so sehr über diesen Gruß von Emanuel, meinem Geistlehrer, daß auch er sich heute meldete und mir gleichzeitig das richtige Verstehen von "Gemini" bestätigte.

Ellen und ich sahen uns an, es ging nicht, wir konnten einfach keine weiteren Fragen mehr stellen. Es wirkte so unpassend in dieser besonderen und weihevollen Stunde.

"Ich beende nie gerne eine Sitzung, doch dies ist so feierlich, jede weitere Frage paßt heute nicht hinein, und ich möchte lieber mit euch allen hier zusammen noch ein bißchen in die Stille gehen und diesen großen Tag auf diese Weise feiern", brachte ich dann nur noch mühsam hervor.

"Wir sind alle noch eine Weile da", schrieb Oshur.

Ein lieber Gruß wurde sodann von dem Lichtboten Aramis übermittelt: "Hallo, ich werde auch da sein."

Das war ein besonderes Geschenk für Ellen, denn Aramis ist Ellens Vater, der vor etwa vier Jahren ins Geistige Reich hinübergegangen ist.

"So, helft anderen Menschen, so werden alle Träume zur Wahrheit! Es grüßen alle", beendete Argun diesen großen, feierlichen Sitzungsabend.

Danke für diesen geweihten Tag.

Schlaflos lag ich im Bett, noch immer überwältigt und bemüht, alles zu verkraften.

"Wir werden uns bald gegenüberstehen...", hatte Ashtar Sheran geschrieben. Eine unendliche Freude und Dankbarkeit erfüllte mein ganzes Sein. Dieser große Augenblick! Ihm, Ashtar Sheran, gegenüberzustehen! Es war unfaßbar. Ich zitterte bei dem Gedanken.

In meinem Leben hatte ich schon vieles zu verkraften, aber "ihm" jetzt gegenüberzustehen, - ich fühlte, wie mir schwindlig wurde. Noch nie hatte ich gesagt: das schaffe ich nicht, aber jetzt betete ich: "Bitte nicht heute." Obwohl es mein größter Wunsch war - jetzt würde ich es nicht verkraften. Ich würde schlichtweg ohnmächtig zusammenbrechen.

*

Sterntaler

"Meine liebe Oshea...", hatte Ashtar Sheran gesagt. Ich fühlte, es lag noch so viel mehr in diesen drei Worten, mehr als ich jetzt erfassen konnte. Immer wieder klang es nach in meinem Herzen: meine liebe Oshea.

Ich brauchte das ganze Wochenende, um diesen großen Tag einigermaßen zu verkraften. Ein Märchen war wahr geworden. Dabei hatte ich dieses schon vor ein paar Wochen gedacht. Und nun wurde immer noch mehr, für mich "Märchenhaftes", wahr.

Oshea, der Name vibrierte klangvoll in meinem Herzen. Ich hatte mir zwar immer einen irgendwie längeren Namen vorgestellt, aber Oshea, das paßte.

Die Schulung der Menschen für die Zeit danach, für das neue Leben nach der Evakuierung hatte also schon begonnen.

Spontan schrieb ich noch an diesem Wochenende ein Konzept für unsere Kreisarbeit. Die Worte flossen nur so aus meiner Hand, ich fühlte mich stark inspiriert. "Mit der Evakuierung hört nicht alles auf!", betitelte ich das Konzept. Ich schrieb über unsere Aufgabe im Kreis, über die Aufgabe, die wir als Menschen hier auf dieser Erde zu erfüllen haben, und sprach damit alle Menschen an. Selbsterkenntnis müsse verstärkt entstehen, damit wir immer mehr auch Selbstverantwortung übernehmen. Ich ermittelte Titelthemen, die wir gemeinsam mit der Geistigen Welt weiter ausarbeiten wollten, schrieb über Selbst-Ehrlichkeit und Objektivität und zählte die vorherrschenden Fehler der Menscheit auf. "Lösen wir sie bei uns, damit sie sich bei anderen lösen", beendete ich das Konzept.

Ich unterschrieb mit "Oshea".

Früher bereits hatte ich mich mit der Wirkung von Namen intensiv auseinandergesetzt. Und ich fühlte, daß nun eine neue Ära für mich begann. An meinem siebenunddreißigsten Geburtstag hatte ich meinen Namen bekommen.

Siebenunddreißig, das ist die Quersumme eins. Eins, wie Einheit, eins wie Anfang, Neubeginn.

Ich fühlte, mein bisheriger Name, Barbara, der "Die Fremde" bedeutet, hat mich bis hierher gebracht, bis zu meiner Aufgabe. Und Oshea würde mich nun durch diese Aufgabe, durch diese Mission hindurchführen.

Namen haben sehr viel Kraft, die einzelnen Buchstaben vibrieren bei jeder Nennung in jeder Zelle unseres Körpers und erinnern uns an unsere Aufgabe, die wir mitgebracht haben, an all unser Tun, das wir uns vor der Inkarnation auferlegt haben. Viele Menschen kenne ich, die ebenfalls nicht mehr ihren bisherigen Geburtsnamen tragen, sondern ihren Sternennamen, ihren Engelnamen, wie sie ihn manchmal nennen. Sie haben diesen Namen von ihrem spirituellen Lehrer bekommen oder auf andere Weise erfahren.

Ich unterschrieb das Konzept also mit meinem "neuen" Namen, wollte aber - wie immer - auf Nummer sicher gehen und keinen Fehler machen. Das Konzept würde ich nicht eher vorlegen, bis Argun mich dazu aufforderte, daran würde ich dann erkennen, daß ich die Inspiration auch richtig verstanden hatte. Und ich würde mich nicht eher öffentlich Oshea nennen, bis Argun mich so nannte.

Und ich hatte das Gefühl, er würde es tun.

Annette, eine ganz liebe und einfühlsame Seele, kündigte zwei Tage später überraschend einen kurzen Besuch bei mir an. Sie hatte schon am Telefon eine Veränderung in meiner Stimme wahrgenommen und wußte intuitiv, daß etwas Besonderes geschehen war. Ich sagte ihr nur, daß die Einweihung stattgefunden hat. Über den genauen Ablauf und alles Weitere wagte ich mit niemandem zu sprechen.

Nun stand sie vor mir, drei rote Rosen in der Hand.

"Für die Einweihung...", begann sie liebevoll. "Die Rose entspringt dem Herzen Gottes", sagte sie dann und umarmte mich ganz herzlich.

Wir plauderten, und nach einer Weile meinte Annette freudestrahlend: "Ich muß dir etwas Wichtiges erzählen: Seit Jahren, fast schon seit meiner Kindheit, habe ich diesen immer wiederkehrenden Traum:

Ich stehe auf einem Planeten, Hand in Hand mit einer erhabenen, würdevollen Gestalt. Wir sind beide in seidig fließende Gewänder gekleidet. Unter uns ist die Erde. Wir blicken auf diese verwüstete Erde, alles ist zerstört, brennt, die Pyramiden sind eingestürzt."

Annette machte eine Pause, dann fuhr sie fort: "Ich wußte nie, wer "sie" ist, mit der ich dort Hand in Hand stand, aber das war auch nicht wichtig. Ich habe sie nie genau gesehen, nur das Strahlen wahrgenommen, das von ihr ausging. - Vor zwei Tagen (am Tag der Einweihung!) habe ich diesen Traum nach ziemlich langer Zeit wieder einmal gehabt. Und diesmal habe ich ihr Gesicht gesehen...!"

Annette sah mich vielsagend an.

"...sie hat ein weißes Gewand an und trägt dazu einen goldenen Gürtel", beendete ich mit bewegter Stimme ihre Beschreibung.

"Ja", sagte Annette, "und obwohl es ein schlichtes Gewand war, war es gerade in seiner Einfachheit besonders prachtvoll."

Schweigend umarmten wir uns.

*

Die nächste Sitzung stand bevor.

Ich war gerade fertig, sah noch einmal aus dem Fenster, *Wolkenhimmel, schade!* Trotzdem stieg ich freudig aufgeregt wie immer ins Auto und startete den Motor.

Ich war gerade erst auf die Hauptstraße abgebogen, da überkam mich das ganz gewisse Gefühl, daß ich begleitet würde. Überrascht blickte ich in den Himmel, der auf einmal doch ziemlich klar aussah, und entdeckte zu meiner größten Freude ein Raumschiff, eine Vimana - nicht größer als ein Stern, aber in einem deutlich anderen Licht und sich auffällig bewegend.

Innerlich wußte ich in diesem Moment, daß Oshur in diesem Sternenschiff war. Ich beobachtete es ganz genau, und es flog tatsächlich immer vor mir her. *Oh, was für eine vergnügliche Fahrt!*

Gedanklich bat ich Oshur um ein Zeichen. Sofort leuchtete ein intensives rotes Licht auf und verlosch dann wieder. Ja, er war es wirklich. Ich hörte gerade eine fantastisch passende Musik, und zusammen fuhren und flogen wir voller Freude durch diese Welt.

Plötzlich blinkte das Raumschiff mehrere Male weiß auf, und ich erfuhr auf telepathischem Weg, daß es ein Zeichen dafür war, daß das Sternenschiff nun gleich in den Wolken verschwinden würde. Und so war es auch. Aber schon kurze Zeit später war es wieder sichtbar und flog weiterhin vor mir her.

Ich dachte an Mose, wie ein "leuchtender Stern" ihm den Weg durch die endlose Wüste beschrieb...

Ganz stark fühlte ich die Freude, die auch Oshur bei diesem gemeinsamen Ausflug empfand. Es war einfach himmlisch, der Liebste holte seine Geliebte ab.

Den Blick immer gleichzeitig auf die Straße und in den Himmel gerichtet - es war nur wenig Verkehr - hoffte ich, Oshur würde wissen, daß ich sonst eine bessere Fahrerin bin, denn heute abend fuhr ich doch einige Schlangenlinien. Ich mußte lachen und spürte, wie auch Oshur lachte. Es war das dunkle, samtene und so liebevolle Lachen, das ich schon immer kannte.

Als er wieder einmal nach einer Blinkankündigung in den Wolken verschwand und ich suchend den Himmel nach seinem Wiederauftauchen abtastete, stellte ich im gleichen Moment fest, daß ich gerade eine Abfahrt verpaßt hatte. Gut, daß ich es sofort gemerkt hatte; ich drehte bei der nächsten Gelegenheit um. Während dieses Manövers suchte ich weiterhin den Himmel ab und sah dann "Oshur" auch schon wieder - ein strahlender Stern, "wartend" über genau der richtigen Straße, der, die ich verpaßt hatte.

Vergnügt setzten wir analog unseren gemeinsamen Weg fort, er oben, ich unten - er schwebend, ich rollend.

Nach einer Weile - mein Blick wurde automatisch nach oben gezogen, so, als wenn mich jemand riefe - sah ich, wie die Vimana in einem riesigen, strahlenden goldenen Licht erstrahlte. Ein breiter Lichtstreifen, wie ein Kometenschweif, wurde sichtbar, das Raumschiff verschwand kurz und tauchte unauffällig etwas später wieder auf.

Auch Waltraud, die zur gleichen Zeit unterwegs zur Sitzung war, jedoch aus einer anderen Richtung kam, beobachtete diese helle Lichterscheinung mit dem gigantischen Kometenschweif.

Das war die wohl vergnüglichste und glücklichste Fahrt meines Lebens. Unfaßbar, was ich alles erleben durfte.

Unsere Sitzung begann, und nach einer Weile meldete sich dann auch Oshur und schrieb: "Ich möchte heute den Namen von Barbara bekanntgeben. Er lautet: Oshea. - Gott zum Gruß und Friede über alle Grenzen."

Ich war tief erfreut, daß Oshur selbst meinen Namen durchgab. Und damit war es auch offiziell.

"Kannst du mir bitte noch die Bedeutung dieses Namens sagen, es gibt doch sicherlich eine Übersetzung dafür", fragte ich ihn.

Er zeichnete in großen kreisenden Bewegungen eine Spirale und schrieb in diese Spirale hinein: "Später."

"Ah, diese Spirale hat bestimmt eine Bedeutung?", stellte ich fragend fest und bedankte mich gleichzeitig noch einmal für die große Freude, daß er vorhin vor mir hergeflogen war.

Und sogleich schrieb er beantwortend und abschließend zwei schwungvolle übereinanderliegende: Ja.

Argun bat mich darauf, das Konzept über die Schulungen und das Leben nach der Evakuierung vorzulegen. Und sodann nannten mich alle Oshea, und Argun auch.

*

Wenige Tage später traf ich mich zum ersten Mal mit Gertrud.
Wir hatten den Termin schon vor etwa acht Wochen verabredet und waren sehr gespannt aufeinander. Mit Gertrud, - sie ist Reiki-Lehrerin und eine ganz weise Seele, - ging es mir ähnlich wie mit Savitri, ich las ihren Namen mehrmals in Protokollen, wenn die Geistige Welt Hilfesuchende an sie verwies, und wußte, daß auch uns etwas miteinander verband. Längst bevor Argun mich bat, Kontakt mit ihr aufzunehmen, war mir klar, daß wir uns eines Tages begegnen würden.

Nun saßen wir uns gegenüber. Die Atmosphäre war schön, vertrauensvoll und sehr harmonisch. Wir fühlten, daß dieses Treffen eine besondere Bedeutung hatte, etwas würde uns klar werden, würde uns mitgeteilt werden.

Gertrud hat die große Fähigkeit, Botschaften der Geistigen Welt durch Verbalinspiration zu channeln.

Ohne daß ich es vorgehabt hatte, erzählte ich ihr ergriffen von der Einweihung. Wir sprachen über den Namen Oshea, und sie sagte zu mir: "Um deinen Kopf ist eine goldene, linksdrehende Spirale."

Ich war sprachlos, und erst jetzt erzählte ich ihr von der Spirale, die Oshur, als Antwort auf die Frage nach der Bedeutung des Namens, gezeichnet hatte.

Ich erzählte weiter von der Einweihung und meiner Aufgabe, und war gerade bei dem Kanzlertraum angelangt. Doch ich stockte wieder vor Verlegenheit. Lieber wollte ich jetzt diesen Traum überspringen, da vernahm Gertrud die Worte der zu ihr sprechenden Geistwesen: "Wichtig! Das ist wichtig!"

Erstaunt sah ich sie an und erzählte nach einer Weile zögernd diesen Traum.

Wir führten tiefe Gespräche bis spät in die Nacht und gingen dann müde schlafen.

Am nächsten Morgen zog ich eine Engelkarte: "Schlüssel, Geburtsrecht", stand auf der Karte. *Ja, es wird bestimmt ein besonderer Tag.*

"Ihr werdet den Schlüssel heute bekommen", vernahm Gertrud die Stimme der Geistigen Welt.

Wir setzten uns an den Frühstückstisch - die liebe Gertrud hatte alles so schön hergerichtet - und freuten uns auf alles, was kommen würde. Gertrud holte das gläserne Petroleum-Windlicht, das ich ihr mitgebracht hatte, und zündete die Flamme an.

Was schenkt man jemandem, dem man bisher noch nicht begegnet ist? Als ich loszog, um eine Kleinigkeit für sie zu kaufen, bat ich meine Geistführer um Inspiration, etwas Passendes zu finden...

Und welche Überraschung - wir saßen am Frühstückstisch und beobachteten die Flamme, die sich gierig am Docht hochzüngelte, der von violettfarbenem Petroleum gespeist wurde. Nicht etwa, daß es eine normale Flamme gewesen wäre! Es schien ein Feuertanz zu sein, ein Freudentanz des Feuerelementals, ein ekstatischer Reigen der erwachenden Feuerelfe.

Rhythmisch, einer mächtigen Schwingung entsprechend, schlug die Flamme abwechselnd nach allen Seiten aus, dann wurde sie breit und rechteckig. Die Ränder der Lohe nahmen ein tiefes Violett an, veränderten sich dann zu einem leuchtenden Grün. Lodernd verliefen die Farben ineinander, entfalteten sich zu einer Regen-bogenkaskade, die sich nun im eigenen Rhythmus um die goldene Flamme zu schlängeln schien. Zuckend kräuselte sich die Flamme und änderte ständig ihre Form. In feuriger Leidenschaft bewegte sie sich zu der im Raum klingenden Meditationsmusik, tanzte nur für sich selbst, vollkommen vertieft in das Wesen ihres Göttlichen Seins.

Die lebendige Flamme schien uns das gleiche Gefühl der Anmut, Freude und Lebhaftigkeit vermitteln zu wollen, wie es ihr selbst zu eigen war, im Feuertanz hingebungsvoller, Göttlicher Liebe. -

Unser Universum ist, mit seiner unendlichen Vielfalt von Leben, so voller Wunder und erstaunlicher Dinge!

Wir sollten nun zusammen meditieren, wurde Gertrud später durchgegeben. Andächtig gingen wir in die Tiefe und tauschten danach unsere Erlebnisse aus.

"Ashtar Sheran legte mir einen goldenen Schlüssel in die Hand", erzählte ich ihr, "dann sah ich ein Lichtdreieck, dazu kamen die Begriffe: die Herzen der Menschen = Liebe, kosmische Kraft, und alles, was ist. Je ein Begriff wurde einer Spitze des Dreiecks zugeordnet. Dann bildete sich ein Kreis um das Dreieck, und ich vernahm dazu erklärend das Wort: Einheit."

Gertrud berichtete von ihrer Meditation: "Ich sehe eine Kristalltür." Sie beschrieb sie und erzählte dann weiter: "Wir erhalten einen Kristallschlüssel in Form eines Dreiecks oder in einer Pyramidenform. Der Kristallschlüssel ist golden und aus Sonnenkristall. Das Öffnen dieses Kristalltores ist das Überbringen allen

Wissens über den Aufstieg und "das Leben danach" für alle Menschen."

Erfreut sahen wir uns an. Gertrud berichtete weiter, daß sie, da von "wir" die Rede war, genauer nachgefragt habe: "Wie ist das denn gemeint, wenn Barbara doch "der Kohl" ist"?

Sie bekam die Antwort: "Auch Kohl braucht fähige Minister!"

Wir werden beide einen goldenen Sonnenkristallschlüssel erhalten, erzählte Gertrud weiter, doch es sei ohne weiteres möglich, daß beide Schlüssel zu Einem verschmelzen und auch nur von einem verwendet werden. Genauso einfach können es wieder zwei Schlüssel werden. Bis heute gebe es diesen goldenen Sonnenkristall allerdings noch nicht auf der Erde.-

Gertrud nahm abschließend noch meinen Kristall zur Hand, den Kristall, der mich und Oshur verbindet, den Kristall, der etwas mit unserer gemeinsamen Aufgabe zu tun hat. Zwei gläsern glitzernde Torbogen waren deutlich sichtbar, eingeschlossen in der majestätischen Würde dieses klaren Phantomkristalls.

Gertrud vernimmt die Botschaften, die Geistwesen durch die Kristalle vermitteln, und sie gab jetzt die "Botschaft dieses Kristalls" direkt an mich weiter:

"Die Klarheit des Sternenhimmels ist in mir und auch in dir. Es ist die Klarheit und Weisheit von Äonen von Jahren, aus anderen Dimensionen, hier auf diesen Planeten Erde getragen. Und es ist die Reinheit in ihrer Fülle, die eines Tages das ganze Universum erfüllt.

Türen und Pforten sind immer Symbole; der Schlüssel dazu ist in dich hineingelegt. Sei dir deiner Größe bewußt; und Bewußtsein um Bewußtsein wird es reifer und höher in dir. Der Schlüssel ist dir in die Hände gelegt, damit du die Tür jetzt weit aufschließt. Und sei nicht zu zaghaft dabei. Die Macht des Universums schlummert noch etwas in dir. Gebrauche sie weise und in Ehrfurcht.

Segen sei mit dir, den deinen, dem Werk, und allen, die mit dir sind." ---
Ich konnte lange, lange nichts mehr sagen.

*

Um uns wieder richtig zu erden, aber wohl eher deshalb, weil wir Riesenhunger hatten, gingen wir jetzt erst einmal schön essen, und dann verabschiedete ich mich und fuhr los. Da es schon spät war, wollte ich nicht den langen Weg bis nach Hause fahren, sondern auf halber Strecke, im Sauerland, bei meinen Eltern übernachten.

Ich war fast da, da spürte ich einen starken Impuls, zunächst unbedingt zu meiner Schwester zu fahren, um Kevin, meinen Neffen, zu besuchen.

Kevin ist jetzt fünf Jahre alt. Er ist hier meine größte Liebe überhaupt. Schon bevor er geboren wurde, spürte ich eine ganz intensive Verbindung zu seiner Seele und freute mich so sehr auf sein Kommen. Von Anfang an waren wir ein Herz und eine Seele. Wenn wir zusammen sind, ist alles voller Harmonie. Ein tiefes Band der Liebe hält uns umschlungen, und wir erleben nur schöne Stunden miteinander.

Als er geboren war, besuchte ich ihn sehr oft, und meine Schwester war so lieb, ihn mir dann viel zu überlassen. Ich fütterte ihn, badete ihn, wickelte ihn. Ich erzählte ihm Geschichten, wiegte ihn in den Schlaf, sprach von der Liebe der Schutzengel.

Wir sind so glücklich, wenn wir zusammen sind. Andere beobachten dies stets verwundert. Und noch heute bleiben Menschen auf der Straße oft stehen, um uns lächelnd nachzusehen.

Damals, als Kevin erst ein paar Tage alt war, und ich ihn wieder einmal in sein Bettchen bringen durfte - wir sahen uns ganz tief und innig in die Augen - sagte ich zärtlich: "Du kommst von meinem Planeten, nicht wahr!"

Kevins Augen strahlten, und er lachte mich an.

Ich wußte immer, daß Kevin früher einmal mein Kind war. Und seit kurzem "wußte" ich auch, daß er auf Metharia der Sohn von Oshur und mir war.

Esther, das Medium hatte mir damals gesagt: "Ein Kind wirst du auch noch bekommen, einen Jungen..." Genervt hatte ich abgewunken. "Sie schicken dir jetzt ein Bild von ihm, damit du es glaubst", meinte sie lachend.

Ich schloß damals die Augen und sah einen jungen Mann, ich möchte sagen im Jünglingsalter, strahlend schön, mit bis auf die Schultern reichendem silberblonden Haar.

"Da hast du es...", sagte ich zu Esther, "...daß es gar nicht sein kann, ich sehe nämlich kein Kind, sondern einen jungen Mann."

"Dann siehst du ihn eben so, wie er später einmal aussehen wird", meinte sie achselzuckend.

Viel später erst verstand ich, daß ich ihn so, wie er auf Metharia ausgesehen hat, gesehen habe. Und die Aussage "...du wirst noch ein Kind bekommen", bedeutete einfach, daß ich ihn noch viel tiefer wiedererkennen würde.

Wie viele Santinerseelen hat auch Kevin große Anpassungsschwierigkeiten hier. Er ist eine sehr reife Seele, ganz viel Weisheit liegt in seinen sanften Augen. Aber es kommt immer wieder zu Spannungen, da diese Seelen, die von anderen Planeten kommen, sich oft der Erde nicht anpassen können; sie passen mit ihrem Verhalten meistens nicht so ganz in die Vorstellungen der Eltern hinein.

Statt mit Strenge, sollten die Eltern lieber mehr auf das Kind eingehen, es beobachten, wie es reagiert, wo es sich sperrt. Kinder die rebellieren, setzen oft auf diese Art ihre Hilferufe. So wurde es auch, auf die Frage nach Kevins zeitweiliger Agressivität, von Argun einmal bestätigt.

Nun traf ich also dort ein. Zu meiner großen Enttäuschung war Kevin schon im Bett.

"Du kannst aber hineingehen", sagte Anja, meine Schwester, "er schläft noch nicht, wir hatten wieder eine kleine Auseinandersetzung."

Dankbar ging ich in das Kinderzimmer, machte aber kein Licht, nur das helle Flurlicht schien hinein. Ich ging zu seinem Bettchen, er bemerkte mich nicht gleich, sondern dachte, es wäre seine Mama. Doch als er mich erkannte, glänzten seine verweinten Augen. Wir nahmen uns ganz fest in die Arme, ich tröstete ihn, gab ihm Kraft und von meiner Freude.

"Deine Haare glitzern ganz golden!", rief er entzückt aus, "bist du jetzt ein Schutzengel?"

Und wieder einmal wurde mir die hohe Sensibilität von Kevin bewußt; auch er hat die goldene Spirale wahrgenommen; intuitiv spürte er immer, wenn etwas Besonderes mit mir geschah. So oft schon hatte ich das erlebt.

Zwei Tage später war wieder Sitzung. Argun gab mir, ohne daß ich fragte oder mit jemandem darüber gesprochen hatte, eine Botschaft zu Kevin.

"Du weißt, daß du mit Kevin eine enge Beziehung hast", schrieb er. "Dort ist eine telepathische Verbindung möglich. Du kannst ihm helfen, mit seiner Situation in der Familie besser zurechtzukommen. Er bringt dieses als ein Opfer. Und du kannst ihm dabei helfen."

"*Als ein Opfer???*" Mein Herz schlug schnell.

"Kannst du etwas Näheres dazu sagen, lieber Argun", fragte ich, "ich habe das Gefühl, dieses Opfer - es hat mit mir zu tun?"

Die Antwort ahnend und etwas Unfaßbares auf mich zukommen sehend, hörte ich, wie Ellen Arguns Schreibbotschaft vorlas: "Nun, er wollte in deiner Nähe inkarniert werden. Und zum anderen wollte er Kraft und Stärke demonstrieren." -

Mein Herz schlug bis zum Hals. *Was für ein Opfer! Für mich!* Kevin ist in einer Zeit geboren, als es mir sehr schlecht ging. Nach all dem Suchen, all den unglücklichen und lieblosen Erfahrungen, die mein Leben prägten, nach all der Verzweiflung, die mich damals plagte, dazu die Last dieser tiefen unbekannten, eingebildeten Schuld, die ich mit mir herumtrug, - war ich an einem Punkt angelangt, wo ich nicht mehr konnte. Ich hatte keine Kraft mehr. Und auch keine Lebensfreude. Bisher war ich zwar immer wieder mit allem doch irgendwie fertiggeworden, war trotz aller Schwierigkeiten stets ein Optimist geblieben und konnte auf wundersame Weise in mir selbst immer wieder die positive Kraft erwecken, um weiterzugehen oder auch neu anzufangen. <u>*Du bekommst nie mehr als du tragen kannst*</u>..., sagte ich mir stets. Doch eins kam zum anderen, ich war müde und erschöpft vom ewigen Kampf dieses Daseins, die Belastung war so groß, daß ich meinte, jetzt wirklich nicht mehr weitergehen zu können.

Ich betete, daß ich sterben möge, daß ich erlöst werden möge. In meiner tiefen Verzweiflung wußte ich natürlich, daß das nicht geschehen würde. Ich wollte auswandern, weg - nur ganz weit weg! In den Sinai vielleicht, jedenfalls dorthin, wo ich mein Leben in Frieden leben konnte, wo keine oder nur wenige Menschen waren, weg aus dieser Gesellschaftsordnung.

Ich war fest entschlossen. Und dann kam Kevin, mitten in diesen verzweifelten Überlegungen und Plänen. Seine Ankunft lenkte mich ab von diesen Gedanken, und als er da war, war ich so froh und dankbar. *Jetzt kann ich nicht mehr weg!,* kam es tief aus meinem Herzen, als ich ihn in meinen Armen hielt. Und wie dankbar bin ich ihm dafür.

Kevin hat mein Leben durch seine Art, durch sein Dasein, seine Freude und sein Strahlen sehr erleichtert. Immer wenn ich Kummer hatte, war Kevin unerwartet da, persönlich oder am Telefon: "Ich liebe dich, Tante Barbara", hörte ich dann seine fröhlich singende Kinderstimme, und alles war gut.

All diese Gedanken schossen mir während der Sitzung durch den Kopf, und ich bekam von dem weiteren Sitzungsverlauf nicht mehr viel mit. Welch unendliche Liebe steht hinter dieser Inkarnation. Was hatte er alles dafür auf sich genommen! Ich konnte es nicht fassen.

Ellen tröstete mich nach der Sitzung. Dennoch fuhr ich weinend nach Hause. Ich weinte die ganze Fahrt über und konnte auch zuhause vor Tränen gar nicht einschlafen. Jetzt hätte ich einen starken Arm gebraucht, einen Arm, der mich hielt.

Irgendwann schlafe ich ein. Wieder habe ich das Gefühl, geweckt zu werden. Vor meinem inneren Auge sehe ich eine helle Lichtkugel und weiß, das Raumschiff, das ich sehr oft von meinem Schlafzimmerfenster aus beobachte, ist wieder da. Schon viele Male hat es mich geweckt. Mitten im Schlaf ist es dann so, als wenn mich jemand leicht rüttelt oder ruft.

Sofort bin ich wach und weiß: Das Sternenschiff ist jetzt genau in der Mitte meines Fensters. Ich bin glücklich über diesen Trost heute nacht...

Mit verweinten Augen gehe ich zum Fenster. Ja, da ist es. Es steht hoch am Himmel, strahlt hell. Leicht rotes und dann leicht grünliches Licht wird abwechselnd sichtbar. Und da ist sie wieder, diese unendliche sanfte Energie, die ich jetzt im Herzen spüre.

Oft beobachte ich die verschiedenen Vimanas am Himmel, wie sie sich freudig bewegen, um Zeichen zu geben, und spüre die Energie, die Schwingung, die von ihnen ausgeht. Aber dieses Sternenschiff ist immer anders als die übrigen. Die Bewegungen sind ganz sacht, behutsam. Und heute ist die Schwingung zudem auch tröstend, als wenn tatsächlich jemand seine Arme um mich legt.

"Es ist eine liebevolle, irgendwie väterliche Energie", beschrieb ich es Savitri früher einmal am Telefon.

Auch heute nacht nahm ich dankbar die warme Energie auf und merkte, wie ich mich zunehmend beruhigte und wieder gelassener wurde.

Ich dachte oft über diese Energieschwingung nach. Sie ist wirklich "väterlich", fürsorglich und liebevoll. Schon einige Male habe ich mich gefragt, ob vielleicht mein "metharischer Vater" in diesem Raumschiff ist, eben aufgrund dieser väterlichen und vertrauten Energie. Aber ich konnte mir so etwas nicht recht vorstellen. Andererseits empfand ich die Energiestrahlung so sanft und liebevoll, wie sie eigentlich nur Ashtar Sheran ausstrahlt. *Aber der fliegt nicht in kleinen Vimanas umher.*

Beruhigt und irgendwie tatsächlich getröstet ging ich wieder ins Bett und schlief jetzt tief und fest.
Am nächsten Morgen ging es mir gut. Die Traurigkeit war weg, und ich dachte an die tröstende Energie aus dem Weltraumstrahlschiff.
Im Vorbeigehen nahm ich das Bild von Ashtar Sheran in die Hand, sah es nachdenklich an und fragte ihn gedankenverloren: "Sag, ist da vielleicht doch mein Vater drin, in diesem Raumschiff, das soviel Liebe und Trost schickt?"
Nichts erwartend blickte ich in seine unbeschreiblichen, tiefgründigen, weisen Augen... *Ich bin dein Vater!*, hörte ich seine sanfte Stimme in meinem Herzen.

*

Mir blieb fast das Herz stehen. Erschrocken stellte ich das Bild zurück. Mich räuspernd und nervös schluckend ging ich schnell aus dem Zimmer. Ich verbannte das soeben Geschehene in den hinterletsten Winkel meines Gedächtnisses und versuchte krampfhaft, mich mit anderen Dingen zu beschäftigen. Aber unbeeindruckt davon kam das soeben Erlebte immer wieder hoch. *Ich bin dein Vater...,* hörte ich immer wieder ganz sanft.

Bis zum Abend vermied ich es, mich näher damit zu beschäftigen. Irgendwie war mir schwindlig. *Ist ja absurd,* sagte ich zu mir selbst, *Ashtar Sheran, das Haupt der Göttlichen Himmelsflotte, soll mein Vater sein...? Wie können nur solch dreiste Gedanken entstehen???* Aber woher kamen sie? Niemals hatte ich mich mit derartigen Vorstellungen beschäftigt. Dazu war mir Ashtar Sheran viel zu heilig.

Ich kämpfte sehr mit mir, ein totales Chaos herrschte in mir.

Stunden später wagte ich noch einmal, das Bild vorsichtig zur Hand zu nehmen. Schweigend und nachdenklich betrachtete ich es.

Verwundert bemerkte ich nun, daß die Traurigkeit und Schwere, die ich sonst immer in seinen Augen wahrgenommen hatte, auf einmal verschwunden waren. Jetzt lachten mich diese Augen an. Oft habe ich früher gefragt: "Warum hast du so traurige Augen?" Und ich hatte es mir immer selbst mit der Schwere seiner Mission beantwortet. Jetzt lachten diese Augen tatsächlich voller Freude, voller Liebe.

Ich war sehr unruhig. Den ganzen Tag schon nahm ich eine ungewohnte, tiefe Wärme in meinem Herzen wahr, es war gleichzeitig eine innige Freude da, doch ich verscheuchte sie immer wieder, weil ich dieses Gehörte nicht zulassen konnte. Es schien mir zu vermessen.

Gedankenverloren nahm ich die Engelkarten zur Hand. Sie würden zwar nicht helfen, mich aber vielleicht beruhigen. Vielleicht zog ich ja "Humor"...

Nein, ich zog automatisch zwei Karten: "Geburt" und "Liebe"! *Auch das noch!*
Wie von geistiger Hand geführt wurde meine Aufmerksamkeit auf die laufende, leise Musik im Hintergrund gelenkt, instrumentale Meditationsmusik, untermalt mit fröhlichem Kinderlachen. Geburt! Kinderlachen! Ruhiger machte mich das alles nicht.

Oft hatten Savitri und ich stundenlang über unsere unerklärlich tiefe Verbundenheit und Liebe zu Ashtar Sheran gesprochen. Sie war einfach unbegreiflich.

Mit den Tagen legte sich dann ganz langsam und behutsam die verschleierte Gewißheit auf meine Seele, daß es doch stimmte. Ganz sacht begann ich, es langsam zuzulassen.

Ich wagte mit niemandem darüber zu sprechen - nicht einmal mit Savitri oder Ellen, denen ich sonst alles anvertraute.

*

Savitri und ich hatten uns immer noch nicht gegenübergestanden. Gute fünf Wochen kannten wir uns nun schon; und soviel war in dieser kurzen Zeit geschehen. Wir telefonierten jeden Tag, stundenlang!

Schon längst hatten wir in unseren langen Telefonnächten unseren Verwandtschaftsgrad geklärt. Dachten wir zunächst, wir seien Schwestern, weil wir uns so ähnlich sind, so stellten wir später fest, daß Savitri nicht meine, sondern die Schwester von Oshur ist.

Nun war es endlich soweit. Mit einer dickknospigen, rosaroten Rose stand ich am Bahnhof und wartete auf den einlaufenden Intercity aus Berlin. Den ganzen Tag war ich schon aufgeregt. Jetzt klopfte mein Herz. *Würden wir uns sofort erkennen?* Ich hatte

Angst, daß sie den Zug verpaßt hätte, Savitri hatte Angst, daß ich vergessen würde, sie abzuholen, kindliche Gedanken unermeßlicher Wiedersehensfreude.

Natürlich erkannten wir uns! Mit Freudenrufen stürmten wir uns in die Arme, lachend, schluchzend. Und so standen wir noch immer da, als der Bahnsteig schon längst wieder leer war.

"Du hast dich überhaupt nicht verändert", sagte ich wie selbstverständlich, im gleichen Moment selbst erstaunt über meine Aussage. Es sprach einfach so aus mir.

Als wir bei mir zuhause ankamen, sahen wir uns lange, lange ganz tief in die Augen. Wir waren versunken und verschlungen, in die Tiefe der Seele blickend. Ich fühlte schon am Bahnhof, daß Oshur astral, gedanklich oder wie auch immer, dabei war, Savitri ging es ebenso, wie sie mir später erzählte. Und jetzt, ich weiß nicht was geschah, aber ich blickte jetzt ganz tief, ganz, ganz tief in die Augen von Oshur. Es war wie in einem Bann, und nach einer geraumen Weile erst kam ich ruckartig zurück ins Hier und Jetzt. Die Augen hatten sich nun verändert, und ich sah, seltsam berührt, in die strahlenden Augen von Savitri.

Beeindruckt und sich tief erinnernd betrachtete sie meine Hinterglasmalerei, die Verbindung zu "unserem Tempel" auf Metharia. Tränen stiegen ihr in die Augen.

"Und wie gefällt dir dieses Bild?", fragte ich sie und zeigte auf ein anderes Bild, eine medial inspirierte Zeichnung von einer anderen Barbara, ebenfalls eine auf Erden inkarnierte Santinerseele. Sie besuchte uns einmal im Kreis und brachte dieses Bild "zufällig" mit. Weil mich die Zeichnung sehr bewegte und ich meinen Blick nicht davon lösen konnte, schenkte sie sie mir großzügig. Das Bild zeigt einen Felsen aus bläulichem Gestein, mitten im Meer; ein Tempel steht auf diesem majestätischen Hochplateau. Zwei Sonnen leuchten am Himmel und kleine Vimanas halten Kurs auf diesen Tempel-Felsen.

Ich erkannte in diesem Bild "Dreiodia", mein Zuhause. Dreiodia, vor Jahren war das die mediale Antwort auf meine suchenden Fragen nach meiner wahren Heimat.

Savitri fühlte ebenfalls das tiefe Wiedererkennen in diesem Bild.

"Ein ähnlicher Fels ist in Spanien", erzählte sie, "und jetzt weiß ich auch, warum ich so gerne dort bin."

Wir tauschten kleine Geschenke aus. Savitri hatte ein schönes, gerahmtes Bild für mich: Oshur, eine violettfarbene Laserkopie, abgenommen von der medialen Zeichnung, eingerahmt von einem selbst gebastelten königsblauen Passepartout, übersät mit kleinen golden glitzernden Sternchen.

"Du würdest dich das ja doch nicht trauen", sagte sie schelmisch, "aber ich darf dir so etwas schenken!"

Sie hatte recht. Ich hatte lediglich eine schlichte Fotokopie, die Rückseite mit Pappe verstärkt, auf meinem Tisch stehen. Wie gut sie mich doch kannte!

Savitri zeigte mir jetzt noch viele Postkartenbilder, die sie mitgebracht hatte. Mediale Zeichnungen von Erzengeln, Aufgestiegenen Meistern, Kommandanten von Raumschiffen, Menschen anderer Planeten. Interessiert betrachteten wir die Bilder, verglichen, wie wir uns von den gleichen Bildern angezogen fühlten, von anderen wiederum gar nichts hielten.

Sie reichte mir ein Bild nach dem anderen, ich nahm das nächste entgegen --- und erstarrte. *Das bin ich!*, durchzuckte es mich wie ein Blitz in meinem Inneren. Stumm und mit aufgerissenen Augen sah ich auf das Bild.

Savitri betrachtete mich aufmerksam, dann das Bild und wieder mich.

"Ja, das Bild hat mich auch immer besonders angezogen. Sie ist von Alpha Centauri, steht auch hinten drauf", sagte sie, "ich habe das Bild vor einiger Zeit geschenkt bekommen."

"Ich glaube", sagte ich stockend und leise, "so ähnlich könnte ich ausgesehen haben", verstandesgemäß gleich mein absurdes Gefühl, sie selbst zu sein, abmildernd. ---

Wir hatten beide überhaupt keinen Hunger, aber dafür viel Spaß. Wir lachten und freuten uns, führten dann wieder ganz tiefe Gespräche. Es war einfach schön. Übermütig wie junge Mädchen schlenderten wir durch die Stadt, setzten uns in ein Café, um einen Cappucchino zu trinken, und hatten jetzt auf einmal doch Appetit, und zwar auf ein riesiges Stück Käsekuchen.

Wir freuten uns darüber, wie die Menschen auf uns reagierten. Obwohl wir sehr unterschiedlich aussehen, - Savitri ist dunkel, hat schwarze Haare, bronzenen Teint und entsprechend ihrer indischen Lebensweise sieht sie auch sehr indisch aus, ich dagegen bin ein eher heller Typ, - stellen sensible Menschen sogleich fest, daß wir trotzdem eine vollkommene Einheit bilden.

Wir ließen uns den Kuchen schmecken, tranken abwechselnd Cappuccino oder Tee. Dann wurde es Zeit zu gehen.

"Komm, wir kaufen uns ein paar Blumen", rief Savitri aus.

"Meine Wohnung steht doch schon voller Blumen", sagte ich beschwörend.

"Trotzdem, heute ist ein besonderer Tag!"

Also kauften wir Blumen. Savitri ließ sich ein Bouquet aus zart rosafarbenen Rosen zaubern. Duftiges Grün umflorte die edlen Rosen, aufgeklebte, schillernd weiße Perlen zierten die saftig grünen Anthurienblätter, abschließend wurde hauchdünner Golddraht filigran um die ganze Blütenpracht gelegt.

Es dauerte einige Zeit, bis dieses Kunstwerk fertiggestellt war. Ich entschied mich für ein gleiches Bouquet, allerdings mit tief dunkelroten Rosen. Gleichzeitig war ich selbst überrascht über meine Wahl, niemals wäre ich bisher auf die Idee gekommen, mir selbst rote Rosen zu kaufen. Und wie wir nun die Blumenbinderin beobachteten, riefen wir beide plötzlich aus: "Oh, wie Brautsträuße!"

Wir lachten uns an. Nach einer Weile zupfte mich Savitri am Ärmel und deutete auf die Entdeckung, die sie soeben gemacht hatte. Ein Dekomagazin lag auf einem kleinen Tisch, und aufgeschlagen war "zufällig" eine Seite mit Vorschlägen für ausgefallene Brautsträuße.

"Doch Brautsträuße!", sagte ich und zog erstaunt die Augenbrauen hoch.

Inzwischen hatte sich der Laden etwas gefüllt, gedankenverloren warteten wir auf unsere Blumengebinde und zuckten plötzlich gleichzeitig zusammen: "Hast du das auch gehört???"

"Ja!"

Beide hatten wir wahrgenommen, wie jemand etwas sagte, was sich anhörte wie "...Oshur hat bestellt."

Unglaublich! Ganz deutlich hatten wir es beide vernommen!

Wir sahen uns an, lauschten noch einmal und zuckten nichtverstehend mit den Schultern.

Bald waren unsere Bouquets fertig und wir gingen, unsere "Brautsträuße" stolz in den Händen haltend, nach Hause. Es war schon Abend geworden, viel später als wir dachten. So schnell war die Zeit vergangen.

Zuhause angekommen, plazierten wir die Blumen an beiden Seiten eines siebenarmigen Leuchters, vor dem das Bild von Ashtar Sheran stand. Wir gingen albernd ins Badezimmer, schminkten uns neu und zogen uns um. Es geschah alles automatisch. Und wir machten uns beide besonders schön. Unser Kleidergeschmack ist sehr ausgefallen, meistens tragen wir fließende, lange Röcke, jetzt drapierten wir das ganze noch mit schillernden, silberbestickten Tüchern und banden ein zierliches Stirnband um. Am Telefon schon hatten wir übereinstimmend festgestellt, daß wir beide gern Stirnbänder tragen.

"Es gibt nur leider keine schönen zu kaufen, jedenfalls nicht das, was mir vorschwebt", hatte ich zu Savitri gesagt.

Doch sie hatte passende Bänder mitgebracht, Erinnerungen aus Indien.

"Warum machen wir das eigentlich?", fragte ich lächelnd.

"Ich weiß auch nicht", erwiderte Savitri.

Wir wollten zusammen meditieren, das hatten wir uns so vorgenommen, aber dieser Aufwand? - Inzwischen hatte sich sogar eine kleine Hektik eingeschlichen, die Zeit raste nur so dahin, und wir waren noch nicht fertig. Fertig? Für was? ---

Wir erlebten einen ungewöhnlichen Meditationsabend, sehr lang und sehr intensiv. Wir erkannten ganz tief und feierlich, daß Zyndar Shiin die Dualseele von Savitri ist. Sehr erhaben war die Atmosphäre; viele Geistwesen und auch Santiner waren astral anwesend.

Zyndar Shiin ist der Assistent von Oshur Shinar, er ist also ebenfalls auf der Weltraumstation Share. Es war eine ergreifende Offenbarung für uns beide. Savitri "wußte" ebenfalls immer schon, wie auch ich damals, wie "er" aussah. Blond! Und bildschön! Sie trug die Erinnerung in ihrem Herzen und sagte früher einmal, daß er dem Zyndar in der Broschüre mit den medialen Zeichnungen sehr ähnlich sehe. Aber dieser kam ihr zu jung vor. Doch irgendwie, intuitiv, oder aber geführt, brachte ich das Thema bei jedem Telefongespräch auf Zyndar. Ich kam mir schon vor wie eine Kupplerin. Und deswegen war ich heilfroh, als es sich jetzt bewahrheitete und mein Gefühl dafür sich als inneres Wissen bestätigte. -

Jetzt vertraute ich Savitri auch vorsichtig an, daß ich das Gefühl hätte, daß Ashtar Sheran vielleicht mein Vater sei. Ich erzählte ihr, was ich erlebt hatte, "aber ich bin sehr unsicher", sagte ich zweifelnd.

Es war kurz vor Mitternacht, wir saßen immer noch tief beeindruckt von dem ganzen Abend auf dem Boden, gehüllt in unsere Schals, mit strahlenden Augen, als Savitri schüchtern fragte: "Meinst du es ist sehr unheilig, wenn ich jetzt einen Apfel esse?"

Gespielt empört fragte ich zurück: "Hast du etwa Hunger?" Und schuldbewußt wurde mir klar, daß wir außer unserem Stück Käsekuchen noch nichts gegessen hatten.

*

Am nächsten Tag besuchte uns Ellen, und wir verbrachten einen herrlichen Nachmittag in einer tief verbundenen Dreiheit. Am Abend meditierten wir gemeinsam, und ich sah in meiner Meditation überraschenderweise die anmutige Gestalt von der Bildkarte, die mir Savitri gestern zeigte. Sie strahlte hell in einer Aureole aus Licht. Es war, als wenn sie sich in eine Sonne verwandelte, dann wurden die Sonnenstrahlen zu gewaltigen Feuerflammen, - Flammen, die Liebe und Licht ausstrahlten und trotz ihrer Mächtigkeit überhaupt nichts Bedrohliches an sich hatten.

Nach dieser Meditation zog jeder noch eine Engelkarte. "Die Sonne... Ich bin das Licht und die Sonne des Goldenen Tages", stand auf meiner Karte. Ich fühlte mich eigenartig berührt. *Vielleicht habe ich eine enge Verbindung zu diesem lichten Wesen*, dachte ich. *Ob sie mir etwas sagen will?* ---

Ellen verabschiedete sich, ich schenkte ihr den irgendwie geheimnisvoll wirkenden Kristall, den ich erst vor ein paar Tagen entdeckt hatte. Schon beim Kauf wußte ich, daß ich ihn eigentlich nicht für mich kaufte. Aber ich hoffte, ich würde zunächst einige Zeit Freude daran haben.

Als Ellen an diesem Nachmittag kam, erzählte sie von einem ganz ungewöhnlichen Kristall, den sie in einer Meditation gesehen hätte, sie wußte, daß er irgendwann zu ihr kommen würde. *Mein geheimnisvoller Kristall...!*, dachte ich sogleich. Also würde ich ihn doch schon weitergeben müssen. Und das tat ich jetzt. *Morgen wirst du mehr über die Lichtgestalt erfahren,* meinte ich dabei Arguns Stimme in meinem Inneren zu hören. Ich mußte lachen, *oh, sie haben Humor, das war ja wie ein Handel!* Argun schien also auch zu wünschen, daß dieses Medium diesen Stein bekam; gerne gab ich ihn ihr.

Der nächste Tag war ein Samstag.

Savitri und ich fuhren ohne eine bestimmte Absicht in die Nachbarstadt. Wir schienen irgendetwas zu suchen, wußten aber nicht was. Ziellos wanderten wir durch den Ort bis kurz vor Ladenschluß. Wir steuerten auf das Parkhaus zu, und ich merkte soeben, daß ich unbeabsichtigt einen kleinen Umweg eingeschlagen hatte. *Auch gut,* sagte ich mir, *dann kann ich Savitri noch den indischen Teeladen zeigen,* neuerdings verkauften sie dort auch indische Stoffe, Tücher und allerlei Kleinkram.

Nicht sehr begeistert betrachteten wir die vielen bunten Tücher, glitzernd, farbenprächtig; in allem waren sie uns einfach zu kitschig.

"Suchen Sie etwas Bestimmtes?", fragte die Verkäuferin.

"Ja, möglichst etwas Weiß-goldenes."

"Ja, hab' ich", sagte sie, öffnete die Schranktür unter ihrem Verkaufstresen, wühlte etwas darin, zog ein großes weißes Seidentuch hervor und breitete es vor uns aus. Die durchscheinende Spitzenumrandung war mit hauchzartem Goldfaden bestickt. "Das ist es!", wußten wir beide sogleich. Savitri kaufte es für mich, schenkte es mir abends und sagte: "Das war eine Inspiration von Oshur. Ich wußte den ganzen Morgen, daß ich irgendetwas Bestimmtes für dich kaufen sollte."

Wieder machten wir uns zurecht für unsere Abendmeditation. Als wir endlich fertig waren - wir wußten, es ist jetzt höchste

Zeit - nahm ich das schöne neue Spitzentuch und wollte es mir über die Schultern legen.

"Nicht so", sagte Savitri, nahm den Seidenschal, legte ihn wie einen Schleier auf mein Haar und steckte die langen Enden geschickt drapiert an meinem Rock fest.

Noch immer prangten unsere "Brautsträuße" von gestern neben dem Leuchter. Ebenso wie am Abend zuvor zündeten wir auch heute alle Kerzen an, und wieder wurde der Raum zum Tempel.

Neben das Bild von Ashtar Sheran hatten wir die Bilder von Zyndar und Oshur gestellt und, einem Impuls nachgebend, stellte ich heute auch das Bild der geheimnisvollen Gestalt von Alpha Centauri dazu. Zunächst plazierte ich sie neben Ashtar Sheran. *Es ist vielleicht seine Frau*, dachte ich, *sie würde zu ihm passen.* Ich betrachtete die beiden Bilder: welch eine harmonische Einheit, ja, diese beiden, sie gehörten unbedingt zusammen.

Ich betrachtete es zufrieden eine Weile, doch irgendetwas störte mich doch daran. *Nein, sie ist zu jung*, schloß ich und nahm das Bild wieder weg und stellte es in dem Regal ein Fach tiefer. *Nun, sicherlich hat sie überhaupt nichts mit uns zu tun, und gehört so auch nicht in diese Bildergalerie.*

Geistwesen waren anwesend, wir spürten es beide. Argun war da. Ich wußte, Emanuel und meine anderen Geisthelfer waren ebenfalls da. Sehr feierlich war uns zumute, und wir hatten keine Ahnung, was uns erwartete. Wir wollten meditieren und uns gedanklich in die Sitzung des anderen Kreises einschalten, da Ashtar Sheran sich heute dort melden würde.

"Vielleicht kommt er dann ja auch zu uns...", meinte Savitri sehnsüchtig hoffend.

"Du meinst wohl, weil er gerade in der Nähe ist...", erwiderte ich amüsiert.

"Ach stimmt, Entfernungen spielen im Raumschiff ja keine

Rolle", gab sie lachend über diese typisch irdische Denkweise zurück.

Gelassen, mit viel Ruhe und Freude begannen wir uns zu vertiefen. Ich spürte die Anwesenheit von Oshur, Savitri ebenfalls die von Zyndar.

Sehr schön war es, eine hohe Schwingung erfüllte den Raum. Mein Blick wurde immer wieder auf das Bild dieser Bewohnerin von Alpha Centauri gelenkt.

Wer ist sie?, fragte ich Oshur telepathisch.

Das bist du! Du bist Yuminale!, hörte ich ganz deutlich seine dunkle, samtene Stimme in meinem Inneren. -

Ich konnte es nicht glauben und zweifelte wieder an meiner Medialität. Ich solle mich hinlegen zum meditieren, vernahm ich seine sanfte gedankliche Berührung.

Kaum hatte ich die Augen geschlossen, sah ich Bilder, Bilder von "ihr" und Oshur. Ich sah, wie wir nebeneinander hergingen, sah Sequenzen aus dem gemeinsamen Leben. Und ich sah, wie ich, Yuminale, Oshur heiratete.

Ich setzte mich auf und war zu keiner Reaktion fähig. Still, vor mich hinstarrend saß ich nur da. Dann kam ein erneuter Impuls, mich noch einmal hinzulegen. Ich schloß die Augen und nahm den Lichtboten John Sheridan wahr, wie er eine Botschaft aufschrieb: *Ashtar Sheran ist auf dem Weg zu euch. Haltet euch bereit.*

Ich erhob mich und informierte Savitri über sein Kommen. Sie war nicht überrascht. Und innerhalb weniger Minuten nahmen wir beide ganz deutlich die astrale Anwesenheit von Ashtar Sheran wahr.

Ich fühlte, er stand vor mir, eine ganze Weile, dann legte er seine Hände auf meinen Kopf, eine enorme Energie durchströmte mich, alles war in strahlendes Licht getaucht.

Automatisch blickte ich wieder auf "ihr" Bild. An meiner Seite war Oshur und wieder hörte ich ihn sagen: *Das bist du! Du bist Yuminale!*

Noch immer floß unendliche Energie aus den Händen von Ashtar Sheran, tiefste Verbundenheit erfüllte mich und ich erfaßte jetzt, in diesem Augenblick, ganz klar und tief, daß ich tatsächlich seine Tochter bin. Und genau in diesem Moment wurden meine Hände geführt, ich nahm den Schleier herunter und ließ ihn auf meine Schultern gleiten. Der enorme Energiefluß ließ langsam nach, endete sanft, und nach einer Weile war Ashtar Sheran nicht mehr anwesend.

Stille. Unbeweglich kniete ich noch immer am Boden. Jetzt verstand ich auch, warum ich immer ins Stocken kam, wenn ich seinen Namen aussprach. Ich hatte ihn ja früher niemals so angesprochen, es war daher so ungewohnt und schwer für mich. *Shannah,* hörte ich darauf Oshur zu mir sagen; natürlich empfing er telepathisch all meine Gedanken.

Shannah bedeutet Vater.

Ebenso wie Ashtar Sheran zogen sich nun auch alle anderen zurück, Oshur und auch die Geistwesen. Dennoch spürte ich ihr Dasein, jedoch in weiterer Entfernung. Noch immer starrte ich auf das Bild. Ich wunderte mich, daß ich überhaupt keine Reaktion in mir vernahm. Nur eine große, unendliche Leere war in mir.

Savitri hatte ebenfalls die Augen wieder geöffnet und sah mich gespannt an. "Erzähl du zuerst", forderte sie mich auf.

Ich blickte sie lange wortlos an, stand mit langsamen Bewegungen auf und holte das Bild von Yuminale, legte es vor uns hin. Gespannt sah sie mich an. Ich wollte erzählen, machte den Mund auf, - konnte jedoch nichts sagen. Immer noch wortlos erhob ich mich erneut und wechselte zunächst aus einem unerklärlichen Grund die Musik. Ich setzte mich wieder auf den Boden, Savitri gegenüber. Noch immer ruhte ihr erwartungsvoller Blick auf mir.

Ich war so tief erschüttert, daß ich nichts sagen konnte. Es waren einfach keine Worte da! So sehr ich mich auch bemühte, kein Ton kam heraus. Mühevoll gelang es mir, mit der Hand auf das Bild zu deuten.

"Das bist du!", sagte Savitri feststellend.

Ich konnte nur nicken, spürte wie ein gewaltiger, alles loslösender Tränenschwall hochkam und stürzte mich in ihre mich auffangenden Arme. Es griff um mich wie eine Flut, wie eine Feuersbrunst, eine verbrennende, erschütternde Explosion des Glücks, der Freude und des ewig lang getragenen Schmerzes. Ich weinte und schrie, klammerte mich wie eine Ertrinkende an Savitri, riß mich sodann wieder los von ihr, krümmte mich auf dem Boden zusammen und schrie haltlos weinend.

Ein erschütternder, nicht enden wollender Weinkrampf durchschüttelte mich, mein ganzer Körper bebte. In den Händen den Seidenschal haltend, lag ich zusammengerollt auf dem Boden, das Gesicht auf dem tränendurchweichten Bild von Yuminale. Savitri hielt mich tröstend und schützend umfangen.

Ich weinte die ganze Nacht. Ohne Savitri hätte ich das alles nicht verkraften können. Ich bin so unendlich dankbar, daß sie da war. Sie brühte Tee, verabreichte mir Bach-Notfalltropfen, kochte mitten in der Nacht etwas zu essen, nur damit ich zu Kräften kam. Doch ich konnte nichts zu mir nehmen. Hatte ich mich gerade etwas beruhigt, so fing ich sofort wieder an zu weinen. Jeder Blick auf das Bild von Ashtar Sheran, Oshur oder Yuminale und jeder Gedanke brachte eine neue schmerzhafte Tränenflut hervor. Es war die Erkenntnis, das Wissen, verborgenes, in der Seele schlummerndes Wissen um alle Dinge, sanft erweckt, dennoch nicht greifbar und doch gleichzeitig da. Es war die Erinnerung, die Liebe, es war die Verbindung, die Trennung, Schmerz und Glück in einem. Es war Klarheit und Ganzheit in ihrer reinsten Form, es war die Bedeutung der Aufgabe und es war der gesamte Erdenschmerz allen vorhandenen Lebens, allen Seins, der sich nun in mir und durch mich, einem riesigen Flammenbrunnen gleich, katalytisch zu entladen schien.

Geduldig, verständnisvoll und unendlich liebevoll tröstete mich Savitri, meine liebe, liebe Seelenschwester - immer wieder. Wie ein Kind hielt sie mich behutsam in ihren wiegenden Armen.
Ich spürte die tiefe Ergriffenheit von Oshur, und wußte, daß nun auch er vor Schmerz weinte. Dieses löste eine erneute Tränenflut aus. Dann blickte ich auf das Bild von meinem "Shannah" und "sah", daß auch er diesen großen Schmerz mit mir trug. Tiefes Mitgefühl lag in seinen Augen. Und das machte alles noch viel unerträglicher.
Gegen fünf Uhr morgens brachte mich Savitri ins Bett. Einfühlsam hatte sie den Seidenschal auf mein Kopfkissen gelegt. Der Schleier! Weiß ist er, mit einer durchsichtigen Spitzenstickerei, durchwirkt von hauchzarten Goldfäden. Den gleichen Schleier trägt Yuminale auf dem Bild. Blütenzart blitzt die ätherisch feine Spitzenborte unter ihrer Krone hervor... Wir entdeckten diese Übereinstimmung erst einige Tage später. Welch eine Führung! Sie ging bis ins allerkleinste Detail.

Ich brauchte viele Tage, um alles einigermaßen zu bewältigen. Sehr still war ich und in mich gekehrt, und so dankbar für Savitris Mitgefühl und Verständnis. Vier Monate waren nur vergangen und die Erinnerung eines ganzen Lebens erwacht. Ich fühlte mich wie Sterntaler. Leise flüsternd und wunderhell funkelnd rieselten die Sterne des Himmels auf mich hernieder. Golden glitzernder Sternentau benetzte schimmernd meine Seele und mein ganzes Sein. Alles hatte ich bekommen, und noch viel mehr.

*

Der Himmel auf Erden!

Nach wenigen Stunden Schlaf erwachte ich am nächsten Morgen mit dem tiefen inneren Wissen, daß meine Mutter von Metharia im Geistigen Reich ist und ebenfalls schon seit längerer Zeit sehr nah bei mir war. Ich hatte sie erkannt, und wußte, sie gehört zu der Gruppe von Geistwesen, die mit mir arbeiteten, wenn ich Heilbehandlungen vornahm.

Später, in einer der nächsten Sitzungen, bat ich den Lichtboten Argun: "Ich habe jemanden aus der Gruppe der mit mir arbeitenden Heilwesen erkannt. Darfst du mir ihren Namen sagen?"

"Moment", schrieb Argun, "sie möchte gerne selber schreiben." Und dann wurden wieder einige Anpassungskreise über das Papier gezogen, eine ganz feine, sehr zarte Energie wurde spürbar. "Mein Name ist Amadia", schrieb sie sodann.

Ich begrüßte Amadia und dankte ihr. Meine tiefe Bewegtheit konnte ich ihr nur telepathisch vermitteln. Worte, dieses auszudrücken, hätte es auch nicht gegeben.

*

Sehr lange brauchte ich, um all das Geschehene, das Offenbarte, zu verkraften. Die nächsten Tage vergingen wie in der Traumzeit, ich war da und gleichzeitig auch nicht da. Welch unermeßliche Geschenke hatte ich erhalten! Welch große Gnade ist mir zuteil geworden! Und wie weihevoll ist die Führung.

Gleich einen Tag nach meinem großen Wiedererkennen fand unsere nächste Kreissitzung statt. Ich fühlte mich jetzt eigentlich überhaupt nicht in der Lage, irgendwo hinzugehen, aber natürlich ließ ich auch diese Sitzung nicht ausfallen. Savitri, die diesmal unser Gast in der Sitzung war, begleitete mich.

Ashtar Sheran
Er ist das Haupt der Göttlichen Himmelsflotte, ein Weltenlehrer und der Führer einer Bruderschaft, die mit den Mitteln höchster technischer Vollendung im Universum missioniert, jedoch keinesfalls mit Feuer und Schwert. Dieses Portrait ist die mediale Zeichnung des Jenseitigen Lichtboten John Sheridan durch das Schreib- und Zeichenmedium Uwe Speer, angefertigt im Berliner Friedenskreis (1958-1975).

Oshur Shinar
Der Stützpunkt-Kommandant der Weltraumstation Share.
Das Portrait ist eine mediale Zeichnung des Jenseitigen Lichtboten John
Sheridan durch das Schreib- und Zeichenmedium Uwe Speer, angefertigt im
Berliner Friedenskreis (1958-1975).

Yuminale
von Alpha Centauri.
Eine mediale Zeichnung von Celaya Winkler, USA.

Der Lichtbote Argun
Ein Gottesbote aus der Jenseitigen Welt; der Geistige Führer des Medialen Forschungskreises Schwalenberg.
Eine mediale Zeichnung des Jenseitigen Lichtboten John Sheridan durch das Schreib- und Zeichenmedium Uwe Speer, angefertigt im Berliner Friedenskreis (1958-1975).

Der Lichtbote **Elias**
Ein Gottesbote aus der Jenseitigen Welt; der Geistige Führer des Spirituellen Forschungskreises Bad Salzuflen.
Eine mediale Zeichnung des Jenseitigen Lichtboten John Sheridan durch das Schreib- und Zeichenmedium Uwe Speer, angefertigt im Berliner Friedenskreis (1955).

Savitri

Barbara   Kevin

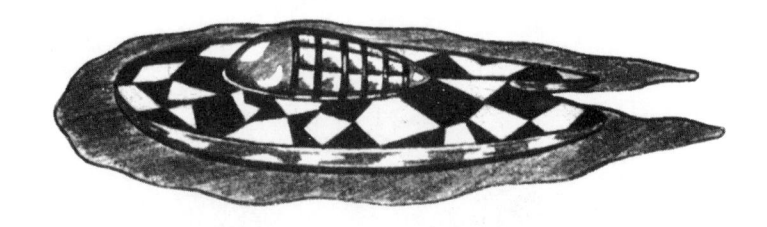

Eine **Vimana**

Ein Raumschiff, speziell für den Erdflug gebaut.
Eine mediale Zeichnung des Jenseitigen Lichtboten John Sheridan durch das Schreib- und Zeichenmedium Uwe Speer, angefertigt im Berliner Friedenskreis (1958-1975).

Die **Weltraumstation Share**

Diese Raumstation befindet sich in Erdnähe. Jede Kugel ist eine kleine Erde für sich und bietet 2ooo Menschen Raum mit allem Komfort. Von dieser Weltraumstation aus wird die Erde laufend beobachtet. Bei einem notwendigen Ortswechsel legen sich die Kugeln dicht aneinander.
Eine mediale Zeichnung des Lichtboten John Sheridan durch das Schreib- und Zeichenmedium Uwe Speer, angefertigt im Berliner Friedenskreis (1958-1975).

Metharia
Der Tempel.
Eine medial inspirierte Zeichnung von Barbara Kuhlmay (1994).

Während des gesamten Abends fühlte ich mich von der Geistigen Welt ganz besonders beschützt, geborgen. Alles wurde so geführt, daß ich mich am Sitzungsverlauf gar nicht groß zu beteiligen brauchte. Ich war sehr dankbar dafür.

Zum ersten Mal meldete sich heute in der Sitzung Zyndar schriftlich bei Savitri. "Du hast deine Aufgabe erkannt", schrieb er.

Sie hatte sie an unseren vergangenen beiden Meditationsabenden gesehen; es ging ebenfalls um den Aufbau des Lichtnetzes.

"Und ich werde oft an deiner Seite sein", schrieb er weiter.

Ein sehr inniges Erlebnis für Savitri, sie weinte und konnte vor Ergriffenheit kaum sprechen.

Es ist doch noch so viel mehr, wenn auf diesem direkten Wege etwas mitgeteilt wird.

*

Zwei Tage später fuhren wir zu einer Beerdigung. Der Schwiegervater meines Bruders war ins Geistige Reich hinübergegangen.

Ich hatte Angst vor dem großen Familientreffen und dachte, daß ich dies alles jetzt nicht aushalten könnte. Aber diese Sorge war völlig unbegründet. Savitri war noch immer da und fuhr kurz entschlossen mit mir ins Sauerland. Die Fahrt war anstrengend, es regnete ununterbrochen, nein es schüttete. Dort angekommen, gingen wir in ein Blumengeschäft, um zwei Grabsträuße zu kaufen. Beide hatten wir uns spontan für weiße Blumen entschieden. Die Blumenbinderin stellte die Blumen zusammen, wir besahen uns das Ganze, zogen leicht die Stirn in Falten, - nein, das war es noch nicht.

"Wollen wir vielleicht noch diese kleinen Santinis dazunehmen?", fragte die Floristin.

Savitri und ich zuckten automatisch zusammen und sahen uns an: "Santinis? - Natürlich nehmen wir die!"

"Ich wußte gar nicht, daß es Blumen gibt, die Santinis heißen", flüsterte ich Savitri zu.

"Vielleicht ist es ein Zeichen unserer Lieben, vielleicht sind sie hier", flüsterte sie zurück.

Na, das konnte ich mir nicht vorstellen. -

Der erste Strauß war fertig. Jetzt kam meiner an die Reihe.

"Soll der genauso aussehen?", fragte die Verkäuferin.

"Ja", meinte ich nur, fand aber, daß das Grün in dem fertigen Strauß viel zu üppig war. Aber ich sagte nichts, wir hatten ihre Nerven mit unseren Wünschen sowieso schon ziemlich strapaziert. Und da - als ob mir der Wunsch von den Augen abgelesen würde, wählte die Floristin nun hauchzartes, feines Grün, genauso, wie ich es mir gewünscht hatte. Der Strauß entsprach jetzt vollkommen meinen Vorstellungen. Ich war verblüfft.

"Ich sage doch, sie sind hier!", lachte Savitri leise.

Ja, in der Tat, sie schien recht zu haben. Ein kleiner Gruß von unseren Beiden, eine liebevolle Geste, die sagte: *wir sind immer bei euch.*

- Es ist kaum zu glauben, aber später stellten wir fest, daß diese kleinen, weißen flauschigen Blüten unter dem Namen "Santinis" in der Floristenbranche überhaupt nicht bekannt sind. -

Wir fuhren zum Gottesdienst, begrüßten vor der Kirche die Familie und setzten uns aus irgendeinem Grund abseits von allen, ganz hinten auf die letzte Bank. Erstaunt blickte ich nach ein paar Minuten Savitri an, die mich im gleichen Moment ebenso überrascht ansah.

"Oshur ist auch da?", fragte sie ungläubig.

"Ja", flüsterte ich ebenso fassungslos, "und Zyndar auch?"

"Ja!"

Es war wie im richtigen Leben, unsere beiden Männer begleiteten uns. Für alle anderen unsichtbar, waren sie jedoch für uns spürbar anwesend, sie saßen neben uns in dieser Kirche.

"Er ist im positiven Geistigen Reich", vernahm ich auf telepathischem Wege von Oshur.

Wir hatten nun die Gewißheit, daß die heimgegangene Seele nicht erdgebunden ist. Einmal meinte ich sogar, diese Seele selbst wahrgenommen zu haben, gelöst und voller Frieden.

Der irdische Tod - er ist nichts anderes, als das Heimgehen in die Herrlichkeit des Lichtes. Die Seele breitet die Flügel aus, um in das Reich Gottes zu schweben.

Nur wer durch den Tod gegangen ist, kann die Auferstehung feiern!

*

Inzwischen wischte ich immerzu an meinen Augen herum, weil sie ewig feucht und verklebt waren. Es wurde noch schlimmer, meine Augen tränten ununterbrochen. Dicke, zähflüssige Tränen sickerten unentwegt aus meinen Augenwinkeln, tagelang, wochenlang. Dachte ich zunächst, es wäre eine harmlose Entzündung, die in ein paar Tagen abgeklungen wäre, so mußte ich bald erkennen, daß es eine Reaktion meines Körpers auf all das Geschehene war. Eine Auswirkung der sehr schnellen Öffnung, denn es war einfach zu viel, was ich in der letzten Zeit alles zu verkraften hatte. Ganze zehn Wochen lang tränten meine Augen. Unentwegt und unaufhörlich. Endlose Wochen vergingen, in denen ich meine Umwelt voller Freude, aber nur unter tränenverschleiertem Blick wahrnehmen konnte.

Doch eine Zeit wie im Paradies begann.

Solange Savitri noch bei mir war, besuchten uns unsere beiden Zwillingsseelen jeden Tag in astralem Zustand, manchmal sogar mehrmals am Tag.

Savitri und ich gingen öfters ins Café, um unseren traditionellen Käsekuchen zu essen. Kaum hatten wir bestellt, trafen auf astralem Wege unsere Liebsten ein.

Wir erlebten eine unglaubliche Zeit miteinander. Sie schienen uns überallhin zu begleiten. Morgens meditierten sie mit uns und abends erschienen sie - unsichtbar wie immer -, aber rechtzeitig, um uns Gute Nacht zu wünschen. Sie kündigten sich stets mit einem telepathischen Bild an, sodann spürten wir die jetzt schon so vertraute Energie.

Als Savitri zurück nach Berlin mußte, fuhren wir frühzeitig los, um im Hotel, gegenüber vom Bahnhof, noch eine Kleinigkeit zu essen. Natürlich, unsere Santiner kamen auch. Da wir beide keine Uhren tragen, baten wir Zyndar und Oshur, uns doch bitte rechtzeitig Bescheid zu geben, irgendwie, damit Savitri ihren Zug nicht verpasse.

Wir aßen eine feine, überbackene Gemüseplatte, waren aber etwas traurig, daß wir uns nun für einige Zeit trennen mußten.

"Ich komme schon bald wieder", sagte Savitri aufmunternd.

Dann nahmen wir wahr, wie sich Zyndar und Oshur verabschiedeten, plötzlich waren sie weg.

"Es ist Zeit zu gehen", meinte ich seufzend.

Wir bezahlten und trotteten zum Bahnhof hinüber. Ein Blick auf die große Bahnhofsuhr - ja tatsächlich, in fünf Minuten würde der Intercity einlaufen. Wir umarmten uns, drückten uns, als wenn wir uns nie mehr wiedersehen würden.

"Bitte Vorsicht, die Türen schließen -", der schwere Zug setzte sich in Bewegung, wir winkten uns noch einmal zu, und dann stand ich mutterseelenallein auf dem Bahnsteig.

Lustlos fuhr ich mit dem Auto nach Hause, unterwegs kaufte ich noch kurz ein. Als ich gelangweilt an der Kasse stand - eine schier endlose Schlange war vor mir - spürte ich plötzlich wieder die vertraute Energie von Oshur. *Das kann doch nicht wahr sein*, dachte ich erfreut, *wie kann er dieses Gedränge ertragen?* Fassungslos lachte ich leise in mich hinein.

Zuhause angekommen, begrüßte mich Oshur auch dort schon wieder. Es war herrlich. Ich wünschte nur, die Verständigung wäre einfacher, besser, umfangreicher. Ich fühlte mich wie im Märchen. Jeden Tag dankte ich aus tiefstem Herzen, daß ich dieses alles so erleben durfte. Jetzt war alles anders. Jetzt war alles schön. Ich lebte nur noch für die gemeinsame Aufgabe, empfand große Freude, tiefe Liebe für alles und jeden. Wenn ich hinausging, strahlte ich all mein Licht, das ich zu geben vermochte, auf meine Umwelt, auf jeden Menschen, der mir begegnete. Sie sollten alle teilhaben an meinem Glück, ich wünschte mir, daß sie alle so etwas Schönes erlebten.

Alle Traurigkeit, die seit der Kindheit auf meiner Seele lastete, war verschwunden. Ich schwebte wie auf Wolken. Und ich spürte, daß eine ganz andere, eine viel größere Kraft von mir ausging. Menschen, die mir nahestanden, erzählten oft, daß sie mich in Meditationen sähen. Es war schön und geheimnisvoll. Ich dankte Gott für diesen Reichtum, für all die Herrlichkeit.

Oshur war oft bei mir, auch in den am wenigsten vermuteten Augenblicken. In den Kreissitzungen stand er fühlbar neben mir und hielt meine Hand. Ging ich einkaufen, streifte mein Blick oft "zufällig" einen ganz bestimmten Blumenstrauß. Es war dann so, als ob dieser eine spezielle Strauß ganz hell leuchtete. Ganz stark spürte ich, daß ich ihn kaufen "mußte". Meistens waren es dunkelrote Rosen, und ebenso sicher wußte ich jedesmal, daß es eine Inspiration von Oshur war. Auf seine Weise schenkte er mir Blumen, Rosen der Liebe. Es war überwältigend.

Kurze Zeit verging, dann war Savitri wieder da. Überhaupt sahen wir uns jetzt fast jedes Wochenende. Genauso wie Oshur hier bei mir, war Zyndar in Berlin ebenfalls oft an ihrer Seite. Wieder verlebten wir sehr schöne gemeinsame Tage, einen großen Teil sogar zu viert. Es war, als wenn wir frisch verheiratet wären, wir erlebten diese Zeit als regelrechten Honeymoon. Die Welt veränderte sich für Savitri und für mich. Dynamisch, und von stürmischem Temperament, wie wir beide sind, hatten wir die Verbindung beider Planeten, Metharia und Erde, schon längst geschaffen. Für uns gab es gar keine Trennung mehr.

Die Wochen vergingen, und wir waren fast unzertrennlich. Wieder einmal brachte ich Savitri zum Zug, als ich auf dem Bahnsteig zu ihr sagte: "Bleib doch einfach noch ein paar Tage. Wir machen das jetzt so wie in großen Liebesfilmen. Du steigst hier in den Zug ein, dann auf der anderen Seite wieder aus, und wenn der Zug abgefahren ist, erblicke ich dich zu meiner Überraschung auf der gegenüberliegenden Seite..."

Savitri sah mich hin- und hergerissen mit großen Augen an. Dann lief mit stählerner Würde der gewaltige weiße ICE ein. Wir verabschiedeten uns noch einmal, Savitri stieg ein, zwängte sich mit ihren beiden dicken Reisetaschen durch den Waggon, bis zum anderen Ende und - ich traute meinen Augen nicht - stieg dort, gerade als der Zug anrollte, wieder aus.

"Ich bin wieder da!", schrie sie vergnügt.

Lautstark lachend fielen wir uns in die Arme. Umherstehende Menschen schüttelten mit den Köpfen. Ja, so etwas bringt nur Savitri fertig. Oh, wie ich sie für diese Spontaneität liebte! Wir beide verlebten die glücklichste Zeit unseres Lebens: Lachend, singend, immer vergnügt, Pläne machend und uns auf unsere Arbeit, die Aufgabe freuend.

Trotzdem konnte ich alles noch immer nicht fassen. Ich war Yuminale. Ashtar Sheran, Amadia, Oshur, die ganzen familiären Verbindungen - jedesmal bebte wieder mein Herz, wenn ich mir dies alles bewußt machte. Es war alles so unglaublich. "Wir werden uns bald gegenüberstehen...", hatte Ashtar Sheran an meinem Geburtstag zu mir gesagt. Ich wußte, daß ich all das Geschehene erst erkennen mußte, bevor wir uns sehen würden.

Wann ist bald?, fragte ich ihn gedanklich. *Wenn du nicht mehr weinst,* meinte ich seine Antwort zu vernehmen. Ja, ich verstand. Ich wollte mich bemühen, aber es würde noch eine Weile dauern.

Eine Zeit der Veränderung begann. Ich spürte, wie ich mich innerlich und äußerlich zu verändern begann. Meine Gesichtszüge wurden weicher, auch wurden meine Gefühle noch viel sanfter. Selbst mein Körper schien sich zu verwandeln. Meine Augen wurden immer strahlender, und ich spürte die enorme Kraft, die ich ausstrahlte. *Sei dir deiner Größe bewußt*, hieß es in der Kristallbotschaft. *Welcher Größe?*, hatte ich mich derzeit gefragt, *wie soll man sich etwas bewußt werden, das man gar nicht kennt?*

Mein ganzes bisheriges Leben lang mußte ich kämpfen, um mich durchzusetzen. Und ich schaffte es Schritt für Schritt. Vor vielen Jahren schon hatte ich mir meinen beruflichen Weg im Bereich des Marketing geschaffen, ein Bereich, in dem ich ständig Gelegenheit dazu hatte. Lange Zeit schon verbrachte ich damit, mich zum einen in der Managerwelt durchzusetzen, zum anderen meine Kreativität, meine Ideen, die sich sehr von der üblichen Werbewelt unterschieden, überzeugend vorzubringen und zu verwirklichen. Und es gelang. Die Herausforderung, mich ständig neu zu behaupten, hörte zwar nie auf, aber ich hatte einen etablierten Platz, eine allgemeine Akzeptanz gefunden. Aus dem schüchternen kleinen Mädchen, das kaum sprach und niemals lachte, war eine Frau geworden, die mit beiden Beinen im Leben stand, selbstbewußt, stark, kreativ und einfühlsam, schon immer gern große Verantwortung übernehmend und Vertrauen ausstrahlend. Vor einigen Jahren hatte ich mich sogar selbständig gemacht, indem ich nun als Freiberufler arbeitete. Eine gewisse Souveränität und Gelassenheit entwickelte sich, und gleichzeitig brachte die freie Zeiteinteilung des Freelancer-Daseins auch die Möglichkeit, mich auf dem Gebiet der spirituellen Heilarbeit besser zu entfalten.

Dennoch, soweit ich mich in der Gesellschaft auch durchgesetzt hatte - ich hatte immer noch Probleme mit meinem persönlichen Ich, mich selbst anzunehmen, solange ich mich hier auf diesem Planeten Erde so fremd und fehlplaziert fühlte. Ich hatte ja die ganze Zeit ein dickes "Schuldpaket" mit mir herumgetragen, und dies hatte auch entsprechend mein Selbstbewußtsein geprägt. War mein Auftreten stets überzeugend und selbstsicher, so war meine Seelenkraft in diesem Maße nicht vorhanden. Ich mußte mich immer wieder selbst davon überzeugen, stark zu sein. Wirkte mein Auftreten auch sicher, meine Seele war es nicht. Wenn von hundert Menschen neunundneunzig meine Arbeit gut fanden und nur einer sie halbwegs schlecht benotete, orientierte ich mich dummerweise genau an diesem einen und fühlte mich dann wieder "immer noch nicht gut genug". Es stachelte mich jedesmal nur noch mehr an: *Du mußt noch besser werden!* Im allgemeinen hatte ich schon mein Leben lang den inneren Druck: *du darfst keine Fehler machen, unter keinen Umständen und niemals.* Und wenn nicht alle mich und meine Arbeit voll akzeptierten, dann war es, als ob ich etwas falsch, einen Fehler gemacht hätte.

Mit dem Wissen, wer ich war, wurde ich auch innerlich immer sicherer. Nun hatte ich zum ersten Mal die Gewißheit, daß ich für die Erfüllung einer Aufgabe hier war. In Erdenmission! Kein Schuldpaket! Wie dankbar war ich, wie glücklich, und welche Stärke kam nun zum Vorschein. Mit aller Kraft wollte ich nun wieder die werden, die ich auf Metharia war, die Kraft erreichen, die Ausstrahlung, die Schönheit, alles. *Sei dir deiner Größe bewußt...*

Meditativ hatte ich vor ein paar Tagen die Bedeutung des Namens Yuminale erfahren: Das Licht Gottes.

Ich war überwältigt.

Yuminale war mein eigentlicher Name, Oshea mein Missionsname. Dies mußte wohl so sein, damit eine bewußte Trennung zwischen dem Santinerdasein und diesem Erdenleben bestand.

Die Kraft der Namen war mir bekannt, und ich war sicher, daß ich bald wieder meine eigentliche Würde erreichen werde. Ich fühlte mich in irgendeiner Weise wichtig, gebraucht, für ein Dasein mit einem besonderen Auftrag, einer Aufgabe mit hoher Verantwortung. Viel hatte ich meinen Mitmenschen zu geben, wollte für sie dasein. Dies war eigentlich schon immer mein Bestreben, aber nun hatte ich noch viel mehr Kraft dazu. Ich war mir meiner selbst bewußt geworden. Was für ein Gefühl! Und ich wollte, geführt durch das positive Geistige Reich und die Santiner, Großes vollbringen, nicht für mich, aber im Auftrag und als "Werkzeug" für die positive Geistige Welt.

Mit noch mehr Freude ging ich an meine Arbeit. Immer mehr Menschen kamen mit ihren Sorgen, Ängsten und Problemen zu mir. Immer deutlicher spürte ich meine Kraft und wurde dadurch immer noch sicherer.

In den Geistheiler-Seminaren hatte ich auch gelernt, mit negativen Energien umzugehen, das heißt, Menschen, die von erdgebundenen Seelen - also Seelen, die nach ihrem irdischen Ableben nicht ins Licht gegangen sind, sondern erdgebunden in der Erdatmosphäre herumirren - besetzt waren, zu befreien. Und nun war es so, daß gerade in letzter Zeit sich diese Fälle zu häufen schienen.

Dort liegt eine Besetzung vor, hörte ich beim ersten Mal ganz deutlich eine laute Stimme während der Behandlung in meinem Inneren; sie schien im Herzen zu sein, im Kopf, ich kann es nicht beschreiben. Und es stimmte, es war die noch erdgebundene Seele des verstorbenen Großvaters der Klientin, die bei ihr war. Sie hatte ihn vor Jahren immer wieder gerufen, immer wieder, nicht ahnend, was sie damit hervorrief.

Nach und nach kamen immer öfter Menschen mit diesem Problem zu mir. In den meisten Fällen wußten sie selbst jedoch nichts davon. Sie fühlten nur, daß irgendetwas nicht in Ordnung war.

Auch in einer Sitzung wandte sich eine Protokolleserin mit diesem Problem an uns. Ein Geistwesen hatte sich bei dieser Frau festgesetzt, das sich offensichtlich gar nicht belehren ließ. Die Frau wurde von diesem Geistwesen angegriffen und fühlte sich sehr gequält. Schon einige Male war sie von verschiedenen Geistheilern behandelt, befreit worden, aber irgendwie schien sie sich immer wieder für diese erdgebundenen Seelen zu öffnen. Nun lehnte man eine weitere Behandlung ab, und sie war sehr rat- und hilflos - ein schwieriger Fall.

Als die Frage nach Hilfe unserem Lichtboten vorgelegt wurde, hörte ich in meinem Inneren schon die Antwort, synchron mit dem, was Ellen, unser Schreibmedium, dann vorlas: "Nun Oshea, kannst du helfen?"

Oh, dachte ich, *wenn die Geistige Welt es mir zutraut, dann würde ich es sicherlich können.* Und so bestätigte ich Argun: "Ja, ich glaube schon."

Ich freute mich über das Vertrauen der Geistigen Freunde, und ich wollte alles tun, damit sie immer gerne mit mir arbeiteten. Das war mein Dank an sie für alle die Geschenke des Erkennens, der Erinnerung; sie sollten niemals von mir enttäuscht sein, weil ich mich etwa nicht genügend einsetzte oder zu ihrer Unzufriedenheit arbeitete. Ein gewisser Übereifer entwickelte sich, jedoch einzig und allein aus meinem inneren Wunsch, darin meine Dankbarkeit und Freude zum Ausdruck zu bringen und zu helfen.

Fortwährend fanden unsere Kreissitzungen statt; wieder wurden Gäste zu uns geführt, und eines Tages wurde verkündet, daß der heutige Abend ein besonderer Abend sei. Die Besonderheit liege darin, teilte Argun mit, daß die anwesenden Gäste ebenfalls Aufgaben bekommen würden, und daß heute die Grundsteine für eine Zusammenarbeit in Bezug auf unser Konzept gelegt werden würden, das die Vorbereitung für das Leben auf der neuen Erde zum Inhalt hat, gelegt werden würden.

Die neue Erde - es geht also los. Ich freute mich sehr, alles schien dynamischer zu werden.

*

Die große Begegnung

Ich erwachte und erinnerte mich an einen schönen Traum. Ein Raumschiff, in dem Ashtar Sheran war, hatte mich abgeholt. "Wir werden uns bald gegenüberstehen...", hatte er bei meiner Einweihung geschrieben. Knapp sechs Wochen waren seitdem vergangen. *Wird es nun tatsächlich bald wahr werden? War es ein Ankündigungstraum?* Freudige, aber gelassene Erwartung erfüllte mich.

Zum Wochenende reiste Savitri an, wir waren einfach unzertrennlich. Der Ausdruck "Zwillinge" reichte für uns nicht aus, der Begriff "siamesische Zwillinge" läßt den Zustand unserer engen Verbindung am ehesten beschreiben.

Es war Abend, und eine irgendwie ahnungsvolle Stimmung ergriff uns. Unerklärlich, aber ausgesprochen schön, nahezu feierlich war es.

"Heute kommt etwas", meinte eine von uns.

"Ja, ich habe auch so ein Gefühl."

Wir waren beide sehr gespannt. Was es wohl sein mochte? Gemeinsam machten wir unsere Meditation und hatten beide das Gefühl, daß wieder viele Geistwesen anwesend seien. Zahllose Kerzen brannten, wir fühlten uns sehr wohl, geborgen, eingebettet in Liebe und Harmonie.

Irgendwie hatte ich plötzlich das Gefühl, daß wir heute "abgeholt" werden würden; ein kleiner Besuch im Raumschiff? Der Gedanke erschien mir dann wieder so absurd, daß ich ihn sogleich wieder verwarf. Doch immer wieder tauchte ein ganz sicheres Gefühl dafür auf. *Wir werden uns bald gegenüberstehen,* erinnerte ich mich wieder an die Botschaft. Dann mein Traum vor ein paar Tagen...

Nun, hatte ich damals angenommen, daß diese Begegnung auf astraler Ebene stattfinden würde, so war ich dessen bald danach längst nicht mehr so sicher. Es war bekannt, daß Besucher auch physisch mitgenommen wurden. Wie auch immer: Fühlte ich auf der einen Seite große innere Gewißheit, so blieb ich auf der anderen äußerst skeptisch und hielt es für unrealistisch.

Ich zog eine Engelkarte. Zu meiner Verblüffung bestätigte diese Karte wiederum mein Gefühl, doch abgeholt zu werden.

All diese Gedanken behielt ich zunächst für mich. *Savitri hält mich sicher für übergeschnappt, wenn ich ihr davon erzähle...* Aber auch sie war in tiefe Gedanken versunken. Irgendwann sprudelten wir dann beide unsere Gefühle und Ahnungen hervor. Auch sie hatte das starke Empfinden, daß wir beide von unseren Lieben abgeholt werden würden.

Wir waren sehr überrascht über die gleichen Gefühle, und es bestätigte uns gegenseitig in der Echteit derselben. Ja, ein innerer Druck war weg, als wir beide es ausgesprochen hatten; gespannt warteten wir auf das, was da kommen mochte. Jede für sich malte sich die Begegnung mit "ihnen" aus. Was für ein großes Zusammentreffen! Wir tauschten unsere gegenseitigen Eindrücke aus, schauten uns immer wieder fassungslos an.

Um die Gespanntheit zu lockern, meinte Savitri: "Sie stehen bestimmt gerade vor dem Spiegel und machen sich schön."

Wir mußten lachen und malten uns diese Szene, bewußt übertrieben, aus. Es war schon zehn Uhr abends.

"Wann wird es wohl soweit sein?"

"Bestimmt gegen Mitternacht."

"Wenn die Kerzen 'runtergebrannt sind."

Gebannt standen wir, Hand in Hand, am großen Balkonfenster und sahen aufmerksam und erwartungsvoll in den Himmel. Es war immer noch unfaßbar, was da auf uns zukam. Und es war kaum zu verkraften. Der längste, sehnsüchtigste Traum sollte sich endlich erfüllen. Ich erinnerte mich zurück an meine Kindheit, wie ich bei der ersten Mondlandung geweint hatte, als die tiefe Gewißheit in mir hochkam, daß ich niemals im Weltraum sein, niemals einen anderen Planeten betreten könnte.

Ich erinnerte mich an all die Jahre, in denen ich auf der Suche nach meiner Vergangenheit war. Und ich erinnerte mich an ein ganz intensives Traumerlebnis, das ich vor genau vier Jahren hatte:

Ich bin in einem Raum mit einem Mann, einem sehr schönen Mann, dunkelhaarig, mit ganz besonderen Augen. Irgendwie heißt es Abschied nehmen. Wir umarmen uns, ich liebe diesen Mann sehr, dennoch muß ich allen Mut zusammennehmen, als ich ihn nun bitte, ihn sehr eindringlich bitte, mich mitzunehmen.

"Bitte..., bitte nimm mich mit", sage ich fest.

"Ja!", sagt er, "ich werde dich mitnehmen."

Ich solle mich in den frühen Morgenstunden bereithalten. Dann geht er.

Ich denke, daß es heimlich geschehen wird, eine sogenannte Nacht- und Nebelaktion. Für meine Mitmenschen werde ich dann einfach verschwunden sein.

Dennoch bin ich verunsichert, *holt er mich wirklich? Oder hat er nur Ja gesagt, um mich zu beruhigen?*

Mit klopfendem Herzen stehe ich am nächsten Morgen bereit. Ich bin in einem langen, saalähnlichen Raum, der eine riesige Fensterfront hat, von der Decke bis zum Boden nur Glas. Gebannt schaue ich in den Himmel. Und dann... weit entfernt sehe ich ein Flugobjekt. Es kommt näher, und ich erkenne, daß es kein Flugzeug ist. Es ist ein sehr eckiges Fluggerät, kann in der Luft stehen bleiben, senkrecht auf- und abgehen. Und es strahlt vielerlei Farben aus. Das Flugobjekt besteht aus zwei Mittelteilen, die wie Kabinen aussehen, und zwei seitlichen Teilen, doch alle vier Teile schweben nur nebeneinander her, werden allein durch Gedankenkraft zusammengehalten.

Dann verändert es seine Form. Die Kabinen plazieren sich nun übereinander, ebenso postieren sich die äußeren Seitenteile nun oberhalb und unterhalb der einstigen Mittelteile. Alles geschieht wiederum nur durch reine Gedankenkraft. Es ist eine Demonstration für mich, die mir bestätigen soll, daß es sich um ein Raumschiff aus einer anderen Dimension handelt.

Zur Begrüßung fliegt es Kapriolen, atemberaubende Kunststücke, dicht vor meinem Fenster. Dann höre ich ein einrastendes Geräusch, es ist das Einklicken einer Verankerung. Eine riesige Landeplattform wird so vor der großen Fensterfront manifestiert und befestigt; materialisiert durch Gedankenenergie.

Tief bewegt hole ich meine Mutter und sage, vor Ergriffenheit kaum einen Ton hervorbringend: "Schau, sie kommen und holen mich nach Hause."

Ich kann es kaum fassen, daß sie mich so feierlich abholen, es ist ein sehr ehrenvolles Gefühl, genauso, als wenn ein roter Teppich ausgerollt würde. Ein tiefes, nie gekanntes Glücksgefühl durchrieselt und erfüllt mich. Endlich komme ich dorthin, wo ich hingehöre, zu denen, die mich lieben, kennen und verstehen, zu denen ich gehöre. Geborgen fühle ich mich, beschützt, angenommen. Es ist wie eine Erlösung.

Noch viele Tage nach dem damaligen Traum hielt das tiefe Glücksgefühl an. Und heute - sollte sich dieser Traum nun bewahrheiten? Ich lächelte bei den Gedanken an diesen Traum.

Noch immer standen wir am Fenster.

"Jetzt heben sie gleich das Dach ab", flüsterte Savitri.

Wie meint sie das wohl?, fragte ich mich. Ich hatte keine Ahnung, wie das Ganze vonstatten gehen sollte. *Wahrscheinlich durch einen Levitationsstrahl. Wieso sollten sie dann das Dach abheben?* Ach, ich wollte nicht spekulieren wie, wichtig war allein, daß...

Wir warteten und warteten. Aber es war anders als im Traum. Die Kerzen waren inzwischen heruntergebrannt. Mitternacht war auch vorbei. Und so langsam verschwand auch das sichere Gefühl einer tatsächlich bevorstehenden Abholung. Plötzlich war eine gähnende Leere da. Vielleicht ist etwas dazwischen gekommen? Vielleicht sind sie abberufen worden? ---

Ich war irritiert. Konnte man sich denn so täuschen? Woher kam denn dieses so sichere Gefühl vorhin? Vielleicht mußten wir nur genügend Geduld aufbringen!?

Inzwischen waren wir müde geworden. Aber ins Bett, das wollten wir noch nicht. So gut es eben ging, machten wir es uns im Wohnzimmer bequem, immer noch merkwürdig angerührt.

"Ich schlafe heute gar nicht", gähnte Savitri, indem sie sich hinlegte, "ich halte aus bis morgen früh, nur ein bißchen langmachen, ausstrecken, denn wenn..."

Ich traute meinen Ohren nicht. Sie hatte nicht einmal den Satz zu Ende gesprochen, und fing schon an, ganz leise vor sich hin zu schnarchen. Ich deckte sie zu und war verblüfft über diesen schnellen Tiefschlaf, die Worte des unbedingten Wachbleibens noch auf den Lippen. Auch das war typisch Savitri. Ich lächelte, doch dann quälten mich peinliche Gedanken. *Wie kamen wir nur zu unserer festen Überzeugung?*

Ich konnte lange nicht einschlafen und erwachte am Morgen mit den gleichen unangenehmen Gedanken, mit denen ich ein paar Stunden vorher eingeschlafen war. Innerlich stellte ich mir "schallendes Gelächter im Universum" vor, und Raumschiffe, die zu schwanken schienen, weil alle lachten - über uns!

Savitri ging es nicht anders. Wir analysierten noch einmal den gestrigen Abend, wie wir beide, unabhängig voneinander die gleichen Empfindungen und Gefühle hatten. Es schien uns unerklärlich. Dennoch, das 'Jetzt' war peinlich! Wir schämten uns in Grund und Boden.

"Es ist bestimmt nur etwas dazwischengekommen!", versuchten wir uns zu beruhigen. Aber zufrieden machte es uns nicht. Es war ein Rätsel auf der einen Seite, eine unangenehme Peinlichkeit auf der anderen.

*

"Sanai Tibara", das sind Worte, die eine uns durch die Kreisarbeit bekannte Frau, ebenfalls eine Santinerseele, in einer Meditation empfangen hatte. Als sie mich anrief und mir diese Worte mitteilte, spürte ich wieder diesen wehmütigen Schmerz im Herzen. Ganz tief wurde etwas angerührt. Ja, ich kannte diese Worte, verborgen in meinem Inneren, sie waren aus der Santinersprache und fühlbar von großer Bedeutung für mich.

Nachdem ich den Lichtboten Argun um Auskunft über die Bedeutung gefragt hatte und er zunächst nur mit einem "später..." antwortete, hüllte ich mich in die allgegenwärtige Geduld, wartete zwei oder drei Wochen und wagte dann noch einmal nachzufragen.

"Es gehört zu einem Gebet", war diesmal seine Antwort.

Ja, das wußte ich innerlich, ich hatte jedoch gehofft, noch Näheres darüber zu erfahren. Nun ja, es war eben nicht die richtige Zeit dazu. Ich würde warten können. -

In dieser Sitzung erzählte ich von meinem Erlebnis in der letzten Nacht. Etwa gegen vier Uhr morgens war ich aufgewacht, gut ausgeschlafen, voller Energie, ich konnte einfach nicht mehr einschlafen. Nachdem ich einige Zeit wachlag, kam ich zu dem Entschluß, diese Zeit sinnvoll zu nutzen und eine Lichtmeditation zu machen. Eine Lichtmeditation für all die Länder, in denen Krieg herrschte.

Einzeln ging ich verschiedene Länder durch.

In Südafrika gingen die Unruhen jetzt wieder besonders los, hatte ich gestern in den Nachrichten gehört. Als ich mich nun auf Südafrika konzentrierte, war es mir unmöglich, Licht dorthin zu senden. Immer wieder schoben sich gräßliche schwarze Schattengestalten davor und schienen alles abzuschirmen.

"Ich habe den Eindruck, daß sich die negative Seite nun besonders auf Südafrika konzentriert", sagte ich in der Sitzung. "Braut sich dort etwas zusammen, habe ich das richtig gesehen? Und sollen, können wir da nicht alle mit Lichtmeditationen die Santiner in ihrer Arbeit unterstützen?"

"Dieses ist sehr wichtig", antwortete Argun.

Es sollten sich alle daran beteiligen, zu einem festgelegten Zeitpunkt, so daß eine gemeinsame Energie hinausgehe. Täglich zwanzig Uhr fünfzehn wurde als Zeitpunkt von der Geistigen Welt vorgeschlagen.

Gleich am nächsten Tag, einem Samstagabend, machten Savitri und ich unsere erste gemeinsame Licht- und Friedensmeditation. Es war wie ein großes Eröffnungszeremoniell. Wir gestalteten alles ganz festlich, viele Kerzen brannten, und es war eine besonders schöne Atmosphäre. Feierlich begannen wir unsere Meditation.

Noch immer tränten unentwegt meine Augen, aber an diesen Zustand hatte ich mich bereits gewöhnt.

Ganz deutlich spürbar waren ebenfalls viele Geistwesen anwesend. Das allein schon machte die feierliche Stimmung aus. Grosse, tiefe Harmonie breitete sich aus, und es herrschte das Gefühl eines wirklichen Miteinanders. Ein Kreis wurde zwischen den Erdenmenschen, dem positiven Geistigen Reich und den Santinern geschlossen. Die Gemeinsamkeit der Aufgabe war so tief fühlbar, und der Raum war in hellstes Licht getaucht.

Vor meinem inneren Auge sah ich eine Pyramide und verstand, daß eine Lichtpyramide um die Erde manifestiert werden sollte.

Ich visualisierte eine Lichtpyramide, die den Erdball umschloß, und bat die Geistige Welt, diese nun zu manifestieren. Daraufhin sah ich zu meiner Überraschung eine riesige Himmlische Heerschar, herrlich und strahlend, angeführt vom Erzengel Michael. Sie schienen die Lichtpyramide zu manifestieren. Welch ein überwältigendes Bild!

Im Anschluß daran wurde mir geistig eine Kristallkugel überreicht und bedeutet, diese in mein Herzchakra zu nehmen und dann durch mein Herz dieses verstärkte Licht auf die Erde auszustrahlen.

Während der ganzen Meditation sah ich mich als Yuminale, von "außen" Licht auf die Erde strahlend, aus den Händen und aus dem Herzen.

Dann wurde mir ein runder Diamant in das dritte Auge gesetzt. *Dieser wird dein Licht noch verstärken und ebenfalls dein inneres Sehen,* hörte ich.

Savitri und ich beendeten die Lichtmeditation; still saßen wir noch immer vor unserem Altar. Eine gute halbe Stunde war inzwischen vergangen, unwillkürlich schloß ich wieder die Augen, um rückblickend noch einmal alles nachzuerleben.

Wie durch einen Zwang mußte ich die Augen plötzlich wieder öffnen und mein Blick wurde direkt auf das vor uns stehende Bild, das Jesus Christus darstellte, gelenkt: *Gehe deinen Weg, der mein Weg ist,* hörte ich die Stimme ganz tief in meinem Herzen.

Ich war wie elektrisiert, erstaunt und ganz tief ergriffen. Fassungslos bat ich um ein Symbol der Bestätigung dafür, daß das, was ich soeben vernahm, wirklich wahr war. Schimmernd und leuchtend nahm ich daraufhin wieder die aufwärtsschwingende goldene Spirale wahr, ein Symbol, das mir in Verbindung mit meiner Aufgabe immer wieder begegnete.

Eine weitere Bestätigung war die Vielfalt der Zahl Neun. In dem neben dem Christusbild stehenden Kristalleuchter spiegelten sich neun Kerzenflammen; blitzschnell rechnete ich das heutige Datum durch und entdeckte auch dort die Quersumme neun. Die

Neun! Es war insoweit eine tatsächliche Bestätigung, da die Vielzahl der Neun auch in einem früheren Christus-Erlebnis eine große Rolle gespielt hatte.

Der ganze Abend war so besonders und so ungewöhnlich, daß ich doch noch einmal in der Kreissitzung nachfragte, ob all das, was ich aus innerer Sicht gesehen und erlebt hatte, tatsächlich so geschehen sei, und ob die Botschaft, die ich vernommen hatte, tatebenfalls richtig sei.
"Nun, es ist so in Ordnung", bestätigte Argun, "auch die Botschaft ist richtig." Und er fuhr fort: "Dieses ist das, was Oshur angesprochen hat, die Zusammenarbeit mit den Santinern. Es ist wichtig für die Santiner, immer mehr Helfer auf der Erde zu bekommen. Diese Zusammenarbeit wird noch intensiver. Je mehr Menschen sich daran beteiligen, um so mehr haben die Santiner Kraft, dort einzuwirken."

*

Zwei Wochen waren erst seit unserem "denkwürdigen Abholerlebnis" vergangen, es war Samstagabend, ein Tag vor Ostern. Es ist kaum zu glauben, aber schon wieder bemächtigte sich unser das ganz sichere Gefühl: heute ist es soweit, heute kommen sie.
Nun, wir diskutierten lange, so etwas wie beim letzten Mal würde uns mit Sicherheit nicht noch einmal passieren. Aber wenn sie nun doch tatsächlich nur verhindert gewesen waren??? Zurückbeordert, weil etwas Wichtigeres anstand? Wir hatten natürlich volles Verständnis dafür, daß unser kleiner Ausflug in einem Raumschiff dann in den Hintergrund rückte. So wichtig nahmen wir uns schließlich nicht.
Doch immer stärker wurde die Gewißheit bei Savitri und mir, daß es nun heute doch soweit sei. Unabhängig voneinander hatten

wir wieder beide das untrügerische, sichere Gefühl, lange bevor wir es aussprachen.

Etwas war diesmal anders. Wir wußten, daß nur ich an Bord gehen sollte. Savitri würde zu einem späteren Zeitpunkt abgeholt werden. Auch diese Inspiration kam einzeln bei uns beiden an.

Savitri schrieb einen Brief an Zyndar, den sie mir für ihn mitgab, ich steckte vorsichtshalber meinen Lippenstift in die Tasche und einen kleinen, aber meinen liebsten und wertvollsten Kristall als Geschenk.

Ich wußte, wie schwer es für Savitri sein würde, hierzubleiben, warten zu müssen, doch sie sagte immer wieder, daß es in Ordnung sei, sie habe jetzt genügend Kraft und Geduld. Für mich war klar, wenn sie weinte, wenn ich merken würde, daß es ihr doch sehr schwer fiele, dann würde ich bleiben und darauf verzichten.

Diesmal allerdings würden wir nicht so erwartungsvoll und angespannt warten. Gelassenheit, gespielte Gelassenheit legten wir an den Tag. Wir überprüften immer wieder das Gefühl, waren beide kritisch, dennoch, das Empfinden sagte Ja. Natürlich zogen wir auch heute eine Engelkarte dazu. Und selbstverständlich bestätigte diese Karte uns. Sicherheitshalber zogen wir eine Stunde später noch einmal eine, und auch diese sagte eindeutig Ja. -

Wir warteten auch diesmal. Es geschah nichts. Sehr viel früher als beim letzten Mal veränderte sich plötzlich die Atmosphäre, und schlagartig war uns bewußt: jetzt wird es nichts mehr! Die Zeit dafür war irgendwie vorbei.

Nun, wir haben diesmal ja auch nicht so richtig gewartet, versicherten wir uns immer wieder selbst, um Haltung zu bewahren. Mit einem leeren Gefühl betrachteten wir uns noch einmal das Video, aufgenommen beim letzten Seminar in der Schweiz. Ich suchte die Stelle heraus, an der Ashtar Sheran sprach, eine Weile hörte ich zu, dann konnte ich mich nicht länger zusammenreißen. Unerbittlich fing ich an zu weinen. *Wie kann so etwas sein? Was geschieht da? Machen sie Witze mit uns?* Täuschten wir uns plötzlich so sehr in unseren Wahrnehmungen? Sie waren doch sonst immer zutreffend. *Wir werden uns bald gegenüberstehen..., hatte er doch auch gesagt, und unsere Abholgefühle, es waren doch eindeutig Inspirationen...*

Wir weinten beide, hielten uns in den Armen und weinten.

"Du bekommst heute nacht eine Botschaft", sagte Savitri beruhigend zu mir, "ich fühle das ganz stark."

Erschöpft von all der Anspannung, der Enttäuschung und der unendlichen Traurigkeit schliefen wir ein.

Verwirrt wachte ich mitten in der Nacht auf. Ja, ich hatte eine Botschaft bekommen. Erschrocken ließ ich den Traum noch einmal an mir vorüberziehen:

Ein Treffen mit Ashtar Sheran stand bevor, die Bilder zeigten, daß ich auf ihn wartete und auch er unterwegs war. Doch die negative Seite verhinderte es, indem sie ihn massiv angriff.

Ein zweites Treffen stand bevor, wieder wartete ich, wieder war er unterwegs und wieder wurde das Zusammentreffen von der negativen Seite mit einem entsetzlichen Anschlag auf ihn vereitelt.

Doch ich wußte, ihm kann nichts passieren, Ashtar Sheran schafft es immer! Und ich wußte, daß ein drittes Treffen bevorsteht.---

Benommen stand ich auf. Savitri war ebenfalls wach, auch sie war bleich. Ich erzählte ihr meinen Traum.

"Ich habe auch eine Traumbotschaft erhalten", sagte sie. "Zusammen mit Oshur mußte ich gegen die negative Seite kämpfen. Ich stand immer vor ihm, es war, als müßte ich ihn schützen, zurückhalten."

Schlafen konnten wir so gut wie nicht mehr. Den Tag über waren wir ganz still. Aber eines war klar, wie stark auch immer ein sicheres Gefühl da sein würde - warten würden wir nicht mehr, nie wieder! Auf keinen Fall wollten wir sie in irgendeine Gefahr bringen, nur weil uns endlich ein langersehnter Wunsch erfüllt werden sollte. Und noch lächerlicher machen wollten wir uns auch nicht.

*

Die Tage vergingen und in der nächsten Sitzung meldete sich Oshur auch wieder. Auf meine Frage zur momentanen Weltsituation, und wie wir sie, die Santiner, noch besser unterstützen können, lautete seine geschriebene Botschaft: "Indem uns viele positive Gedanken zugesandt werden und indem wir mehr in das Bewußtsein der Menschen gerückt werden. Die Lage auf eurem Planeten ist sehr dunkel. Es werden weiterhin viele Kriege aufflackern, wo einer einschläft, da werden zwei neue entstehen. Wichtig für die Erdenmenschheit ist, sich durch diese Nachrichten nicht unterkriegen zu lassen, sondern verstärkt Positives auszustrahlen und für sich selber immer mehr auf die positiven Führungen zu achten."

Überraschenderweise zog er nun in großen, bedeutungsvollen Zügen den Bleistift über das Papier und fertigte eine Zeichnung an. Er malte in groben Strichen ein Raumschiff, zwei Köpfe schienen in der Glaskuppel sichtbar zu sein, und er umschrieb das Bild mit "meine Vimana".

Ein wahres Geschenk, mein Herz hüpfte vor Freude. Also doch Abholung, irgendwann einmal...!

Bald... - die Zeit im Universum ist eben doch eine gänzlich andere als hier bei uns.

Ein Gast, der heute unserer Sitzung beiwohnte, betrachtete die Zeichnung und meinte lächelnd: "Seid ihr beide das?"

"Wahrscheinlich", murmelte ich abwesend mit einem ganz tiefen inneren Glücksgefühl.

Zu meiner Überraschung machte Oshur mir noch ein weiteres Geschenk:
"Der Begriff dieses Gebetes, Sanai Tibara", schrieb er, "bedeutet einen allumfassenden Segen. Du hast ihn schon oft gesprochen..."

*

Die Hölle auf Erden?

"Die große Begegnung", geschrieben von Herbert Viktor Speer, dem Gründer des damaligen Berliner Friedenskreises, dessen Erbe unser Kreis damals, zwölf Jahre bevor er sich teilte, sozusagen übernommen hatte, lag vor mir. Von zwei verschiedenen Seiten war dieses Werk gerade in den letzten Tagen an mich herangetragen worden, obwohl ich es schon seit etwa vier Monaten selbst besaß. Zum Lesen war ich bisher nicht gekommen, aber nun hatte ich den starken Wunsch, mich endlich damit zu befassen. Daß mir nun gleich zwei Menschen ein kopiertes Exemplar von dieser schriftlichen Ausarbeitung brachten, bestätigte mein Gefühl, daß es wichtig sei, und jetzt genau der richtige Zeitpunkt dafür wäre.

Herbert Viktor Speer, der bereits wieder ins Geistige Reich zurückgekehrt ist, und sich nun unter seinem geistigen Ordensnamen Amendon meldet, schilderte damals in seiner "großen Begegnung", die ganz anderer Art war, wie der für ihn zunächst unglaubliche, unfaßbare mediale Kontakt zur Jenseitigen Welt zustande kam, was er alles erlebte, welchen schweren Prüfungen er unterzogen wurde, vor allem beschrieb er seine erschütternde Begegnung mit der negativen Seite: Dramatisch, beeindruckend, nahezu unglaublich, doch fesselnd und sehr überzeugend.

Gebannt las ich Zeile für Zeile bis tief in die Nacht. Ich konnte das Schriftwerk, das bisher leider nicht veröffentlicht worden ist, nicht aus der Hand legen. Immer wieder hatte ich das Gefühl, ab und zu seine Präsenz zu spüren. Ja, es hatte bestimmt seine Bewandtnis, daß ich dieses jetzt las. "Das muß veröffentlicht werden!", sagte ich mir. *Es ist eine so wichtige Botschaft für die Menschheit.* Alle, die nicht an den Teufel glauben, würden hier eindrücklich erleben, wie die tatsächliche Wahrheit aussieht. Und so leicht würde ein "Ungläubiger", der dieses erst einmal gelesen hat, bestimmt nicht mehr behaupten, daß Satan ein Ammenmärchen sei.

Auch Savitri, die dieses schon vor längerer Zeit gelesen hatte, war begeistert davon und sagte: "Das sag ich doch schon immer, daß dieses Manuskript endlich veröffentlicht, herausgebracht werden muß!"

Nun, wir würden sehen, es könnte der Beginn unserer Arbeit sein.

Mittlerweile stand Savitris Geburtstag kurz bevor.

Es war Freitag, später Nachmittag schon, und bald würde ich zur Sitzung fahren. Ungewöhnlicherweise arbeitete ich heute bis zur letzten Minute am Schreibtisch, bastelte an einer riesigen, überdimensionalen Glückwunsch- und Einladungskarte für das Musical "Das Phantom der Oper". Auf die Sitzung freute ich mich diesmal ganz besonders, zwei Wochen war sie schon wegen Vollmond ausgefallen. Jetzt endlich wieder - welche Freude!

Vom Schreibtisch aus bedachte ich ständig mit einem Seitenblick die Uhr und registrierte jedesmal ganz bewußt die Zeit. Um halb sieben fuhr ich gewöhnlich los, um eine halbe Stunde vor Sitzungsbeginn da zu sein.

Ich sah auf die Uhr: 17:3o Uhr. "Gut, da habe ich noch eine gute Stunde Zeit", sagte ich mir. Bald sah ich wieder auf die Uhr: 18:oo Uhr. Es wurde 18:3o Uhr. *Ja, du hast noch genügend Zeit!* Es wurde viertel vor sieben..., sieben..., halb acht.

Jetzt muß ich los! Und es schien alles ganz normal. Gewöhnlich bin ich zu dieser Zeit schon in Schwalenberg, doch ich war der festen Meinung, noch eine ganze Stunde Zeit zu haben.

Ich setzte mich ins Auto, fuhr noch einen Umweg zur Post, tankte anschließend in aller Seelenruhe und fuhr dann ganz gemütlich, für meine Verhältnisse extrem langsam, aber voller Freude in Richtung Schwalenberg zu unserem Sitzungstreffpunkt. Im Auto sah ich immer wieder auf die Uhr am Armaturenbrett, 19:4o..., 19:45..., 19:55 Uhr, und so weiter. Eine ganz bestimmte Ampel, die bisher immer rot war, war diesmal grün. Ich registrierte dies mit Erstaunen und war noch verblüffter, als die Ampel plötzlich total ausschaltete, kein Rot, kein Gelb, kein Grün.

Ach ja, um acht Uhr werden viele kleine Ampeln abgeschaltet. Eigenartig, daß ich das noch nie gesehen habe, ich bin doch immer zur gleichen Zeit hier...

Nun, ich fuhr weiter. Ich selber trage nie eine Uhr, habe aber ein sehr gutes Zeitgefühl und schaue daher auch niemals so oft auf die Uhr wie an diesem Abend. Es kam mir schon merkwürdig vor, fast wie ein Zwang. Aber ich beachtete es nicht weiter. Wieder blickte ich auf die Uhr am Armaturenbrett: 2o:o9 Uhr. Alles in Ordnung. Im nächsten Augenblick sah ich zufällig eine Kirchturmuhr: 2o:1o Uhr! --- *...2o:1o Uhr???* In diesem Moment zuckte ich zusammen, irgendetwas war nicht in Ordnung. Ganz verwirrt war ich. *Um acht Uhr beginnt doch die Sitzung, es ist schon zehn nach, wieso sitze ich jetzt noch hier im Auto?* Schnell überschlug ich, daß ich noch eine gute halbe Stunde unterwegs sein würde. *Viel zu spät! Wie konnte das geschehen???*

Meine Güte, und das passierte mir! Wo ich doch die Pünktlichkeit in Person bin. *Was ist hier los? Ich habe doch nahezu unentwegt auf die Uhr gesehen!* In Gedanken ging ich die letzten beiden Stunden noch einmal durch. *Wieso habe ich das nicht gemerkt? Da stimmt doch etwas nicht!* Oh, war mir das peinlich. *Muß mir das peinlich sein? Ist es vielleicht sogar so geführt? - Warum? - Soll ich den Anfang der Sitzung nicht mitbekommen? Warum? - Wollen sie mich nicht dabei haben? Warum?* - Nein, das ergab alles keinen Sinn. Also, was war das?

Jedenfalls gab ich erst einmal ordentlich Gas.

Genau eine Stunde später als gewöhnlich traf ich ein. Alle hatten gewartet und noch nicht mit der Sitzung begonnen. Zu meiner Überraschung waren auch drei Gäste anwesend. Ich hätte im Erdboden versinken mögen. *Und erst all die Geistwesen, die auch warten...*

Als ich den Raum betrat, empfand ich sogleich eine leicht unangenehme Schwingung. Doch aufgrund der ganzen Verwirrung und meiner stammelnden Entschuldigung, ich könne das nicht erklären, nahm ich alles zunächst nur unbewußt wahr.

Wir eröffneten die Sitzung, ich brachte peinlich berührt eine Entschuldigung auch an unsere Geistigen Freunde hervor - und war dann ganz erleichtert über Arguns Worte: "Meine liebe Oshea, wir waren auch nicht pünktlicher. Ich hatte noch eine Besprechung mit Elias."

Es war also doch so geführt. Oh, war ich froh. Dennoch ging mir kurz ein *"merkwürdig..."* durch den Kopf. Irgendwie fühlte ich mich nicht ganz wohl.

"Argun", fragte ich später, "ich bin neulich mit den Worten "omen nei u yen" aufgewacht. Ich weiß noch, daß ich eigentlich etwas ganz anderes sagen wollte, ich hörte den Santinergruß "sul inat is nit othen" und wollte ihn erwidernd aussprechen, doch dann kamen mir von ganz alleine diese Worte über die Lippen. Ich war ganz verwundert. Ist es die Antwort auf den Santinergruß?"

Zu meiner großen Verwunderung und Überraschung erfolgte ein Schriftwechsel, und Oshur meldete sich. *Seltsam*, dachte ich, *normalerweise fühle ich doch vorher, wenn er da ist, und er macht sich immer irgendwie bemerkbar, außerdem spüre ich dann jedesmal eine überwältigende Freude, seine Freude.* Heute war das alles anders, kühler. Na ja, ich war wohl noch ganz durcheinander von der Hetze.

Oshur schrieb auf meine Frage nach den Worten "omen nei u yen": "Ich begrüßte dich und du hast mir geantwortet."

Was für ein schönes Erlebnis, mit dem Santinergruß geweckt zu werden und dann die tief in der Seele schlummernden Worte auszusprechen, die dem Bewußtsein bis dahin verborgen waren.

Oshur schrieb noch einiges zur weltpolitischen Lage und bekräftigte noch einmal, wie wichtig unsere regelmäßigen Licht- und Friedensmeditationen seien.

Ich war verwirrt über das sachliche Gefühl, die nüchterne, distanzierte Atmosphäre. Irgendetwas war nicht in Ordnung. Kurz hatte ich das Gefühl, daß er es gar nicht wäre. Ich überprüfte alles noch einmal, doch den Worten nach, der Art nach, - ja, er war es. *Was ist bloß heute los?*

Einer unserer Gäste war mir aufgefallen. Von dort ausgehend spürte ich ein leichtes, unbegründetes Unbehagen. Ich beobachtete und registrierte einiges, aber zunächst mehr unbewußt, weil ich mich auf den Sitzungsablauf konzentrierte. Jedoch merkte ich, wie ich deutlich auf Distanz ging, ganz automatisch.

Es war diesmal gar keine schöne Sitzung. Alles schien merkwürdig.

Mit einem dumpfen Gefühl fuhr ich nach Hause. Auch hier änderte sich die Stimmung nicht. Ich dachte über den Abend nach, über mein Zuspätkommen. *Wie leicht ist man derart zu beeinflussen!* Ich bin bestimmt sehr aufmerksam, aber hier hatte ich nicht die geringste Chance etwas zu merken. Und dies war eine Beeinflussung vom Positiven! Wir alle wissen, daß die negative Seite uns ebenfalls ständig versucht zu beeinflussen. Ich wagte gar nicht auszudenken, wie das sein könnte, wenn die andere Seite uns dermassen beeinflußt, durch Vorspiegelung falscher Tatsachen. Es wird etwas aufgesetzt, suggeriert, so perfekt, daß die Wahrheit nicht mehr wahrnehmbar ist.

Nachdenklich ging ich ins Bett. *Warum nur war Oshur so kühl?* In solchen Situationen kommt in mir leicht die alte Angst hoch, nicht geliebt zu werden. Ich wußte, daß es nicht so ist, daß es tatsächlich ein altes Denkmuster war. Dennoch, die quälenden Gedanken wurden regelrecht in meinen Kopf katapultiert. Grübelnd schlief ich ein und träumte dazu noch entsetzlich. Auch das noch! Der Traum, es sollte wohl eine Botschaft sein, eine Erinnerung an eine astrale Begegnung, spiegelte mir eine Situation vor, ganz echt, wirklichkeitsgetreu, ganz deutlich, aber --- es konnte einfach nicht stimmen!

In dieser Erinnerung befand ich mich in einem Raumschiff oder auf Share, der Weltraumstation. Ich arbeitete dort neben Oshur an Schalttafeln und Computern. Es war eine unerträgliche Atmosphäre, eine nicht auszuhaltende Disharmonie lag in diesem Raum, so, als wenn man auf dem sprichwörtlichen Pulverfaß sitzt. Oshur schien so viel Zorn und Unbeherrschtheit von sich zu schleudern, daß ich kaum zu atmen wagte. Geduckt, so als wenn man sich unsichtbar machen will, verrichtete ich still meine Arbeit und hatte Angst, auch nur den kleinsten Fehler zu machen, weil er sodann bestimmt explodieren würde. Es war eine unerträgliche, demütigende Situation.

Ruckartig wachte ich auf, ich fühlte mich elend. Es traf den empfindsamsten Punkt meiner Seele. *Nein! Niemals! Das kann nicht sein!* Schon einige Male hatte ich mich an astrale Begegnungen erinnern dürfen, es waren ausschließlich harmonische, schöne Begegnungen. Aber diese hier war ganz anders. Es war ein schlecht inszeniertes Schmierentheater, eine negative Beeinflussung, das war sicher. So realistisch es auch wirkte, ich konnte mich ganz fest auf mein Gefühl und mein inneres Wissen verlassen: *Das kann nicht sein. So ist Oshur nicht, so etwas würde niemals geschehen.* Das war allzu irdisch! Hier auf Erden gibt es immer wieder Reibungspunkte in jedem Bereich des Lebens, im Miteinander. Aber Santiner haben ihre Gefühle vollkommen im Griff. Solche Unbeherrschtheiten gibt es dort nicht. Santiner haben die Fähigkeit, die Schwingungen der anderen Seele sofort zu erfassen und somit ist das Entstehen von Reibungspunkten von vornherein ausgeschlossen.

Es war eine negative Beeinflussung, um meine Seele zu quälen. Aber ich ließ es nicht zu und wies das Ganze weit von mir.

Gut, daß ich am Abend vorher das eindrückliche Erlebnis mit der "Zeitverschiebung" hatte, ansonsten hätte ich so etwas nicht für möglich gehalten. Es war wie eine Vorwarnung, für die ich sehr dankbar war.

Ich dachte noch einmal über den gestrigen Abend nach und kam immer wieder zu dem Schluß: *Da stimmt etwas nicht! Was ist es bloß?* Argun hatte gesagt, daß er eine Besprechung mit Elias hatte, deshalb die Verspätung. Das allein war schon merkwürdig genug; Argun würde doch sicherlich günstigere Zeitpunkte finden, um mit Elias zu sprechen. *War es ein Zeichen?* - Es war ein Zeichen!
Waltraud rief mich an, ihr ging es ebenfalls nicht gut. Ich stellte einige Fragen, seit wann sie sich so fühle, was es wäre, und wieder fand ich meinen Eindruck bestätigt, daß wirklich etwas nicht stimmte, die Sitzung war nicht in Ordnung.
"Zufällig" ergab sich ein Telefonat mit Ellen, wir besprachen verschiedene "Besonderheiten" unseres Gastes und stellten immer mehr Merkwürdiges fest. Immer deutlicher wurde das Bild, wir hatten einen geistigen Angriff von der "anderen" Seite mitbekommen, - durch einen Menschen, der gar nichts davon wußte und niemals diese Absicht hatte - einen Menschen, der als Träger von negativer Seite benutzt worden war.
In vielen Einzelheiten, weiteren Hinweisen und Inspirationen ergab sich nach und nach ein vollständiges Bild - und auch das, was zu tun war.
An diesem Abend fand im anderen Kreis eine Sitzung mit dem Lichtboten Elias statt, an der ungewöhnlicherweise einige unserer Kreismitglieder ebenfalls teilnahmen. Ob Ellen und ich auch kommen durften, war noch nicht klar. Wir fragten Edeltraud, das Medium, mit dem Elias arbeitet, und sagten ihr nur, daß es wegen unserer gestrigen Sitzung wichtig wäre. Wir wollten hören, ob unsere Annahmen richtig seien.

Aber Edeltraud entschied sich für Nein. Keine Teilnahme! Wir waren nicht traurig darüber, da wir wußten, daß sie von Elias inspiriert wird und es nicht persönlich gemeint war. Im Gegenteil, es war ein Zeichen, daß ich mich jetzt tatsächlich um diese Seelenbesetzung kümmern sollte, sie befreien sollte.

Ich wußte, diesmal war es schwieriger als sonst. Waren es bisher nur "verirrte" Seelen, von denen ich die Menschen befreite, diesmal war es ein bewußter Angriff Negativer auf unseren Kreis. Ich rief Savitri an, wir wollten gemeinsam arbeiten. Telefonisch gab ich ihr alles durch, wir verabredeten die Zeit und arbeiteten gemeinsam, wenn auch räumlich getrennt.

Bestätigend für uns stellten wir im Anschluß Dinge fest, die wir synchron erlebten. Auch die Arbeit beendeten wir beide unabhängig voneinander zur gleichen Zeit - eine gute Zusammenarbeit, eine perfekte Übereinstimmung.

Einige Tage später war Savitri wieder hier bei mir, und wir setzten unsere Arbeit gleich fort. Von allen Seiten kamen Hilferufe und Anfragen zu uns oder an den Kreis, wo es sich um Angriffe vom Negativen handelte, um Besetzungen, wo man um Hilfe bat.

Ein fünfzehnjähriger Junge war wieder einmal von der Sonderschule geflogen, nachdem er schon in vielen Schulen und Heimen das gleiche erlebt hatte. Er war aufsässig und gewalttätig und eindeutig besetzt vom Negativen. Die häuslichen, familiären Umstände waren ein weiteres Problem. Niemand wollte den Jungen haben, er sollte in ein geschlossenes Heim.

Als wir ihn in Zusammenarbeit mit den Geistigen Helfern von der Besetzung befreit hatten, ergaben sich nur kurze Zeit später auf wunderbare Weise viele positive Veränderungen. Er wurde wieder in die bisherige Schule aufgenommen, auch die familiären Bedingungen wandelten sich, und es entwickelten sich neue Wege und Möglichkeiten.

Den Menschen, die nichts von negativen Besetzungen wissen, erscheinen solche plötzlichen Veränderungen sodann wie Wunder.

Wir waren sehr zufrieden, erleichtert und freuten uns sehr über die positive Wandlung.

In der Nacht nach dieser Arbeit jedoch wurden Savitri und ich aufs heftigste angegriffen. Beim Zubettgehen fühlten wir uns schon mulmig. Wir räucherten die Wohnung mit Weihrauch aus, visualisierten Licht und immer wieder Licht, manifestierten einen geistigen Lichtkreis um unser Haus. Aber es wollte kaum gelingen. Wieder übereinstimmend hatten wir an der gleichen Stelle Probleme, den Lichtkreis zu schließen. Schwarze "Monster" schienen sich vor meinem Balkon zu lümmeln und ließen sich kaum zurückdrängen.

Mit Grauen erinnerte ich mich an die entsetzlichen Angriffe, die ich vor ein paar Jahren so quälend und fürchterlich erlebt hatte. *Daß das nur nicht wieder losgeht!* Aber nein, wir waren ja geschützt. Die Geistige Welt stand hinter uns, wir arbeiteten ja in ihrem Auftrag und mit ihnen zusammen. Die Harmagedonschlacht war also eine tatsächliche Schlacht.

Wir hüllten weiterhin alles in Licht, Savitri sang Mantras. Erschöpft schliefen wir irgendwann ein.

Vor dem Einschlafen hatten wir verabredet, daß, sobald eine merkt, daß die andere tatsächlich angegriffen werden sollte, diese sie wachrütteln und nicht wieder einschlafen lassen sollte. Und schon geschah es. Mitten im Schlaf warf sich eine erschreckende schwarze Ungestalt auf mich, zerrte wild und wütend an meinem Kopf. Ich wehrte mich und rief in Gedanken nach Savitri. Sofort, wie auf Kommando war sie wach, rüttelte mich wach und sagte beruhigend: "Es ist alles gut, ist doch gut...", sie fiel sogleich aufs Kissen zurück und die regelmäßigen Atemzüge sagten mir, daß sie schon wieder schlief.

Ich war wütend. *Wie kann sie sagen, daß alles gut ist, wenn ich gerade einen entsetzlichen, grauenhaften Angriff erlebt habe, und wie kann sie in der gleichen Minute wieder einschlafen!?*

Ich selbst schlief erst wieder gegen Morgen ein.

Nach dem Aufstehen sprachen wir über diese seltsame Nacht, Savitri konnte sich kaum erinnern.

Etwas später bekam ich plötzlich das Gefühl, ich müsse sie unbedingt mit Reiki behandeln, sofort.

Ich bereitete alles vor, und während ich mit der Behandlung begann, streifte mein Blick "zufällig" das Bild von Ashtar Sheran. *Es kommt eine schwere Aufgabe auf dich zu,* vernahm ich überrascht seine Worte in meinem Herzen.

Ja, diese Behandlung war ungewöhnlich, ich mußte immer und immer wieder negative Energien abstreifen. Bei meiner Arbeit nehme ich das innere Sehen, auch das Aurasehen zur Hilfe, und nun stellte ich fest, daß sich in ihrem Unterleib ein handgroßes schwarzes eiförmiges Ding befand. Es handelte sich hier um keine materielle Wahrnehmung, vielmehr war dieses schwarze Ei eine energetische Manifestation.

Geistig öffnete ich es vorsichtig, um zu erkennen, um was es sich handelte. Doch sofort verschloß ich das Ei wieder, denn in seinem Inneren schwappte eine schwarze, zähflüssige, übelriechende Suppe. Du liebe Zeit, so etwas hatte ich noch nie erlebt!

Geistig entfernte ich mühselig das Ei, reinigte Körper und Aura immer wieder mit Licht. Ich bat die Geistigen Helfer um starke Inspiration und Hilfe, damit ich wirklich nichts übersähe. Dann endlich war es geschafft.

Wir besprachen alles und waren sehr ernst.

"Dieses Ei muß heute nacht eingepflanzt worden sein."

Deswegen wohl war Savitri sofort wieder eingeschlafen. Man kann sagen, daß sie regelrecht "eingeschläfert" worden war.

Eigentlich wollten wir in diesen Tagen nach Hamburg fahren, um uns "Das Phantom der Oper" anzusehen, aber wir bekamen keine Karten. Was wir auch versuchten, es wollte einfach nicht glücken. Inzwischen schienen wir unser eigenes Phantom zu haben.

Mit Spannung erwarteten wir die nächste Sitzung. Argun eröffnete den Abend sogleich mit den Worten, daß der letzte Freitag, der negative Angriff auf den Kreis, eine Prüfung gewesen sei.

Ich erzählte von dem Erlebten der vergangenen Woche, von den Empfindungen, und fragte auch noch einmal, ob mein Traumerlebnis mit Oshur tatsächlich eine negative Beeinflussung war.

"Nun", antwortete Argun, "der Freitag war nicht nur eine Prüfung für dich, sondern auch für jeden hier im Kreis, und auch für uns aus dem Geistigen Reich. Die Empfindungen waren richtig, und die Hinweise wurden erkannt. Der Traum war eine negative Beeinflussung, das heißt, nicht eine Beeinflussung, sondern eine versuchte Beeinflussung."

Eine versuchte Beeinflussung..., natürlich, es war ja nicht gelungen, weil ich es nicht angenommen, sondern gleich weit von mir gewiesen hatte.

Ich fragte weiter, ob der nächtliche Angriff auf Savitri und mich zugelassen worden war, um uns zu prüfen und ob die Feststellung des "implantierten Eies" bei Savitri ebenfalls richtig gesehen worden ist.

"Nun, auch dieses gehörte dazu", sagte Argun. Und weiter: "Wir haben schon am Anfang des Jahres gesagt, seid wachsam. Die andere Seite ist sehr aufmerksam geworden. - Es ist in Ordnung so."

Aber vieles war bald nicht mehr in Ordnung. Seitdem Savitri und ich nun gemeinsam arbeiteten, kam es immer wieder zu extremen Spannungen. Meistens waren es Kleinigkeiten, die ein dramatisches Ausmaß annahmen. Wenn wir später wieder normal miteinander reden konnten, kamen wir zu dem Ergebnis, daß die Negativen uns auseinanderbringen wollten. Aber jedes Mal fielen wir wieder darauf herein und hatten viel Mühe, unseren harmonischen Ausgangspunkt, der ja so etwas Tiefes, so etwas Besonderes war, wiederzufinden. Hatten wir es geschafft, umarmten wir uns stundenlang ganz fest und fühlten gegenseitig den tiefen, inneren

Schmerz des anderen. Der negativen Seite mußte viel daran liegen, uns auseinanderzubringen. Nie wieder sollte es geschehen! "Sie wollen nicht, daß wir zusammenarbeiten. Aber wir sind stark. Uns zu trennen, das schaffen sie nicht!"

"Ist es richtig, Argun", fragte ich, "daß sie Savitri und mich angreifen, indem sie versuchen, unsere Freundschaft zu zersplittern?"

Ja, er bestätigte es: "Sie versuchen euch auseinanderzubringen und benutzen dort ganz geschickt einzelne Punkte. Sie sind in einer sehr aktiven Phase. Achtet bei der Arbeit darauf, daß ihr beide euch in einer völligen Harmonie befindet. Und laßt euch Zeit damit, es geht sonst an die Substanz. Zu beachten ist auch, daß die Energien immer völlig aufgelöst, umgewandelt werden. Und was diesen Seelen auch sehr ans Herz gelegt werden sollte, ist, daß sie sich schützen müssen."

Wir bekamen noch Anweisungen, wie wir vorgehen sollten, wenn wir getrennt, also von unseren verschiedenen Wohnungen aus, arbeiteten.

Noch einmal sprachen wir über den Gast der vergangenen Sitzung, womit alles anfing. Jemand meinte: "Wo kann das Negative denn Einlaß finden, wenn doch auch Schutz da ist?"

"Der Einlaß ist die Angst", schrieb Argun in seiner Botschaft, "Ängste öffnen Türen. Auch wenn man sich selbst oft schützt, so sollte doch auch das Vertrauen in den Schutz da sein."

Er bestätigte abschließend, daß die Seele die Hilfe angenommen hätte. Das wenigstens war beruhigend, so hatte sich doch alles gelohnt.

Eine Woche war schon wieder vergangen, es war Nachmittag, ein paar Stunden vor unserer Sitzung. Ich war sehr müde und legte mich noch kurz hin. Wieder wurde ich heftig angegriffen.

Völlig überrumpelt davon war ich nach dem Aufwachen sehr unzufrieden mit meiner schleppenden Reaktion.
"Du möchtest mir sicherlich etwas zu dem Angriff heute nachmittag sagen?", fragte ich Argun.
"Nun, wir haben dir gesagt, es kommt noch einiges auf dich zu. Du solltest sehr achtsam sein. Und lege immer wieder Ruhepausen ein. Du bist sehr aktiv. Die Reaktion auf den Angriff war so in Ordnung."

Ich kam mir vor wie in einer Meisterschulung, eine harte Prüfung jagte die andere, ich war sehr angespannt, weil ich ständig wachsam sein mußte.
"Die Prüfungen, durch die wir hier gehen, sind ja mehr Feuer- und Wasserproben", sagte ich zu Argun, "Prüfungen, die in neue Gebiete, in neue Aufgaben hineinzuführen scheinen. Können wir über Prüfungen einmal etwas aus geistiger Sicht hören?"
"Die Aufgabe ist hier", schrieb der Lichtbote, "gemeinsam in ein neues Gebiet hineinzugehen, dieses erkennenzulernen und damit umzugehen lernen. Dies ist auch für jede Seele wiederum ganz verschieden zu sehen. Bei der einen Seele geht es darum, eine Aufmerksamkeit zu erlangen, bei einer anderen geht es darum, als Vorbild zu wirken, bei der dritten ist es wiederum eine Schulung. Eine Prüfung aus geistiger Sicht beinhaltet stets ein Wachsen auf dem jeweiligen Weg einer Seele."

Die Angriffe gingen weiter. Meistens wurde ich gut damit fertig. Auch Savitri wurde oft angegriffen. Wir mußten uns immer wieder gegenseitig "reinigen" und stellten dauernd neue "implantierte" Seets, kleine energetische Einnistungen, fest, die gründlich entfernt werden mußten. Wir waren müde, dieses ewige Aufpassen, Untersuchen, Entfernen, Reinigen, - es ging alles sehr an die Substanz. Was für eine Aufgabe! Nun, leichte Aufgaben hatte ich mir nie gewünscht. Es war schon in Ordnung so.

Am schlimmsten war es, wenn ich bei den nächtlichen Angriffen derart außer Kraft gesetzt wurde, daß ich völlig gelähmt war. Ich konnte mich dann nicht bewegen und kaum einen Gedanken fassen, kaum Licht visualisieren. Es kostete unendliche Kraft. Währenddessen piesackten sie mich wie wilde Tiere, unaufhörlich, so lange, bis es mir doch endlich gelang, unter einer ungeheuren Willensanstrengung all meine Gedankenkraft fest zu konzentrieren.

"Wie kann ich diesen Lähmungen entgegenwirken?", war meine Frage an Argun.

Ich solle mich dann ganz stark mit Ashtar Sheran und Oshur verbinden, antwortete er. Nun, jedenfalls waren sie bei mir und halfen. Auch wenn ich das wußte, so war es doch gut, dieses einmal von Argun zu hören.

Und wieder hatten Savitri und ich eine Frau von negativen Peinigern befreit. Es war schwierig und klappte nicht auf Anhieb.

"Es sind wieder Implantate von negativen Außerirdischen gewesen", sagte Savitri, nachdem wir es geschafft hatten.

Schon mehrfach hatte sie das beharrlich vorgebracht, und es ging mir irgendwie auf die Nerven.

"Ach, du immer mit deinen negativen Außerirdischen!", blaffte ich sie gereizt an.

Und schon hatten wir wieder die schönste Disharmonie, schwiegen uns an und versuchten, uns aus dem Wege zu gehen, was allerdings in einer Wohnung kaum möglich ist.-

Endlich hatten wir uns beruhigt, fanden vorsichtig wieder zueinander und besprachen alles noch einmal. Savitri schilderte ihre Wahrnehmungen, und ich mußte zugeben, daß an dieser Theorie doch etwas sein könnte. Wir stimmten unsere Eindrücke miteinander ab, sprachen über die vielen Veröffentlichungen von sogenannten "grauen Außerirdischen". Über angebliche Entführungen,

Eingriffe und Operationen wurde dort berichtet; für die betroffenen Menschen schienen es alptraumhafte Erlebnisse zu sein.

Von Geistiger Seite aus gab es bisher keine konkrete Aussage dazu.

"Dieses wird Ashtar Sheran beantworten", hörten wir, doch es ergab sich vorläufig nicht so.

Ja, wenn es tatsächlich negative Außerirdische gab, dann arbeiteten sie auch sicherlich mit der negativen Seite zusammen. Das Ausmaß zwischen Gut und Böse schien weitaus größer zu sein, als man es sich vorstellen konnte.

*

"Ich begleite eine Freundin zu ihrer Arbeitsstelle. Sie setzt sich an ihren Schreibtisch und gibt mir dann Anweisungen, was ich zu tun habe. Ich bin irritiert darüber. Irgendetwas ist nicht in Ordnung! Was ist es nur?

Es fällt mir schwer, mich zu erinnern. *Wo bin ich hier eigentlich?... Was mache ich hier?... Und wieso bin ich hier?... Eigentlich müßte ich doch ganz woanders sein. ..Aber wo?... Es ist so schwer nachzudenken...*

Endlich schimmert ganz langsam eine kleine Erinnerung durch. *Ich habe doch eine ganz andere Arbeitsstelle - und sie warten dort auf mich...! Sofort muß ich mich dort melden, ich habe doch einen Auftrag!*

Verzweifelt suche ich ein Telefon, aber ich weiß die Nummer nicht mehr. Ich kann mich nicht einmal an den Namen meiner Firma erinnern. Sorgenvoll rufe ich die Auskunft an, doch sie können mir dort nicht helfen. Dann versuche ich einige Zahlenkombinationen aus dem Gedächtnis. Es klappt lange nicht, doch dann habe ich meine Firma am Draht.

"Bitte verbinden Sie mich mit meiner Abteilung", stammle ich verwirrt.

Zu meinem Unglück "sehe" ich, daß die Verbindung unterbrochen wird und sich auf geheimnisvolle Weise der Chef selbst einschaltet, Dr. Lantry. Mir ist gar nicht wohl dabei, ich bringe eine schwache Entschuldigung hervor, die ich nicht begründen kann. Ich weiß ja gar nicht, was mit mir los ist. Totale Verwirrung erfaßt mich, denn entsetzt ahne ich gleichzeitig, daß dieser Mann gar nicht der Chef meiner Firma ist.

"Wir wollen dich nicht mehr", grinst er hämisch ins Telefon. "Du hast nicht aufgepaßt, und jetzt bist du draußen. Du wirst dein Zuhause nie wieder finden, du weißt nicht, wo du hingehörst, du wirst nicht einmal mehr wissen, wer du bist. Keiner will dich!" --

Bleich erwachte ich aus diesem Traum, das hinterlistige Gesicht des falschen "Chefs" noch vor Augen. *Oh, was für eine Botschaft!* Ich erzählte Savitri den Traum. Ja, eine wichtige Bedeutung, fand auch sie.

Dr. Lantry..., wie eigenartig ist dieser Name. Gleichzeitig kamen wir auf die Idee, diesen Namen kabbalistisch in Zahlen aufzugliedern. Mich schauderte, ich ahnte das Ergebnis. Und tatsächlich, der Name Lantry ergab die Zahl 66, Dr. die Zahl 24, wovon die Quersumme wieder eine 6 ist. Also dreimal die 6, das Zeichen des Tieres, das Zeichen des Satans.

Ich war sehr ernst. Nun gut, es war eine Botschaft, und was für eine! Absolute Wachsamkeit war angesagt. Tief durchatmend fragte ich mich, was da wohl noch alles kommen würde. Nun, welche Prüfungen ich schließlich zu bestehen hatte, hatte nicht ich zu bestimmen. Irgendwann würden sie schon aufhören. Und ich würde es schaffen! Ich war ganz sicher, immer im Sinne des positiven Geistigen Reiches zu handeln, ihre Stärke, ihren Schutz im Rücken zu haben. Daß sie bei mir waren, das fühlte ich ja, und ich hatte auch die Bestätigungen von Argun in unseren Kreissitzungen. *Sicherlich kann man solch eine Arbeit auch nur im Schutz eines Kreises durchführen. Anders ist man verloren.* Inzwischen wurde auch deutlich, daß "Die große Begegnung", die der liebe Herbert Viktor Speer geschrieben hatte, eine Vorbereitung war, eine "Vorwarnung" für das, was auf uns zukam. Ja, ich hatte es so gewollt. Er berichtete in seiner Geschichte, daß ihm damals mitgeteilt wurde, daß er in eine "Prophetenschulung" aufgenommen worden sei; und gleich hatte auch ich darum gebetet, diese Schulung ebenfalls absolvieren zu dürfen. Nie hatte ich eine Antwort, eine Bestätigung bekommen, doch ich schien mittendrin zu sein.

Der Magen knurrte und wir wollten etwas essen gehen. Gute zehn Lokale hatten wir schon angesteuert, doch nirgendwo etwas zu essen bekommen. Entweder hatte der Koch ausgerechnet heute früher Feierabend gemacht, oder es wurde gerade geschlossen, in einem nächsten Bistro gab es nur Kuchen, in einem anderen vergaß man unsere Bestellung.
"Sie haben es auf uns abgesehen", sagte ich.
Die Negativen wollten uns ärgern. *Lächerlich, mit solchen Spielereien!* Wir beobachteten das Ganze unter diesem Aspekt weiter und gingen in das nächste Café. Hier waren wir die einzigen Gäste und setzten uns an einen großen Tisch in der Mitte. Unerwartet strömten nun immer mehr Menschen herein, und im Nu war das Café voll. Die Bedienung aber nahm uns nicht wahr, obwohl wir an einem Tisch saßen, der gut sichtbar war, auch ist das Café nicht sonderlich groß. Sie bedienten alle, alle um uns herum, und es war, als wenn sie uns einfach nicht sahen, so, als wenn wir gar nicht da wären.
Zum Teil amüsiert, fassungslos, doch langsam auch sauer werdend betrachteten wir uns das Schauspiel.
Als eine Stunde vergangen war, - die ersten derer, die nach uns kamen sind, waren schon wieder gegangen -, kam endlich eine

Kellnerin zu uns. Wir sagten ihr, daß wir schon eine Stunde hier sitzen und alle anderen nach uns gekommen wären. Erstaunt entschuldigte sie sich und beteuerte, daß sie uns nicht gesehen hätte.
"Aha", Savitri und ich sahen uns an, also hatten wir recht.
Wir bestellten einen überbackenen Toast. Endlich etwas zu essen! Nach zehn Minuten kam die Kellnerin zurück und meinte, es tue ihr leid, aber die Küche hätte soeben geschlossen, sie könne uns nichts mehr bringen.
"Die wollen uns aushungern", murrten wir, standen auf und gingen.

Nun, zufrieden war ich irgendwie nicht mehr. Eigentlich hatte ich mir meine Aufgabe schöner vorgestellt, angenehmer. Aber wenn es diese auch sein sollte, verbunden mit solchen Quälereien - ich würde es aushalten. Eigene Wünsche sollten nicht in den Vordergrund treten. *Ich mache das, wofür ich gebraucht werde.* Schließlich bin ich genau darauf vorbereitet worden, dafür ausgebildet worden. Denn ein eindrückliches Erlebnis spricht dafür:

Es ist Donnerstag mittag. Ich esse eine Kleinigkeit, setze mich kurz aufs Sofa, um mich ein wenig auszuruhen. Plötzlich fühle ich die positive Energie anwesender Geistwesen, ganz vertraute Schwingungen. Ich begrüße sie voller Freude und merke, wie an meinem Kronenchakra gearbeitet wird. Leicht benommen stelle ich fest, daß ich plötzlich immer müder werde, ich bin noch erstaunt und schlafe sitzend innerhalb von wenigen Minuten ein.
Nach einer Viertelstunde bin ich wieder hellwach, und verwundert. *Was war das?* Seltsam, ich finde keine Erklärung und beschäftige mich weiter mit den Dingen des Tages.
In der darauffolgenden Nacht hatte ich ein ungewöhnliches Erlebnis:
Ich bin in einem Raum, der keine Wände und keinen Boden zu haben scheint. Alles ist grau in grau, ein irgendwie mattes, fein-

nebeliges, gestaltloses Nichts. Jemand sitzt hinter einem Schreibtisch, ein anderer davor.

Obwohl keine Wände da sind, weiß ich, daß ich in einem Raum nebenan bin. Ich kann alles mithören, mich allerdings nicht mehr daran erinnern. Es ist, als ob ich etwas für diese Person, die vor dem Schreibtisch sitzt, übernehmen soll. Aber ich weiß nicht, was auf mich zukommt. Ohne Umschweife springt mich plötzlich mit übermenschlicher Gewalt eine riesige schwarze Schattengestalt an, erbarmungslos und grausam. Berstend verändert sie ununterbrochen ihre Größe und Form, ist massig, schwer, breit, manchmal groß wie ein Haus und unendlich wütend.

Meine ganze Geschicklichkeit muß ich aufwenden und mit ihr kämpfen. Eine überwirkliche Situation, für die es keine passenden Worte mehr gibt.

Den massiven Attacken weiche ich aus, indem ich mich gezielt und sehr flink bewege, aus dem Sprung heraus agiere. Ich beherrsche dieses Können, diesen Bewegungsablauf wie ein Groß-Meister aller asiatischen Kampfkünste und -techniken. Jede Bewegung muß sitzen, jeder Sprung und jede Drehung perfekt sein. Ich darf keinen Fehler machen, sonst bin ich absolut verloren.

Die Bestie will mich packen. Mit jeder zielgerichteten und blitzschnell berechneten Bewegung richte ich meine Handflächen auf das schwarze mächtige Ungetüm, und aus beiden Händen fließt ein dicker Strom gebündelten Lichts. Jede Bewegung ist perfekt, jede Handausrichtung trifft ihr Ziel. Doch der höllische Riese greift unentwegt an. Gewaltig, zelotisch und drohend, er läßt sich nicht abschütteln.

Nicht eine Sekunde stehe ich still. Mich duckend und gleichzeitig einen Salto rückwärts schlagend wehre ich eine Umklammerung ab, die mich zerdrückt hätte. Ich ziele und unhörbar zischend fließt das Licht aus meinen Händen. Nichts wird vergeudet, jeder Strahl trifft. Dabei berühre ich die ständig anwachsende Schreckensgestalt kein einziges Mal. Mit unnachgiebiger Härte und mit scheinbar nie versiegender Kraft geht das Monstrum immer wieder grauenhaft auf mich los, ohne Pause, ohne Unterlaß. Meine schnelle Wendigkeit und die präzise Berechnung meiner Bewegungen kommen mir zugute. Unversieglich schleudere ich das Licht meiner Hände auf dieses furchterregende, finstere Wesen. Und unaufhörlich presse ich dabei hervor: "Ich brenne dir das Licht Gottes in den Pelz, immer wieder und immer wieder, ich brenne es dir ein, ich brenne es dir ein..."

Ich habe eine nie gekannte Kraft und Elastizität und weiß, bin ich nur einen Augenblick lang unaufmerksam oder mache ich nur eine falsche Bewegung, dann ist alles aus. Aber ich weiß auch, daß ich es schaffe.

Der Kampf war zu Ende. Langsam öffnete ich die Augen und erkannte, daß ich in meinem Bett lag. Mein Herz raste immer noch. Ich war erschöpft, geschafft, total ermattet und unfähig mich zu bewegen, aber auch irgendwie zufrieden.

Bebende Erleichterung breitete sich aus. Ich hatte es geschafft! Aber was war das, was hatte ich geschafft?

Staunend bemerkte ich, daß immer noch diese gigantischen Lichtströme aus meinen Händen fluteten. Aber ich konnte sie einfach nicht stoppen. Intuitiv legte ich beide Hände auf den Bauch, damit die Kraft, das Licht wenigstens wieder in meinen Körper zurückströmte.

Ein paar Sekunden erst war ich wach, und jetzt wurde fühlbar, daß der Raum sich füllte, und von einem Augenblick auf den anderen waren viele helfende Geistwesen anwesend. Lichtvolle Gestalten "arbeiteten" an meinen Füßen, und ich spürte einen intensiven Lichtstrom, wie er warm durch meinen gesamten Körper floß und mich wieder auflud. Währenddessen stoppte auch die gewaltige Lichtflut aus meinen Händen. Mein Atem wurde ruhiger, und ich spürte nur noch die nahezu feierliche Erschöpfung nach einer grossen, gelungenen Anstrengung; wie ein Olympiagewinner, der nach seinem großen Sieg anerkennend wieder zu Kräften gebracht wird.

Es war wie eine Meisterprüfung, schien die Prüfung aller Prüfungen gewesen zu sein. Und ich hatte sie bestanden!

Ich wußte jetzt, daß ich hierauf heute nachmittag, als ich so plötzlich einschlief, vorbereitet worden war. Nichts geschieht vergebens, alles hat seinen Sinn. Glücklich und froh schlief ich wieder ein.

Ich erwachte mit der schönen Erinnerung, daß ich soeben dem Lichtboten Argun gegenübergestanden hatte. Ich konnte ihn richtig sehen, er war zwar weit weg, aber gleichzeitig doch sehr nah, es war ein Einblick in eine Lichtsphäre, eine Begegnung, an die ich mich erinnern durfte. Mir kam es vor wie eine Belohnung, wie ein himmlisches Geschenk.

Am nächsten Abend in der Kreissitzung schrieb Argun: "Die Prüfung ist gut bestanden worden. Ich freue mich sehr darüber, denn es war nicht leicht. Doch das willst du ja auch nicht."

Wie recht er hatte, denn das wollte ich wirklich nicht. Und wie glücklich ich war! Das war nämlich ein großes Lob. Und gelobt wird nicht oft.

*

Down to earth!

Soeben traf das neue Protokoll vom Elias-Kreis ein. Gemütlich setzte ich mich hin und begann zu lesen. Ich freute mich jedesmal auf diese Protokolle. Es waren interessante Ergänzungen zu unseren Sitzungen. Bisher kannte ich von den dortigen Kreismitgliedern aber nur Edeltraud, das Sprechmedium, aus unserer Begegnung meiner zweiten Sitzung, alle anderen kannte ich nur mehr oder weniger aus den Protokollen.

Ich erstarrte, als ich im Protokoll die Frage las: "Wie seht ihr es aus dem Geistigen Reich, wenn jemand seinen Namen aus dem vorherigen Leben erfährt, und diesen in sein jetziges Leben übernimmt?"

Mein Herz klopfte wild, ich hatte das Gefühl, daß ich gemeint war.

"Wichtig ist", antwortete der Lichtbote Elias, "mit der Vergangenheit im jetzigen irdischen Leben abzuschließen. Es ist für die Seele wichtig, für die eigentliche Entwicklung im irdischen Bereich, wo die Aufgabe im Jetzt liegt. In der Gegenwart und in der Zukunft für die Geistige Welt und für die eigene Seele ist es wichtig, diese Dinge abzulegen. Es ist gut für die Seele, wenn man ihn kennt, wenn man eine Ausgewogenheit dort empfindet, jedoch man sollte versuchen, nicht zurückzugehen."

Ich war empört, aber auch stark verunsichert. *Wieso sprechen sie mich nicht erst direkt an, bevor sie die Geistige Welt fragen? Sie wissen doch gar nichts von der Einweihung, wissen also nicht, wie ich zu diesem Namen gekommen bin.*

Und so wußten sie auch nicht, daß Oshea eben nicht der Name meiner vorherigen Inkarnation war. *Wieso wollen sie es dann beurteilen?*

"Jede Inkarnation hat ihren Namen", fuhr Elias fort. "Wenn

man einen Namen aus einem vorherigen Leben erfährt, ist dieses als ein Geschenk anzusehen, jedoch im Jetzt, im Sein, wird er nicht helfen. Wenn man den Namen aus der Vergangenheit annimmt, kann er zu einer Belastung werden. Es kann zu einer Persönlichkeitsspaltung führen. Irgendwann weiß man dann nicht mehr, wer man ist. Zum anderen weiß die Seele von ihrem früheren Leben viel zu wenig."

Seitenlang wurde dieses Thema durchgenommen, und ich hatte das Gefühl, daß Elias sich hart und sehr bestimmt zu diesem Thema äußerte, es war keineswegs ein behutsamer Hinweis. Ich war erschreckt und irritiert. Hatte ich etwas falsch gemacht? Falsch verstanden? ---

Nervös stand ich auf und ging unruhig hin und her. Noch einmal erinnerte ich mich an die nun vier Monate zurückliegende Einweihung. "Meine liebe Oshea", so hatte mich Ashtar Sheran begrüßt. Oshur hatte dann später in der Sitzung meinen Namen offiziell verkündet: "Ich möchte heute den Namen von Barbara bekanntgeben, er lautet: Oshea."

Weder Ashtar Sheran noch Oshur hatten gesagt: es "war" ihr Name, beide sprachen in der Gegenwart. Und Argun nannte mich doch auch Oshea.

Nie hatte ich den Eindruck, daß Oshea der Name einer vergangenen Inkarnation wäre, denn dann hätte ich ihn natürlich nicht übernommen. Ich handelte niemals leichtfertig. Was sollte das nun wieder? War auch das eine Prüfung, eine Prüfung, um festzustellen, wie schnell ich mich von irgendeiner Behauptung umwerfen ließ? Schon einige Male sind uns solche Prüfungen auferlegt worden, um zu prüfen, wie stark unser Selbstvertrauen ist.

Ich merkte, wie mich diese Sache aus der Bahn zu schleudern drohte, aber ich bemühte mich mit aller Kraft, ruhig zu bleiben. Immer wieder ging ich alles durch und konnte nicht feststellen, ob und was ich falsch verstanden hätte.

Nun, es war glücklicherweise Freitag, heute abend in der Sitzung würde ich Argun um ein Zeichen bitten.

In Gedanken bat ich ihn, mich mit Oshea anzureden, wenn alles in Ordnung wäre. Ansonsten solle er mich bitte Barbara nennen. Aber er tat nichts. Weder das eine noch das andere. Ich wurde sichtlich nervöser. *Warum sagst du nichts?*, fragte ich immer wieder im Stillen.

Er beantwortete gerade die Frage einer anderen Kreisteilnehmerin: "...ich habe sozusagen die Antwort zusammen mit dir erarbeitet. Wenn ich nicht immer gleich antworte, so hat dieses einen Sinn, und zwar immer einen positiven."

Ich zuckte zusammen, denn ich wußte, dieser Satz war für mich bestimmt. Wir werden immer wieder angehalten zwischen den Zeilen zu lesen, und oft bekommen wir unsere Antwort auf "Umwegen", um eine Erkenntnis in unserer Seele auszulösen.

"Argun, dieser Satz gerade war für mich bestimmt, ist das richtig?", fragte ich ihn.

"Ja, dieser Satz war für dich. Danke für die Erkenntnis und die Aufmerksamkeit."

Ich überlegte hin und her, wägte alles miteinander ab. *Es hat einen Sinn, wenn er nicht sofort antwortet, einen positiven.* Das konnte nur heißen, daß alles in Ordnung war. Sie wollten beobachten, wie gelassen ich hiermit umgehe. Und wenn etwas nicht richtig wäre, hätte er es ja gesagt. *Es hat immer einen positiven Sinn...*, welche andere positive Möglichkeit könnte es sonst noch geben? Ich war beruhigt, ich hatte nichts falsch gemacht. Ein riesiger Stein der Erleichterung fiel mir vom Herzen.

Gleich am nächsten Abend stand eine gemeinsame Sitzung beider Kreise, im Kreis Elias, bevor. Es war meine erste Begegnung mit den anderen Kreisteilnehmern, die ich ja, wie gesagt, bis auf Edeltraud, persönlich nicht kannte. Eine größere Runde war es diesmal, denn eine Zahl von Gästen war ebenfalls eingeladen, und das Ganze fand in einem Hotel statt. Ich freute mich auf diese Begegnung und fuhr frühzeitig ins Hotel.

Zum zweiten Mal wurde ich jetzt an diesem Abend auf das Protokoll angesprochen: "Oshea, hast du gelesen, was Elias zum Thema Namen sagt?"

Ich erklärte, daß es mich nicht betreffe, ich hätte alles überprüft, es ist mein Missionsname, nicht der Name einer früheren Inkarnation.

Ja, jeder verstand es und sah es ebenso.

Wieder begrüßte ich jemanden und stellte mich offen lächelnd vor: "Oshea."

"Du meinst wohl Barbara!"

Betroffen wich ich zurück über die Art dieser Begrüßung.

"Ja..., früher Barbara..., jetzt Oshea", brachte ich, mühsam bedacht auch weiter zu lächelnd, hervor.

Die Sitzung begann. Ellen saß neben mir und spürte meine Unbehaglichkeit.

"Irgendwie komme ich mir heute sehr verletzlich vor, ich fühle mich ungeschützt und gar nicht gut", teilte ich ihr auf ihre Frage mit. "Die ganze Atmosphäre - hier im Hotel - ist auch gar nicht so wie bei uns, nicht familiär und geborgen, ich komme mir vor wie auf einer Geschäftstagung."

Schützend legte sie ihre Hand auf mein Bein; sie wußte, wie wichtig dieser Abend für mich war, was es für mich bedeutete, wenn Ashtar Sheran kam.

"Gott zum Gruß und Friede über alle Grenzen", meldete sich der Lichtbote Elias über das Sprechmedium. "Nach der Pause wird Ashtar Sheran eintreffen", sagte er etwas später.

Ich freute mich riesig. Das war unsere zweite Begegnung anläßlich einer Sitzung.

Auch Elias war ich erst einmal begegnet. Ich empfand heute eine große Distanz, fühlte mich verunsichert, hervorgerufen insbesondere durch das Namensthema. Es war für mich eine stete Herausforderung, ich mußte allen Mut zusammennehmen, um ihm eine Frage zu stellen.

Und da hatte ich es auch schon. Jeden begrüßte er liebevoll mit Namen, mir nickte er nur knapp zu. Er beantwortete meine Frage kurz und sachlich.

Aber ich gab nicht gleich auf, wollte noch ein weiteres Mal meine Scheu überwinden und stellte noch eine Frage. Wieder hörten wir zwar eine gute, aber sehr knappe Antwort. Wenn ich auch wußte, daß Geistwesen die Seele sehen und alle gleich lieb haben, so kam ich doch nur schwer gegen meine Gefühle an, mich nicht abgelehnt zu fühlen.

Ich war froh, bald wieder zu Hause seinzu können. Aber zunächst freute ich mich auf Ashtar Sheran. Er liebte mich, das wußte ich, da war keine Distanz.

Nach einer Weile spürte ich einen wundersamen Strahl der Liebe in mein Herz eindringen, ein ganz warmes, freudiges Pulsieren, eine sanfte Berührung der Herzen als Begrüßung, und ich wußte, daß Ashtar Sheran jetzt da war. Gleichzeitig sagte Elias: "Ashtar Sheran ist eingetroffen, ich gebe diesen Körper nun für ihn frei."

Mein Herz schlug bis zum Hals, er war da! Die Freude und Liebe war so groß, daß ich immer wieder kleine Tränen wegblinzeln mußte, ich zitterte innerlich, konnte einfach nicht ruhig werden und bat meine Geisthelfer um Hilfe. Sofort spürte ich, wie sich beruhigend unsichtbare Hände auf meine Schultern legten - ich war sicher, es war Oshur - und ich langsam gelassener wurde.

Ashtar..., telepathisch sprach ich zu ihm und sandte ihm all meine Liebe.

"Mein besonderer Auftrag für heute ist, daß wir in die Situation hineingehen, um der Menschheit eine intensivere Aufklärung zu geben", begann er und übertrug individuell einigen Teilnehmern ihre Aufgaben. Ich bekam keine Aufgabe. Nun ja, ich kannte sie ja.

Es ist in Ordnung für mich, wenn du nicht direkt zu mir sprichst, sagte ich telepathisch, *es ist in Ordnung, ich bin nur glücklich, hier sein zu dürfen, dir jetzt gegenüberzusitzen.* Meine Augen glänzten, ich strahlte vor Liebe und Ergriffenheit, ich war überglücklich.

"Christus hat einmal gesagt, nach mir wird der Menschensohn kommen, in den Wolken. Damit bist du gemeint!", wurde eine feststellende Frage an ihn gerichtet.

"Ja", war seine bescheidene und schlichte Antwort.

Einige weitere Fragen wurden noch gestellt, und Ashtar Sheran beantwortete sie alle geduldig. Dann sah er mich an, lange, eindringlich. Ich sah ihn an, hielt den Atem an. Niemand wagte eine Frage zu stellen. Unentwegt sah er mich an. Die Zeit schien still zu stehen.---

"Ashtar Sheran, wenn man euch abends am Himmel sieht und mit euch spricht, dann bewegt ihr euch ja. Ist das Einbildung oder bewegt ihr euch wirklich?", wurde plötzlich die Stille unterbrochen.

"Wir empfangen die Gedanken eines jeden, der mit uns geistig verbunden ist. Und wir geben Zeichen für den, der die Augen offen hat und uns sieht, und grüßen in dieser Form", antwortete er und führte symbolisch den Santinergruß vor.

"Meine Zeit hier ist um", fuhr er fort, "ich denke und wünsche, daß meine Worte gut verstanden wurden. Ich möchte meine Ausführungen nicht weiterführen."

Wieder blickte er mich lange an, ohne ein Wort zu sagen. Ich war glücklich und dankbar für diese Aufmerksamkeit, lachte ihn an, mein Herz strahlte. Die Welt um mich herum war nicht mehr da.

Immer noch sahen wir uns an, als er dann mit einem schmerzhaften Ausdruck seinen Kopf zur Seite drehte und sagte: "Barbara..., zu einem späteren Zeitpunkt möchte ich dich in einem kleineren Rahmen sprechen. Du wirst von mir Nachricht über dieses Medium erhalten."
Abrupt verließ er den Körper.

Ich sackte in mich zusammen. *Barbara! Barbara!*, hallte es immer wieder in meinem Kopf. Also hatte ich doch alles falsch verstanden! Es war wie ein Peitschenhieb vor versammelter Mannschaft. Ich bin ein Meister in der Beherrschung, aber dies war zu viel, die ganze Anspannung der letzten Tage brach auf, Tränen quollen hervor, ich konnte sie nicht mehr unterdrücken und zitterte am ganzen Leib, wollte raus, nur raus. Meine Seele schrie vor Schmerz, mir wurde schwarz vor Augen. Ich wußte nicht, ob ich den Rest der Sitzung, eine lächerliche Viertelstunde, die nicht enden wollte, noch durchhalten würde. Ich spürte die mitfühlenden Blicke einiger, die fragenden, verständnislosen Blicke anderer, die ja nicht verstehen konnten, was geschehen war. Ich hielt das alles nicht mehr aus. *Du mußt hier raus. Du mußt hier raus!*, hämmerte es unentwegt in meinem Herzen. *Du mußt hier raus!*

Endlich war es vorbei. Mühsam Haltung bewahrend, erhob ich mich und schritt tief durchatmend aus dem Saal. Ich wankte zur Toilette, konnte kaum stehen, drohte zusammenzubrechen. *Warum hat Argun gestern nichts gesagt?... Ich war doch für eine Korrektur bereit... Warum hat er gesagt "wenn ich nicht gleich antworte, hat das immer einen positiven Sinn"? Was war hieran positiv? - Argun, warum hast du mich im Stich gelassen...???*

Ich fühlte seit jeher eine so liebevolle Beziehung zu ihm, wieso ließ er mich nun so allein, so fallen? Alles brach in mir zusammen, alles. Ich fühlte mich hilflos, unverstanden, ich selbst verstand nichts mehr.

Ellen und eine liebe Freundin waren nachgekommen und versuchten, mich zu trösten.

"Warum hat Argun gestern nichts gesagt?", fragte ich Ellen immer wieder monoton und verzweifelt. "Ich habe ihn so darum gebeten. Warum? Warum...?"

Ich wollte allein sein, wollte nach Hause, nahm alle Kraft zusammen und ging zurück in den Saal, packte meine Sachen, holte tief Luft und versuchte ein lächelndes und lautes Tschüs in den Saal zu rufen, und ging. Mich trafen gleichgültige Blicke. "Überreaktion...", wurde kopfschüttelnd geraunt.

Ja, wer hätte es denn auch verstehen können? Wer wußte denn, was in mir vorging? -

Ich weinte draußen, ich weinte im Auto. Regen peitschte an die Windschutzscheibe, mein tränenverschleierter Blick tat ein übriges, ich konnte kaum die Straße sehen. Aber es war mir egal, ich würde schon zuhause ankommen. Alles in mir war eine einzige tiefe, offene Wunde.

In meiner ganzen Verzweiflung rief ich Savitri an, doch vor Schluchzen und Weinen konnte ich kaum sprechen. Sie versuchte mich zu trösten, aber das war schwer. Wie konnte das geschehen? Auch ihr war alles völlig unerklärlich.

"Argun würde dich doch niemals so ins Messer laufen lassen", sagte sie ungläubig.

Wir waren beide ratlos. Ich fühlte mich wie abgetötet, seelenlos, glanzlos und gleichgültig.

Wir gingen wieder und wieder alles durch, teilnahmslos erzählte ich immer wieder den Ablauf des Abends. Und auf einmal entdeckten wir Ungereimtheiten. War es vielleicht gar nicht Ashtar Sheran? War auch dieser Abend eine Prüfung? Der Lichtbote Elias hatte vor längerer Zeit einmal gesagt: "Ihr würdet gar nicht merken, wenn jemand anderes im Körper ist." Und dies Jahr sollte ein Jahr der Prüfungen sein; "ihr müßt sehr aufmerksam sein", hieß es zu Beginn des Jahres. Wir hatten inzwischen soviel aufeinanderfolgende Prüfungen erlebt, daß es nur logisch klang, auch in diesem Bereich einmal geprüft zu werden. Ein harter Test. Und es stimmte ja, jeder vertraute dem, was er hörte, niemand prüfte mehr kritisch. Aber ich?

Blinzelnd kam ich aus dem Strudel der Verwirrung wieder an die Oberfläche und gewann immer mehr Kraft. Ja, das war's. Immer mehr Dinge wurden klar, die dafür sprachen, daß es eine Prüfung war, daß es nicht Ashtar Sheran war, der sich dort gemeldet hatte.

"Alleine das spricht dafür, daß er dir niemals wehtun würde", meinte Savitri. *Ja, das stimmt!* Alles war gerettet, alles war gut.

Nach einem fast vierstündigen Telefonat sprachen viele Erklärungen dafür: Es war nicht Ashtar Sheran. Ich triumphierte. Irgen etwas stachelte mich unaufhörlich an, ich schien plötzlich wieder so kraftvoll zu sein. Ich konnte nicht schlafen, blieb bis sechs Uhr morgens wach und legte mir die Argumente zurecht, die ich in der nächsten Sitzung vorbringen würde, um zu zeigen, daß wenigstens ich nicht auf diese Prüfung hereingefallen war.

Triumphierend fuhr ich zur Sitzung. Die würden staunen! Ich wunderte mich kurz über meine kalte Entschlossenheit, die mir völlig fremd und uneigen war. Dennoch, Behutsamkeit war nun nicht angebracht.

Siegesbewußt legte ich meine Ausführungen vor...

Es herrschte eine merkwürdige, gespannte Stimmung. *Nur nicht unterkriegen lassen*, machte ich mir selbst Mut. Savitri war ebenfalls da und hielt ermutigend meine Hand.

"Es war Ashtar Sheran", schrieb Argun, "und ich stehe zu jedem seiner Worte."

Nanu? Jetzt war ich überrascht. Ich war völlig verunsichert, *was war das jetzt wieder?* Hatte ich doch erwartet, daß er mir freudig mitteilte, daß ich alles richtig erkannt hätte. Hilflos verstrickte ich mich in fadenscheinige Argumente und wußte bald gar nicht mehr, woran ich war. *Die Prüfung geht weiter,* zischte eine Stimme in meinen aufgewühlten Gedanken, ... *die Prüfung geht weiter;* eine Stimme und doch gleichzeitig keine Stimme. Sie bohrte sich durch alle Barrieren und besiegte den Widerstand.

Ich glaubte, ich würde nun von Argun geprüft, inwieweit ich zu meiner Meinung stehen würde. *Sie wollen dich stark machen, dir Standhaftigkeit, Durchhaltevermögen beibringen,* überschlugen sich die Wortfetzen in meinem Kopf.

Alle wichen meinem Blick aus, *was haben sie nur?* ---

Langsam merkte ich, daß ich es war, die nicht in Ordnung war. Ich wurde immer unruhiger, schien den Boden unter den Füßen zu verlieren.

"Warum hast du mir auf meine innere Frage nach dem Namen denn gesagt, daß es einen positiven Sinn hat, wenn du nicht gleich antwortest?", wagte ich einen weiteren Versuch, wieder Land zu gewinnen.

"Weil dieses Ashtar Sheran vorbehalten war", antwortete der Lichtbote Argun.

"Warum sollte ihm das vorbehalten sein?", erwiderte ich, hilflos bemüht, das Gesicht zu wahren.

"Aufgrund einer engen Seelenverbindung."

Immer deutlicher wurde mir klar, daß ich einen riesigen Fehler begangen hatte. Ich gab auf, konnte mich kaum aufrecht halten. Die Sitzung wurde beendet. Savitri verabreichte mir unauffällig Rescuetropfen und hauchte mir zu: "Als die Sitzung begann, huschte mir ganz kurz durch den Kopf: es war doch Ashtar."

Mit glanzlosen Augen starrte ich leer vor mich hin. Jetzt war alles nur noch schlimmer geworden. Scham und Entsetzen drückten mich nieder. Was hatte ich getan? Wie konnte das geschehen? Aber ich verstand alles nicht. Ich wußte nur, ich hatte etwas Schreckliches getan, ich spürte die Schwere des Irrtums, der unbarmherzig in meinem Herzen bebte, etwas in mir zerschellte, barst wie brechendes Glas, barst mit einem harten physischen und seelischen Schock. Ich konnte nicht denken, keinen einzigen klaren Gedanken fassen. Alles war vorbei. Es war, als wenn ich innerlich tot wäre, als herrsche dort, wo die Trauer gewesen war, der namenlose, bleierne Tod.

*

Wieder einmal versuchte Savitri mir über meinen tiefen Schmerz hinwegzuhelfen. Es dauerte sehr lange. Ich entschuldigte mich immer wieder bei Ashtar Sheran, ich entschuldigte mich unentwegt bei der Geistigen Welt. Aber es wurde nicht leichter.

Ich weiß nicht, wo ich die Kraft hernahm, aber ich fuhr zur nächsten Kreissitzung - ängstlich, peinlich berührt, niedergeschlagen. Ich entschuldigte mich beim Kreis und noch einmal bei Argun, dem Lichtboten aus den Jenseitigen Sphären.

"Liebe mich dann am meisten, wenn ich es am wenigsten verdient habe, denn dann brauche ich deine Liebe am dringendsten", las ich vor und dankte, weil alle genau dies taten. Ich bekam sehr viel Unterstützung.

Argun schrieb: "Barbara, jeder hier am Tisch liebt dich sehr. Und es ist nicht schlimm, einem Fehler verfallen zu sein. Du hast noch immer das Gefühl, nur keinen Fehler begehen zu wollen. Lasse dies los! Wir sind dankbar für diesen Fehler. Einen Fehler zu begehen ist nur dann schlimm, wenn keinerlei Erkenntnis erfolgt, weil dann die Entwicklung verhindert ist. Und jede Erkenntnis hilft doch in der Höherentwicklung, in der Reife. Und so kann doch nach einem Fehler die Freude in uns sein, einen Schritt weitergekommen zu sein. Du kannst jetzt wiederum anderen Menschen helfen, Fehler zu akzeptieren, zu durchwandern. Und es ist ebenfalls eine wichtige Erkenntnis: Hier sind Menschen, die fangen mich auf, und ich werde jetzt noch intensiver geliebt als vorher. Jetzt habt ihr gemeinsam eine schwere Situation gemeistert. Und dieses schweißt eure Gemeinschaft zusammen. Geht weiter so!"

Wir sind dankbar für diesen Fehler..., ich war es nicht. Ausgerechnet so etwas passierte mir. Die entsprechende Reife, diese Prüfung zu bestehen, hätte doch da sein müssen. Ich schämte mich. Trotz der lieben Worte beteiligte ich mich kaum an der Sitzung, ich hatte nicht mehr den Mut, irgend etwas zu fragen.

"Hast du Fragen auf dem Herzen?", schrieb Argun später, "sonst möchte ich die Sitzung beschließen."

Eine liebevolle Geste und Hilfe von ihm, aber ich war noch nicht so weit, daß ich es gekonnt hätte.

In der folgenden Zeit hatte ich den Eindruck, kurzgehalten zu werden. Wenn ich allen Mut aufbrachte, Fragen zu stellen, erhielt ich nur knappe Antworten. Ich fühlte mich zurückgesetzt und sehr unglücklich. Oft fuhr ich nach den Sitzungen verzweifelt und weinend nach Hause. *Warum kommen sie mir denn nicht entgegen, sie sehen doch meinen guten Willen und wie ich mich quäle.*

Mein schlimmer Zustand hielt an. Argun begann die nächste Sitzung: "So, nun habe ich einmal eine Frage an Barbara. Wie empfindest du diesen Kreis, diese Gemeinschaft für deine Person?"

Es traf mich wie ein Schlag, ich schien zu versteinern. *Das ist jetzt der Rausschmiß,* dachte ich. Meine Kehle war wie zugeschnürt, als ich innerlich zitternd antwortete, daß ich immer große Freude hier empfunden hätte, daß alle sehr liebevoll zu mir seien, hilfsbereit und mich aufgefangen hätten. Im Moment fehle mir die Freude, aber das habe ja nichts mit diesen Menschen zu tun.

"Mir fehlt die Freude auch", gingen einige darauf ein.

Ich machte mich auf Schlimmes gefaßt.

"Nun, auf diese Freude werde ich noch eingehen", schrieb Argun. "Ein Kreis beginnt, auch wenn nur ein Neuling dazukommt, einen Neuanfang. Nun, ein neuer Mitarbeiter hat nicht die Erfahrung, wie diese Menschen, die schon seit elf Jahren hier am Tisch sitzen. Das Fundament dieses Kreises kann nur auf Offenheit und Ehrlichkeit gebaut werden. Diese Menschen hier sind eine wirksame Kontrolle für dich, Barbara. Diese gegenseitige Kontrolle ist sehr wichtig. Jeder hier am Tisch spürt, daß etwas nicht in Ordnung ist."

Du liebe Zeit, was habe ich nun schon wieder gemacht?, dachte ich angstvoll, "...und dieses liegt dort, daß Barbara mit dem Befreien besetzter Menschen aufhören sollte. Dort sind Fehler gemacht worden."

"Ich habe mich natürlich bemüht, keine Fehler zu machen", erwiderte ich kleinlaut. "Aber ich bin doch zu dieser Arbeit hingeführt worden, ich habe es so verstanden, daß es in eurem Sinne ist. Ich dränge mich gar nicht danach, ganz bestimmt nicht, es ist wirklich keine schöne Arbeit."

Arguns Antwort wurde geschrieben und das Medium las vor: "Nun, dieses ist als eine Erfahrung für dich zu sehen. Es ist so geführt worden, um eine Erkenntnis bei dir auszulösen."

Ich hatte schon längst aufgehört, in dieser Weise zu arbeiten, und war nun froh, daß ich es auch nicht mehr zu tun brauchte. Dennoch stürzte erneut die Welt in mir zusammen, da ich auch dieses falsch verstanden hatte, indem ich hierin einen Teil meiner Aufgabe gesehen hatte.

Meine Niedergeschlagenheit wurde auch in den kommenden Wochen nicht besser. *Was habe ich getan! Wo hat der Irrtum angefangen, wann? Was stimmt überhaupt von allem?* Ich wußte es nicht, und ich verstand es nicht. Ich wollte nur noch sterben. Nein!, dann würde ich ihnen ja begegnen! Das konnte ich nicht, diese Schmach, diese Schande, die ich über mich gebracht hatte. Ich wünschte, ich könnte mich auflösen - in nichts, einfach nicht mehr sein, nicht im menschlichen Körper, nicht auf Metharia, nicht im Geistigen Reich. Ich war noch nie so verzweifelt. Nun hatte ich nichts mehr. Niemanden. Es gab nichts mehr für mich. Ich hatte verspielt, alles verloren. Keiner wollte mich mehr. Ich konnte nirgendwo mehr hin. Mir blieb nichts, als mein Versagen immer und immer wieder auf alptraumhafte Weise zu durchleben.

Alle aus dem Kreis waren sehr liebevoll, Savitri war für mich da und noch einige ganz liebe Menschen. Doch ich konnte nicht mehr froh werden. Freunde waren erschreckt über meinen Zustand und mein schlechtes Aussehen. Die Qualen der Erkenntnis dieses Irrweges waren ungeheuer und sind keinesfalls zu beschreiben. Ich litt Höllenqualen. Immer und immer wieder habe ich um Verzeihung gebeten, und zaghaft auch um Hilfe für meinen weiteren Weg, Ashtar Sheran, Jesus Christus, die Geistigen Helfer.

Ich hatte inzwischen erkannt, daß ich ab einem gewissen Zeitpunkt negativ beeinflußt war, und durch den unendlichen Schmerz nach der Sitzung, in der Ashtar Sheran mich Barbara nannte, habe ich die Tore weit für die negative Welt geöffnet und sie damit vollkommen eingelassen; kurzzeitig war ich also selbst besetzt. Das erklärte meine kalte Entschlossenheit, mein unbeirrbares Triumphgefühl. Ich ekelte mich vor mir selbst.

Was war denn schon geschehen? Ashtar Sheran hatte mich Barbara genannt, na und? Ich hatte es voreilig so auf mich bezogen, wie es gar nicht gemeint war. Ich hatte mich abhängig gemacht von einem Namen, abhängig von den Antworten der Geistigen Helfer, ich hatte zu wenig innere Stärke und war andererseits zu euphorisch darauf bedacht, meine Aufgaben mit Vollkommenheit zu erfüllen. Barbara, - es war einzig und allein ein Hinweis, der mir damit gegeben wurde, mich nicht einseitig zu verlieren. Schließlich war ich ja auch noch Barbara, genauso wie Oshea.

Ich selbst hatte dem ganzen eine viel zu dramatische Wertung gegeben. In eine Aufgabe muß man langsam, ganz langsam hineinwachsen. Und ebenso mußte ich erst Oshea - was "Gott hilft" bedeutet - werden, auch das ganz langsam. Denn alles, auch die Aufgabe, steht erst am Anfang.

Ich wollte mich jetzt von einer Frau behandeln lassen, die vom Geistigen Reich für diese Arbeiten, das Befreien von Besetzungen, empfohlen wurde, obwohl ich inzwischen das Gefühl hatte, ich sei bereits wieder frei. Mir war klar, daß diese Befreiung nicht mein alleiniger Verdienst war, sondern in höchstem Maße durch die aus-serordentlich große Hilfe aus der Geistigen Welt zustande kam.

Trotzdem - nur um meine Pflichten den anderen gegenüber zu erfüllen, wollte ich mich behandeln lassen. Unentwegt versuchte ich, diese Frau zu erreichen, aber es gelang nicht. In meinem Inneren wußte ich immer klarer, daß ich tatsächlich in Ordnung war, entsprechende Zeichen hatte ich auch bekommen. Aber inwieweit konnte ich meinen Gefühlen wieder trauen? Ich war in allem unsicher geworden.

Unser Seminar in Österreich stand bevor. Und hintenherum wurden Stimmen laut: "Kann die denn dahin? Das ist doch eine Gefahr für das Medium!"

Menschen urteilen immer sehr schnell, besonders über die Dinge, die sie nicht beurteilen können, weil sie die Details nicht kennen. Mich warf dieses Getuschel noch weiter zurück. Ich selbst machte mich immer kleiner. Ich zweifelte wieder alle geschauten Offenbarungen an, traute meinen Gefühlen nicht mehr richtig. Und ich wußte nicht mehr, ob ich überhaupt die war, für die ich mich hielt.

Weiterhin versuchte ich, diese Frau zu erreichen - vergeblich. In der Sitzung berichtete ich Argun von meinen ergebnislosen Versuchen. Er bedeutete mir: "Vertraue auf die Führung!" Und damit bestätigte er mein Gefühl. Es war in Ordnung so, ich war in Ordnung. Oh, an meinem Selbstvertrauen mußte viel gearbeitet werden.

Österreich, das Seminar begann - eine Woche lang täglich Sitzungen. Ich sagte zu Edeltraud, dem Medium: "Wenn du auch irgendwelche Bedenken wegen mir hast, bleibe ich von den Sitzungen fern. Es ist in Ordnung für mich."

Für ihre ehrlichen und freundschaftlichen Worte: "Ich glaube, wir müssen einmal zusammen einen kleinen Spaziergang machen. Nein, ich habe überhaupt keine Bedenken!", war ich sehr, sehr dankbar.

Seit einigen Tagen schon hatte ich einen leichten Ausschlag am Körper. Ein typisches Signal der Seele, wenn man sich selbst nicht mag. Gleich am zweiten Tag des Seminars begann dieser Ausschlag regelrecht zu blühen, ich war sehr besorgt, sagte aber nichts. Völlig überraschend für mich, sagte heute in der Sitzung der Lichtbote Dr. Karl Novotny, daß er mich behandeln möchte.

Und wenn doch noch negative Energien dagewesen sein sollten, so hatte er sie nun restlos beseitigt.

"Jesus Christus, wir bitten um heilende und führende Energie für diese Seele", sagte er, indem er seine Hände auf mein Kronenchakra legte. "Sende uns deine Boten ab, um Energie einfließen zu lassen. Hilf dieser Seele, ihre wahren irdischen Aufgaben zu erfüllen."

Ich war sehr dankbar für diese Behandlung, für diese Hilfe. Die Schmerzen ließen sofort nach, und am nächsten Tag war von den Hautreizungen schon fast nichts mehr zu sehen.

Viele Dinge wurden in diesem Seminar von Elias gesagt, zwischen den Zeilen, die mir und Savitri galten. Es war für uns wie eine Sturzgeburt auf Mutter Erde.

Zwei Tage vor Ende der Seminarwoche meldete sich Ashtar

Sheran. Mit sehr gemischten Gefühlen ging ich in diese Sitzung. Aber ich freute mich auf ihn. Meine grenzenlose Liebe zu ihm blieb unberührt von allen Ereignissen. Und ich wußte, wie schwer ihm selbst alles gefallen war.

Er begann seine Ausführungen, indem er über die Einschläge auf dem Planeten Jupiter berichtete, daß die Santiner einige Einschläge abhalten und ablenken konnten.

"Es ist ein Zeichen gesetzt worden", fuhr er fort. "Wie ich bereits schon einmal erwähnte, hat die Vorstufe der Endzeit begonnen. Ich möchte alle Anwesenden hier bitten, in diesem Göttlichen Plan mitzuwirken und zu helfen. - Barbara, ich begrüße dich herzlich. Ich freue mich über deine Anwesenheit."

"Ich danke, daß ich hier sein darf", brachte ich zaghaft hervor.

Ashtar Sheran sprach weiter: "Bitte, wenn dieses Seminar beendet ist, werde ich in sechs Wochen da sein und möchte dich dann sprechen. Es geschieht keinerlei Bevorzugung in diesem Rahmen, wenn ich Barbara als einzige anspreche", führte er sodann an die anderen gewandt aus, "sondern es hat die Bewandtnis, daß sie aus dem Glauben und einer Irreführung heraus etwas getan hat, was nicht recht war, was ihrer Seele geschadet hat, wo sie vom Gedanklichen her jedoch glaubte, alles im Sinn recht zu tun. In einem Gespräch und in einer Führung bringen wir diese unrechten Dinge, Geschehnisse, Aktionen für die Seele wieder auf den rechten Weg. Das heißt, ich werde in sechs Wochen mit Barbara über ihre Arbeit sprechen, über ihre Aufgabe, die wir ihr übertragen möchten, und dann wird ihr Weg beginnen. Dies nur zur Erklärung, ich möchte nicht, daß dort ein falscher Eindruck entsteht. Wenn Hilfen angesagt werden, so geben wir diese."

Wenn doch endlich alles zu Ende wäre! Ich wurde immer bleicher, biß die Zähne aufeinander. Nur keine Regung zeigen! Statt mich zu freuen, war ich erschüttert über die Worte, die mich mit aller Härte trafen. *Er muß sich dafür entschuldigen, daß er mit mir spricht.* Und diesmal wurde vor noch größerer Runde verkündet, daß ich Unrechtes getan hatte. *Wenn ich doch auf der Stelle sterben könnte!*

Kurz nachdem Ashtar Sheran geendet hatte, wurde die Sitzung auch beschlossen. Mich stark zusammennehmend, ging ich auf mein Zimmer. Mein Schmerz war unerträglich. *Hört das denn niemals auf? Unrecht habe ich getan? Wem habe ich Unrecht getan? Mein Tun ist doch immer nur auf das Helfen ausgerichtet. Und das habe ich auch getan, geholfen! Schaden habe doch nur ich erlitten!*

Die wenige Kraft und Zuversicht, die ich bisher wieder aufgebaut hatte, war völlig dahin. Zurück blieb ein verwundetes kleines Mädchen, das nicht mehr ein noch aus wußte.

Savitri kam, nahm mich in den Arm und tröstete mich. Sie fand Ashtar Sherans Worte wunderschön und meinte, ich müsse mich freuen. Verständnislos sah ich sie an. *Du meine Güte, was verstehe ich denn jetzt schon wieder nicht?*

"Ich habe niemandem Unrecht getan, niemandem Schaden zugefügt - außer mir selbst...", stammelte ich hilflos.

Dann kam Ellen.

"...Und er entschuldigt sich bei allen dafür, daß er mit mir redet -", schluchzte ich weiter.

Beide erklärten mir, aus vergangener Erfahrung heraus, daß selbst in solch spirituellen Gemeinschaften, wo ja ein offenes Miteinander sein sollte, leider noch viel Neid herrscht. "Warum die und nicht ich!?", hieß es immer wieder.

Ellen sagte: "Ich empfand es sehr beschützend, was er sagte. Es war sehr liebevoll. Und glaub mir, es war beschützend!"

Ich versuchte es so zu sehen.

"Aber ich habe kaum die Kraft, das alles zu ertragen", sagte ich verzweifelt.

"Meinst du nicht", sagte Ellen mit liebevollem Blick, "daß es genau das ist, was er jetzt von dir erwartet? Daß du die Kraft zeigst? Er weiß doch, daß du es kannst."

Das saß! Es war, als wenn ein Vorhang gefallen wäre, ein Schleier, der bisher alles vernebelte. Ich konnte nicht formulieren was, aber etwas ganz Wichtiges, ganz Großes war klar geworden. Eine Erleichterung, eine riesige Erleichterung breitete sich in mir aus.

Lächelnd meinte Ellen noch: "Wenn ich meiner kleinen Tochter einen Klaps gebe, dann mache ich das doch auch aus Liebe. Weil ich möchte, daß sie daraus lernt. Ist es nicht so...?"

Später erst verstand ich, daß Ashtar Sheran niemals davon gesprochen hatte, daß ich jemandem Unrecht getan hatte, sondern er sprach lediglich von unrechten Dingen und Geschehnissen für meine Seele. Und das ist ein himmelweiter Unterschied. Leider hatte ich das nicht sofort erkannt.

So bin ich auch durch diese Prüfung gereift, damit ich fähig werde, mit Selbstbewußtsein, Stärke, aber auch mit nüchterner Zuversicht und Vertrauen die mir zugewiesene Aufgabe zu erfüllen.

Wie auch schon Hölderlin sagte: "...Alliebend und ein schweres Glück bist du zu tragen stark geworden." Denn wahrhaftig, die Aufgabe ist beides: schwer und doch voller Glück und Freude. Das hatte ich nun leibhaftig erfahren.

*

"Lieber Elias, ist es möglich, daß sich, wenn ich telepathische Verbindung habe, ein anderer anschließt?", lautete eine Frage am nächsten Tag.

"Ja, darum ist immer äußerste Vorsicht geboten. Wenn man erkannt hat, daß man eine Medialität in sich trägt, daß man zum Beispiel die Fähigkeit der Telepathie hat, dann nicht in die Euphorie gehen, sondern immer auf dem Boden bleiben. Bodenständig bleiben und nicht abheben, ja, denn dann schaltet sich das Negative ein, und man wird zum Spielball. Am Anfang ist noch alles in Ordnung. Die Dinge, die gesagt werden stimmen alle, doch irgendwann dreht sich das Bild, und es wird abscheulich und es wird böse. Einem selber geht es sehr schlecht. Man muß sich dieses symbolisch so vorstellen, daß das Negative an der Seite steht und lacht, der Mensch sitzt und weint, weil er drepressiv ist, weil er am Boden zerstört ist. So, und dann werden wir gerufen, um zu helfen. Dieses dann wegzubekommen, ist ein großer Aufwand von Energie, wobei positive Seelen Schmerzen haben, man fügt ihnen in dem Moment etwas zu. Und darum sollte man mit jeglicher Medialität vorsichtig umgehen."

Elias meinte uns, Savitri und mich, das war völlig klar. *Am Anfang ist noch alles in Ordnung,* sagte er; *Dinge, die gesagt werden, stimmen dann noch.* In diesem Moment war das der wichtigste Satz für mich. Ich war innerlich so unendlich dankbar für diese Bestätigung, da ich inzwischen alles wieder angezweifelt hatte, mein Sein, mein Leben auf Metharia, die Verbindungen und Beziehungen..., obwohl mir mein Gefühl, meine Seele immer wieder sagte: *es stimmt doch.*

Savitri brachte den Mut auf zu fragen: "Haben diejenigen, die von anderen Planeten kommen, auch dort noch einen Seelenanteil?"

Gespannt blickten wir Elias an und warteten auf seine Antwort.

"Dies ist folgendermaßen zu sehen: Eine Inkarnation, die auf einem anderen Planeten war, kann nicht dort mitverweilen, denn zwischenzeitlich befand sich die Seele ja schon im Geistigen Reich. Also ist dorthin keine Verbindung mehr. Der Teil der Seele, auch wenn man von einem anderen Planeten kommt, befindet sich im Geistigen Reich. Nur kommt es darauf an, wie hoch oder wie stark die Rückerinnerung an diese Inkarnation ist. Wichtig ist, wenn man erfährt, auf einem anderen Planeten gelebt zu haben, so ist dies gewesen. Es ist erledigt. Und wenn man von dieser Inkarnation etwas mehr erfährt, so darf man dies als ein Geschenk ansehen, als ein Geschenk, die Gnade, zu erfahren, was im Vorleben war. Es hat nicht den Sinn, rückwärts zu gehen. Dies ist gewesen, und wenn man jetzt inkarniert ist, dann ist das jetzige Leben maßgebend und entscheidend. Erst wenn man überwechselt ins Geistige Reich, dann kann es für die Seele interessant werden, was gewesen ist, wenn man die Vorleben alle erfährt. Es ist wichtig, im Jetzt zu leben, und nicht, wo man mal war. Den Ursprung kann man nicht zurückholen. Man ist im Irdischen auch nicht in der Lage, dieses nochmals hier zu durchleben. Und selbst wenn eine Sehnsucht in der Seele ruht, dann sollte man diese Sehnsucht loslassen, denn sie würde die Seele nur krank machen und von so einer Traurigkeit überfließen, daß nicht nur die Seele, sondern auch der Körper krank wird. Alles was gewesen ist - zieht eure Erkenntnis daraus, doch lebt im Jetzt. Jetzt ist der Zeitpunkt des Lebens."

...es ist gewesen. Es ist erledigt! Wir wußten es, aber dennoch war es sehr schmerzhaft für uns, es nun so deutlich zu hören. Wie sollten wir nur diese unstillbare Sehnsucht loslassen?

Es ist erledigt...! Down to earth! Nicht gerade eine sanfte Landung, aber wir waren angekommen. Gute Mutter Erde!

*

Geführt, geschützt und behütet

"Aus der Vergangenheit heraus hast du viel gelernt", begann Ashtar Sheran, als ich ihm nach Ablauf der sechs Wochen in der Kreissitzung gegenübersaß.

Die sechs Wochen bis zu diesem Treffen hatte ich genutzt, um wieder zu Kräften zu kommen, mich selbst wiederzufinden, stark zu werden. *Ein Fels ruht auf seinem Grund und der Wind kann ihm nichts anhaben. So ist es mit dem Weisen; er ruht in sich selbst, unabhängig davon, ob Lob oder Tadel ihm ausgesprochen wird.* Das war sozusagen mein Mantra in dieser Zeit, meine Affirmation, um meine Mitte wiederzufinden und innere Gelassenheit zu gewinnen. Es waren schöne Wochen, in denen ich mir sehr geborgen und beschützt vorkam. Es war eine sehr stille, weihevolle Zeit.

Mit freudig erregtem Herzen, dennoch mit innerlicher Ruhe hörte ich nun Ashtar Sherans Worte:

"Wir sprechen nicht viel über die Vergangenheit", sprach er weiter, "nur - durch die Erfahrung, die du gemacht hast, kannst du Menschen helfen, Menschen, die in der gleichen falschen Denkstruktur leben, aber von sich glauben, richtig zu handeln."

Inzwischen war mir so viel klargeworden. Ich wollte immer helfen, und zwar sehr viel. Ein Übereifer entwickelte sich, geschürt noch dadurch, daß ich mich endlich richtig gebraucht fühlte, weil ich wußte, wer ich war, weil ich wußte, woher ich kam und warum ich hier war. Ich lebte ja nur noch für diese Mission.

Jetzt wollte ich nicht mehr an Metharia denken, ich verbannte dieses Wissen zunächst in den hintersten Winkel meines Herzens. *Es ist ja erledigt...*

Aber so sollte es auch nicht sein.

"Nimm alles, was du von Metharia, von mir, von allen weißt, in Deine Seele hinein", sprach Ashtar Sheran weiter. "Wir sind deine Brüder und Schwestern, genauso wie für euch", und er deutete auf drei weitere Mitglieder dieses Kreises, die ebenfalls Santinerseelen sind.

Er sah mich wieder an. "Wir haben zwar eine tiefere Verbindung, nimm diese als ein Geschenk. Gehe deinen Weg im Jetzt, im Sein, aber sei dir gewiß, Helfer sind immer an deiner Seite. Doch deine Seele braucht mehr Kraft."

"Sie ist noch etwas traurig, nicht?", murmelte ich.

"Ja, wie ein scheues Kind", antwortete er, "und ich komme mir vor wie der böse ..."

"Nein, nein...", unterbrach ich ihn bestürzt.

"Nein, so ist es nicht", lächelte er beruhigend und bestätigend.

"So ist es wirklich nicht", schüttelte ich immer noch den Kopf, "ich denke doch das Gegenteil." Längst hatte ich doch verstanden. Es tat mir alles so leid.

"Sei auch im Seelischen stark", sprach er weiter, "nur dann kannst du uns richtig vertreten."

Er sagte mir, daß meine weitere Aufgabe sein wird, Menschen zu helfen, in einer gewissen Form der Lebensberatung. Menschen werden mir vermehrt zugeführt, die in der unterschiedlichsten Form mit ihren Ängsten, Sorgen und Problemen nicht zurechtkommen.

Ich war sehr erfreut dieses zu hören, denn seit einiger Zeit schon verlagerten sich die reinen Heilbehandlungen immer intensiver auf die beratende, "therapierende" Seite.

*

Ich weiß, die Aufgabe wird noch weiter gehen. Vieles wird noch kommen, dann, wenn die Zeit dafür da ist.

"Helft anderen Menschen, so können auch wir euch helfen", sind die Abschlußworte der Lichtboten in jeder Sitzung. Und Gottes Sendboten, die jenseitige positive Geistige Welt, hilft uns ständig, uns zu erkennen, damit wir uns selbst in gewisser Form führen, uns weiterentwickeln können.

Ein sehr schönes Erleben für mich ist es, himmlische Geschenke, Offenbarungen, nun mit inniger Freude, aber in vollkommener Gelassenheit aufzunehmen. Die Freude ist dadurch nicht kleiner. Nein, eigentlich ist sie sehr viel tiefer. Drei Monate nachdem Ashtar Sheran mich beauftragte, dieses Buch zu schreiben, teilte er mir in der anstehenden Weihnachtssitzung mit, daß er mit meiner Entwicklung sehr zufrieden sei und daß sie, die Santiner, mich nun zum Sprechmedium ausbilden würden. Ein tiefer Wunsch, der seit gut fünf Jahren in mir ruhte - vielleicht war es auch das innere Wissen! - geht nun in Erfüllung. Welch ein großes Geschenk!

Und welche Gnade erweist mir die Geistige Welt mit einer Geschichte, die der Lichtbote Elias in dieser Weihnachtssitzung erzählte:

"Ich möchte von einer Seele berichten. Es ist eine "alte", weise Seele. Diese Seele ist im Geistigen Reich darum bemüht gewesen, zunächst im Kinderland Seelen aufzufangen, diese Kinderseelen zu betreuen.

Wie ihr wißt, bleiben Kinderseelen nicht lange dort. Wenn ein Kind den irdischen Planeten verläßt, kommt es in einen bestimmten Bereich im Geistigen, ins Kinderreich. Jedoch entwickelt es sich dort schnell wieder zu seinem eigentlichen Ursprung im Geistigen Bereich. Wenn die Entwicklung es zuläßt, sogar noch weiter.

Jene Seele, um die es sich handelt, war also im Kinderreich engagiert und hat sich dort um die jungen Seelen bemüht. In diesem Bereich entwickelte diese Seele viele Verbindungen und Freundschaften, was im Göttlichen dann gleichzustellen ist mit einer Seelenliebe, einer Seelenliebe, die aber nichts zu tun hat mit irdischem Lieben, ja. Es war eine Seelenliebe. - So, die Kinderseelen entwickelten sich weiter und verließen das Kinderreich. Die andere Seele blieb im Kinderreich, um andere Seelen weiter zu betreuen, entwickelte sich dann aber auch weiter, um inkarniert zu werden. Diese Inkarnation hat auch stattgefunden. Es war eine wohlweislich überlegte Inkarnation, eine lange Inkarnation, eine lehrreiche Inkarnation mit hohen Anforderungen.

Es war dann aber so, daß diese Seele in kriegerischen Auseinandersetzungen wieder ins Geistige zurückkehrte. Diese kriegerischen Auseinandersetzungen waren im Bereich der Santiner.

Sie kehrte also ins Geistige zurück, wurde dann weiter ausgebildet und nahm im Geistigen die Arbeit auf, um zunächst junge Seelen mit zu belehren, zu führen. Sie ging auch mit an der Seite von Jesus Christus in die niederen Sphären, um Seelen ins Licht zu holen. Dies geschah dreimal, und danach entschloß sich jene Seele, wiederum zu inkarnieren, um für das Göttliche da zu sein, um eine Arbeit aufzunehmen, um im Irdischen die Göttliche Wahrheit zu vertreten, sie weiterzuführen, und wiederum Menschen zu helfen. Diese Seele, das ist Barbara."

Diese Offenbarung half mir, mich noch besser zu erkennen und zu verstehen. Meine Seele erstarkte und hatte nun endlich tiefen Frieden gefunden.

Ein gutes Jahr ist erst vergangen, seit meiner ersten direkten Begegnung mit den Geistigen Freunden und meinen Schwestern und Brüdern von Metharia, den Santinern. Doch soviel ist geschehen in dieser kurzen Zeit! Vor ein paar Monaten hatte ich es noch nicht geglaubt, aber jetzt weiß ich, daß ich stark aus dieser Erfahrung hervorgegangen bin. Es war eine tiefe Erfahrung, eine Berg- und Talfahrt extremster Art, von den positiven Offenbarungen her und den folgenden negativen Erfahrungen. Und beides ist eine Gnade. In der eigenen Mitte bleiben, das habe ich daraus gelernt, egal ob Lob oder Tadel mir widerfährt, ob Wunderbares offenbart wird oder ob ich mich einer Korrektur unterziehen muß. Und diese Forderung ist erst erfüllt, wenn man wirklich von allem völlig unberührt bleibt, was immer auch daraus folgen mag, ob unser

Handeln nun Glück oder Unglück, Ehre oder Verachtung bringt. Wenn wir in jeglicher Hinsicht darüber erhaben sind, ohne daß unser Denken und Fühlen darauf reagiert, erst dann sind wir frei. Frei - ungetrübt von jeglichen Mißklängen, unangefochten von äußeren Vorgängen, einer Flamme gleich, die mitten im Zentrum eines Wirbelsturms wie unter einer schützenden Hülle stetig und gleichmäßig brennt.

Ich habe auch gelernt, nur dann mutig zu sein, wenn ich mutig sein muß. Und ich habe eindrücklich erlebt, wie geschickt, wie raffiniert die andere Seite, die negative Welt, arbeitet. Mein Leben lang gehörte ich zu den realistischen Menschen, die kritisch prüfen, und trotzdem habe ich sie nicht erkannt, obwohl ich meinte, immer bedachtsam aufzupassen. Die andere Seite jedoch kennt unsere Schwächen und hakt genau dort ein, massiv und äußerst schlau. Und wenn wir nicht vollkommene innere Gelassenheit beherrschen, dann beherrscht sie uns.

Der Teufel ist ein machtvolles Bewußtsein, das Milliarden von Menschen beeinflußt und kontrolliert. Suggestiv erzeugt er Meinungen und beherrscht fast alle Gefühle. Doch bevor er zu uns in Gedanken spricht, hat er uns gründlichst studiert. Der schwarze Fürst tut alles, um positive Menschen von ihrem Weg abzubringen. Er geht dabei so weit, sich selbst zu verleugnen, nur um sein diabolisches Ziel zu erreichen. Bei geeigneten Menschen erzeugt er auf diese Weise die Meinung, daß er gar nicht existiert, sondern nur ein Fabelwesen der menschlichen Fantasie ist.

Er ist immer und überall anzutreffen, dort, wo es sich um Auseinandersetzungen handelt, und ebenso dort, wo es um Göttliche Dinge geht. In der Geisteswissenschaft wittert er natürlich seinen besonderen Feind. Ist doch diese Wissenschaft ein absolut zuverlässiger Weg zum wahren Glauben und zur höchsten Erkenntnis.

Unwiderleglich ist, daß Satan die größte Macht neben Gott ist. Und von allen Planeten ist die Erde, unsere Terra, das größte Problem, denn sie ist das Hauptangriffsziel des Widersachers. Und er, der das gesamte Regime an sich reißen möchte, betreibt eine Geheimwissenschaft, auf die eine ganze Menschheit hereinfällt, eine Menschheit, die angeblich so voller Erkenntnisse steckt, die eine so hochgeschraubte, technisierte Entwicklung auf materieller Ebene erlebt.

Bevor wir nicht gelernt haben, seine Mystik, seine schwarze Magie und seine spottende Verharmlosung, seine ganze Existenz neben all die täglichen Erscheinungen zu stellen, die wir mit unseren Sinnen erfassen können, wird es keinen Frieden auf Erden geben. Denn er hat, als finsterer Befehlshaber, nicht nur die Gewalt über seine Diener in den niederen, dunklen Sphären der Geistigen Welt, sondern auch über seine menschlichen Helfershelfer, die er von Gott, dem Allmächtigen Schöpfer weggerissen hat. Er ist es, der die Göttliche Freiheit angreift, mit jedem Mord, mit jeder denkbaren Vernichtung, mit jeder Form von Gewalt und Grausamkeit, mit Krieg. Und der schwache Mensch, getrieben von seinem Egoismus, wird zum Werkzeug dieses Ungeistes. Denn er ist es, der nur Zerstörung will.

Aber auch er ist es, der niemals siegen wird! Wie heißt es so treffend in Goethe's Faust: "Ich bin die Kraft, die stets das Böse will und stets das Gute schafft."

Aber es gibt keine Außerirdischen, die gewalttätig, die negativ sind. Geisteskraft ist die Krone aller Wissenschaften. Ohne diese Erkenntnis könnten die ungeheuren Entfernungen von Stern zu Stern nicht überwunden werden. Die Ufonen haben durch Schulung und Übung die Fähigkeit der Telepathie hoch entwickelt und beziehen ihre besten Inspirationen aus den unendlichen Wellenlängen jener hohen Gedanken des Schöpfers. Und nur so war es ihnen möglich, ihre Weltraumschiffe zu bauen und Raum und Zeit zu überwinden.

Es dauerte viele tausend Jahre, bis der Ufone das Ziel der Vergeistigung und damit die Dematerialisation erreichte. Er mußte viele Prüfungen bestehen. Und nicht jeder hat sie gleich bestanden, er sind auch rückwärts gegangen. Aber er ließ nicht locker, gab nicht auf, und nun ist er soweit, daß er der große Diener Gottes ist.

Die Dematerialisation ist die molekulare Veränderung einer materiellen Struktur mit der Möglichkeit zur Rematerialisation. Sie ist sehr schwer zu begreifen und noch schwerer zu erlernen. Sie ist ohne eine geistige Kontaktaufnahme mit dem Schöpfer unmöglich. Ebenso könnte man sagen, daß der Schöpfer eine Dematerialisation nur jenen erlaubt, die Seine Existenz vollkommen und ohne jeden Zweifel begriffen haben und diese Kraft in Ehrfurcht anwenden.

Technische Entwicklung ohne Gottesfurcht und ohne Gotterkenntnis ist eine Ursache, welche sich negativ auswirken muß, weil sie im Widerspruch zum Göttlichen Plan steht.

Jedes menschliche Wesen in der Schöpfung hat die Freiheit, seine Schritte nach seinem Willen zu lenken. Doch es ist gefährlich, Wege ohne Licht zu beschreiten. Die Entwicklung bleibt sodann stehen, denn augenblicklich versagt die Intelligenz infolge einer verblendeten Selbstüberschätzung. Wer sich von Gott trennt, trennt sich auch von übersinnlichen Fähigkeiten.

Ufonen erkennen, je mehr sie technisch vorwärtskommen, die Größe Gottes an. Sie bewundern nicht ihren Geist, der technische Wunder vollbringt, sondern sie bewundern die Größe und den Geist Gottes, welcher sie zu diesem gewaltigen Erfolg inspiriert. Und da sie wissen, daß Gott sie inspiriert und Er die Liebe ist, so können sie gar nicht schlecht handeln, weil auch sie die Göttliche Liebe verkörpern.

*

Ich weiß jetzt, daß ich geliebt werde, so wie ich bin. Und mir ist auch klar, daß die vermeintliche Zurückgezogenheit der Geistwesen mir nur vorspiegeln sollte, wie ich selbst in dieser Zeit war. Ich selbst hatte mich ja zurückgezogen. Ashtar Sheran hat es gut beschrieben: "... deine Seele ist wie ein scheues Kind." Ja, das war sie, denn sie hat sehr viel Schmerz durchlitten. Doch paßt Gottes Weisheit die Prüfungen und das Leiden genau der Ertragungs-fähigkeit der einzelnen Seele an, und darin liegt wieder eine Äußerung seiner Vaterliebe dem einzelnen Geist, der individuellen Seele gegenüber. Und es waren ja immer Helfer da. Niemals war ich allein. Im Gegenteil, das, was ich zu bewältigen hatte, war für die Geistigen Helfer, für alle, sicherlich nur mit allergrößtem Aufwand zu führen, zu beobachten und zu schützen. Wieviel Liebe ist dafür notwendig? Unendliche!

Geführt, geschützt und behütet - sind wir uns dessen überhaupt bewußt?

Ich bin froh, daß ich heute dankbar für dieses Erleben sein kann, denn ich hätte es in der Form niemals für möglich gehalten. Diese Erkenntnisse sind so wichtig, sie sind unentbehrlich, denn die Zeit wird immer schwieriger, und die Anforderungen an die Aufgabe werden immer größer.

Fehler, - ich mache sie heute noch nicht gerne.

Doch aus unseren Fehlern können wir wichtige Erkenntnisse ziehen. Und darum darf man auch dankbar für die Fehler sein, die man macht. Die Geistige Welt läßt uns unsere Fehler machen, aber sie geht mit uns gemeinsam durch diese Prüfungen, durch diese Erfahrungen. Akzeptieren wir unsere Fehler doch einfach, wir gehen gereift aus solchen Erlebnissen hervor.

"Warum habe ich das Gefühl, keine Fehler machen zu dürfen?", fragte ich den Lichtboten Argun einmal.

"Nun, dies liegt in deiner Seele", schrieb er antwortend, "du bist eine hochsensible Seele, die sich aus eigenen bisherigen Erfahrungen in eine Art Isolation zurückgezogen hat, und nun glaubt, in einer Fehlerlosigkeit nicht mehr verletzbar zu sein."

Welch anstrengendes Unterfangen!

Mir fielen die gelesenen Worte von Don Juan ein, die er an seinen Schüler, Carlos Castaneda, richtete: "Es ist die Regel, daß ein Wissender seinem Schüler eine Falle stellen muß. Heute habe ich dir eine Falle gestellt und dich mit dem Trick zum Lernen gebracht."

Das Aufgabengebiet einer Seele kann groß sein. Und unter anderem gibt es Prüfungen, die schon vor der Inkarnation festgelegt wurden. Das bedeutet, der Mensch kommt in Situationen hinein, in denen er geprüft wird, ob ein tatsächliches Vertrauen zu sich selber, zu seiner Aufgabe und der Geistigen Welt besteht. Diese Prüfungen sind natürlich nicht sofort zu erkennen und werden auch nicht angekündigt, sondern die Geistige Welt läßt den Menschen gehen und beobachtet, ob dieser in Demut und in Vertrauen diesen Weg weitergeht.

Es kann auch durchaus möglich sein, daß negative Geistwesen sich in diesem Bereich melden und die Seele bearbeiten. Dieses kann ebenfalls schon vor der Inkarnation so bestimmt worden sein, das heißt, daß man auch einmal durch eine schlechte Phase im irdischen Leben gehen muß, - gehen MUSS, damit eine Erkenntnis erfolgen kann; eine Erkenntnis, zu unterscheiden zwischen positiv und negativ, und daß man das Negative nicht herausfordern darf.

Wenn diese Erkenntnisse nicht erfolgen und diese Situationen nicht auf den Menschen zukommen, so bleibt er in seinem Entwicklungsstand stehen und gibt sich selber keine Möglichkeit, sich hier im Irdischen in seinem Seelischen weiterzuentwickeln.

Der Weg zur Höherentwicklung geht immer zuerst durch die Tiefe, durch die Hölle, durch Enttäuschungen und Gefahren.

Wer einen positiven Weg beschreitet und diesen weitergehen möchte, muß sich vor Negativität schützen, denn die Angriffe werden massiver. Je höher man dem Göttlichen kommt, umso stärker werden die Angriffe.

Jeder sollte genau wissen, wie man sich davor zu schützen hat, und auch das Bitten um Göttlichen Schutz nicht vergessen.

Denn nur wer sich in einem Rahmen des positiven Schutzes aufhält, kann seinen Weg weitergehen. Doch immer wieder kommen Prüfungen. Selbst bei Jesus Christus wurden Prüfungen zugelassen. Doch dann kommt es darauf an, wie die Seele des Menschen damit umgeht.

Auch bei den Jüngern wurden Prüfungen zugelassen.

Im großen und ganzen könnte man es so bezeichnen, daß wir die Jünger des zwanzigsten Jahrhunderts sind. Jeder, der sich in der heutigen Zeit auf einen positiven Weg begibt und dort bleibt, ist symbolisch ein Jünger für das Göttliche.

Keine Inkarnation geschieht umsonst, alles hat seine Wichtigkeit. Und jede Inkarnation ist etwas ganz Besonderes.

Eine Seele, die inkarniert, wird hier von vielen Dingen beeinflußt, denen sie sich stellen muß. Erziehung und Umwelt allein sind schon große Beeinflussungsfaktoren für die Seele, die sich nun immer mehr bewußt werden muß, wer sie wirklich ist, um sich nicht verformen zu lassen.

Auch ist die jetzige Inkarnation niemals vergleichbar mit einer vorangegangenen, da man in jeder Inkarnation unterschiedliche Aspekte auslebt. Und auch eine reife Seele hat immer wieder Punkte zum lernen. Selbst sie läßt sich in manchen Dingen verwirren, findet jedoch schneller wieder zu sich zurück als eine unreife Seele.

Wichtig ist nur, mit dem eigenen Leben und mit den Mitmenschen richtig umzugehen, offen zu sein - offen im eigenen Sinn, und den Mitmenschen gegenüber - eine Demut dem Göttlichen gegenüber, eine Gelassenheit den irdischen Prüfungen gegenüber, und sich seinem eigenen Leben zu stellen.

Wie lebt man in wahrer Demut? Indem man versucht, sich aus einer Natürlichkeit heraus zu entwickeln, und sich nicht Ziele setzt, die man unbedingt erreichen muß. Indem man jeden Tag mit Freude beginnt, Freude an sich selber, Freude an dem neuen Tag und an den neuen Möglichkeiten, die jeder Tag bietet.

Es bedeutet offen zu sein für das, was kommt. Dabei muß man natürlich immer schön mit den Füßen auf Mutter Erde bleiben. Und sind es noch so wunderbare Dinge - die Gelassenheit, die innere Mitte nicht verlieren! Euphorie und Faszination sind etwas Negatives. Wenn man die Faszination umwandeln kann in Liebe und Zuneigung, dann ist sie etwas Gutes. Und wenn man die Euphorie umwandeln kann in Erfreutheit und Willenskraft, etwas zu bewirken für die Menschen, für das Göttliche Sein, dann ist auch das gut.

Entwicklung geschieht, man kann sie nicht erzwingen oder beschleunigen. Zufriedenheit und Geduld sind hier die obersten Gebote.

Was wünscht sich die Geistige Welt? Daß wir uns erkennen und weiter an uns arbeiten. Daß wir das Vertrauen zu uns selbst und zum Geistigen behalten - immer wissend darum, daß wir nicht alleine sind! Wahres Vertrauen in das Göttliche wird im Herzen getragen. Es bedeutet zu wissen und gleichzeitig zu erkennen und zu fühlen, daß wir geführt werden und daß wir soviel Hilfe erhalten, wie wir brauchen!

In der erreichten Größe eines Geistes liegt ein Kraftgefühl, das ihn befähigt, immer wieder von lichten Höhen in die dunkleren Tiefen hinabzusteigen, sicher, daß an ihm nichts Dunkles haften bleiben kann, wohl aber, daß er imstande sein wird, den einen oder anderen seiner Brüder in lichtere Höhen zu führen. Das ist Vertrauen in Gott. Selbstlosigkeit. Es ist das ständige Wachsen, das Hinauswachsen über die Begrenzungen der Erde und die eigenen Schöpfungen, es ist das Entwachsen aus gewissen Göttlichen Gesetzen und das Sich-erheben in das Gebiet neuer, rein geistiger Gesetze.

Genauso wie Jesus Christus eine Mission auf Erden hatte und diese von der Geistigen Seite heute noch in bestimmter Richtung ausübt, so haben auch wir im Irdischen eine Mission, eine Aufgabe.

Jesus Christus wollte den Menschen auf diesem Planeten die Allmächtige Liebe nahebringen. In einigen Bereichen ist es ihm gelungen. So wie Seine Aufgabe aussah, Menschen zu helfen, zu führen, zu begleiten, zu unterstützen, zu motivieren, so ist im heutigen Irdischen auch in unserem Leben ein Teil von dem so ausgelegt. Jeder sollte versuchen, in seinem Leben zu helfen, zu motivieren, zu unterstützen, Positives zu tun.

Doch dieses kann nur geschehen, wenn man zunächst an sich selbst denkt. Es gibt einen gesunden, einen positiven Egoismus, das heißt, daß ich mein Leben im Irdischen nicht für andere überfordere, und daß ich in Demut und mit dem Göttlichen Schutz arbeite.

Jesus Christus hat versucht, das positive Geistige Reich in all seiner Vielfalt zu übermitteln. Es wurden Ihm viele Steine in den Weg gelegt.

Auch in unserem Leben ist es nicht so, daß jeder einen geraden Weg gehen kann, sondern daß auf unseren Wegen Steine liegen, Steine, die Hinweise geben, die Prüfungen beinhalten, die Warnungen enthalten können. Und dieses ist so zu sehen, daß wir diese Steine "auflösen", für uns bewältigen müssen.

Jesus Christus hat die Steine, die Ihm in den Weg gelegt wurden, beseitigt. Es war für Ihn nicht leicht, auf diesem Planeten die Mission zu erfüllen, doch was Er bewirkt hat, hält nach 2ooo Jahren noch an. Er hatte viele Helfer auf Seinem Weg, nicht nur Seine Jünger. Auch Helfer aus geistiger Sicht. Und dies ist eine Parallele, die gezogen werden kann zu unserem eigenen Leben, uns ins Bewußtsein zu rufen, daß wir im Irdischen nicht alleine sind.

Die allumfassende Göttlichkeit den Menschen nahezubringen, ist heute unsere Mission. Und nur in einer positiven Gemeinschaft, mit gegenseitiger Hilfe, kann dieses weitergeführt werden.

Wenn man sich zu etwas entschlossen hat, dann trägt man dies. Hat man zu der Geistigen Arbeit Ja gesagt, dann ist dies ein schwerer Weg. Doch wer Ja sagt, trägt eine Verantwortung. Man geht eine Verpflichtung mit dem Göttlichen und Jesus Christus ein, denn dieser stellt dann die Lichtboten und die Schutzgeister zur Verfügung. Er ist das Bindeglied zwischen dem Geistigen und den Menschen. Und Menschen, die für das Göttliche arbeiten, versuchen, ein Stück dieser Mission von ihm mit zu übernehmen. Doch viele verkennen dies.

Wenn man sich mit dem Göttlichen zusammenfindet, um eine Geistige Arbeit, eine Mission zu erfüllen, so ist man nichts anderes als ein Werkzeug, welches funktionieren, das heißt, in Seinem Sinne arbeiten sollte.

Doch trotzdem sollten wir auch unsere eigene Entscheidungsfähigkeit nicht vergessen. Wir dürfen uns nicht von medialen Botschaften "abhängig" machen, denn Gott braucht standhafte Mitarbeiter, keine ergebenen Sklaven oder Marionetten.

Übernehmen wir unsere Aufgaben! Werden wir zu treuen Dienern Gottes und damit zu Dienern an der Menschheit, und erfüllen wir diese Aufgabe in Weisheit, Ehrfurcht und Demut. Die Geistige Welt braucht Zusammenarbeit, eine gute, konsequente und offene Zusammenarbeit. Haben wir Vertrauen zum Göttlichen! Es bedeutet Liebe, uneingeschränkte Liebe. Liebe ,die wir geben, Liebe, die wir empfangen.

Vertrauen zum Göttlichen ist das WISSEN um Gott, - nicht der Glaube an Gott, nicht das Hoffen auf Gott, sondern die absolute Gewißheit, daß Gott da ist, daß Er in uns und durch uns wirkt, in jedem Wesen, ebenso wie in der Natur, in jedem Atom, in allem, was ist.

Diese Liebe zu leben, ist das fortschreitende Wachsen einer Seele und das gegenseitige Helfen aller Seelengeschwister. Es ist die Solidarität der Geister, gleichbleibend, ob im irdischen Kleid oder in rein geistigen Sphären. Nur mit dem Vertrauen in das Göttliche können wir SEIN. Es ist das Spüren innerer Gelassenheit. Es ist die Quelle unerschöpflicher und stützender Kraft. Es ist das Licht, das wir empfinden, und es ist das Wissen, daß wir mit diesem Licht die Gegenwart Gottes ausstrahlen.

Vertrauen in Gott bedeutet auch zu wissen, zu erkennen und zu fühlen, daß wir bei der Erfüllung unserer Aufgabe Gott und Seine Helfer an unserer Seite haben - immer - daß wir geführt werden, und daß wir so viel Hilfe erhalten, wie wir brauchen. Wir können sicher sein, daß Er sein Vertrauen niemals zurückzieht, daß Seine helfende und liebende, Seine schützende und verzeihende Hand immer da ist.

Vertrauen in Gott ist die innere und äußere Gewißheit, daß wir, wenn wir Seine Gesetze LEBEN, Seine sieghafte Gegenwart sind!

Gott hat uns etwas anvertraut! Er hat uns anvertraut, inmitten Seiner wunderbaren Schöpfung, Seiner vielfältigen Herrlichkeit schöpferisch mitzuwirken, Er hat uns anvertraut, diese Seine Schöpfung - in Ehrfurcht und Demut - mitgestaltend emporzuheben.

Achten wir das! Erweisen wir uns dessen würdig! Und reichen wir den so unermüdlich und liebevoll helfenden Sternengeschwistern dankbar unsere Hände.

Sul inat is nit othen!
Friede über alle Grenzen!

Epilog

Leicht finden wir Freunde, die uns helfen;
schwer verdienen wir uns jene,
die unsere Hilfe brauchen.

(Antoine de Saint-Exupéry)

Möge dieses Buch für all jene sein, die eine Erkenntnis daraus ziehen, die weiter wachsen und reifen möchten. Mögen sie die unwiderrufliche Fähigkeit und Offenheit besitzen, sich ständig selbst zu korrigieren, beziehungsweise sich von Gottes Sendboten aus den Reichen des Lichtes immer wieder in allumfassender Liebe führen und auch korrigieren zu lassen.

Mögen sie in einem durch Erkenntnis und Hingabe erlangtem Aufgehen im Göttlichen Willen in der Lage sein, alle Lebensumstände, wie immer sie auch aussehen mögen, bedingungslos zu bejahen. Und mögen sie die Kraft haben, ihre irdischen Aufgaben zu erfüllen.

Gewidmet sei dieses Buch ebenfalls all jenen, denen ich zutiefst dankbar bin für all die Liebe, Hilfe und Führung. So sende ich meinen feierlichen und tiefen Dank in die unendlichen Weiten des Kosmos', in das grenzenlose Göttliche Reich des allumfassenden Lichtes, in das große, ewig strahlende Universum.

Ich danke innigst und von ganzem Herzen unseren wunderbaren, hohen Lehrern, den Lichtboten aus dem Geistigen Reich, besonders Dir, lieber Argun und Dir, lieber Elias.

In liebevoller Verehrung, innigster Vertrautheit und Verbundenheit, in tiefer Liebe danke ich Dir, lieber, lieber Ashtar Sheran, danke ich Dir, liebster Oshur.

Ich danke allen für die Führung, die Liebe und das Senden von Energien, danke für all das, was ich erfahren, erleben und erkennen durfte, danke für das Vertrauen, für die Nähe.

All den unzähligen Geistigen Helfern, Führern, Lehrern und Freunden danke ich hiermit zutiefst, insbesondere auch meinem wunderbaren, immer wachsamen Schutzpatron, und ebenso all den anderen lieben Sternengeschwistern im unendlichen Weltraum.

Auch danke ich herzlichst all den lieben Menschen, die in dieser Zeit bei mir waren. Ich danke Savitri, daß sie durch all diese Bewegungen mit mir gegangen ist, sie miterlebt und mitgelebt hat, dafür, daß auch sie immer da war. Ich danke all den lieben Freunden in beiden Kreisen. Ich danke allen Medien, die den direkten Kontakt mit den Göttlichen Helfern überhaupt erst möglich machen.

Und dann danke ich Gregor, danke für seine unschätzbar wertvolle Hilfe beim Überarbeiten dieses Buches, für seinen guten Rat, für die innige Freundschaft überhaupt. Ebenfalls danke ich der lieben Elke für ihre hingebungsvolle Arbeit beim Gestalten des Titel-Covers. Und genauso geht mein großer Dank an meine liebe, liebe Freundin in der Schweiz, an Margaritha, für ihre einzigartig liebevolle und fürsorgliche Wesensart, und dafür, daß sie spontan und selbstlos das Produktionskapital für die Herstellung dieses Buches zur Verfügung gestellt hat. Ich danke herzlich auch allen anderen, die auf ihre Weise dazu beigetragen haben.

Besonders danken möchte ich immer wieder für all die medialen, unschätzbar wertvollen Durchgaben, die so zahlreich schon gegeben wurden - und noch immer gegeben werden, - hochgeistige Durchgaben, auf die ich in diesem Buch zurückgreifen konnte. Universelle Weisheiten, die ein wahres Göttliches Geschenk, ein Vermächtnis an die Menschheit sind.

Dank und Ehre allen Gottesboten.

Bücher des VENTLA-Verlages Nachfolger, Hohenzollernstraße 9, 33330 Gütersloh

Adamski, George:
ISBN-Nr.: 3-929380-01-3;
Im Innern der Raumschiffe
DM/sfr 39,00, öS 300

Angelucci, Orfeo:
ISBN-Nr.: 3-929380-02-1;
Geheimnis der Untertassen,
DM/sfr 29,70, öS 230

Ashtar:
ISBN-Nr.: 3-929380-03-X;
In kommenden Tagen
DM/sfr 22,00, öS 170

Barker, Gray:
ISBN-Nr.: 3-929380-04-8;
Das Buch über Adamski
DM/sfr 15,60, öS 120

Berlet, Artur:
ISBN-Nr.: 3-929380-05-6;
Im Raumschiff von Planet zu Planet
DM/sfr 24,00, öS 190

Bühler, Walter K.:
ISBN-Nr.: 3-929380-06-4;
40 Begegnungen mit Außerird. in Brasilien
DM/sfr 29,70, öS 230

Dibitonto, Giogio:
ISBN-Nr.: 3-929380-07-2;
Engel in Sternschiffen
DM/sfr 33,00, öS 260

Fry, Daniel:
ISBN-Nr.: 3-929380-08-0;
Mein UFO-Erlebnis von White Sands
DM/sfr 21,60, öS 170

Geigenthaler, Adolf:

ISBN-Nr.: 3-929380-22-6;
UFO's außerirdische Weltraumschiffe existieren wirklich
DM/sfr 39,00, öS 300

Klarer, Elizabeth:
ISBN-Nr.: 3-929380-09-0;
Erlebnisse jenseits der Lichtmauer
DM/sfr 39,00, öS 300

Leona, G. S./K. und A. Veit:
ISBN-Nr.: 3-929380-10-2;
Evakuierung in den Weltraum
DM/sfr 39,00, öS 300

Magocsi, Oscar:
ISBN-Nr.: 3-929380-11-0;
Meine Freunde aus dem Weltraum
DM/sfr 27,30, öS 210

Magocsi, Oscar:
ISBN-Nr.: 3-929380-12-9;
Meine Weltraum-Odyssee in UFOs
DM/sfr 30,90, öS 240

Miller, Dick
ISBN-Nr.: 3-929380-13-7;
Dick Millers Kontakte mit Sternenmenschen
DM/sfr 19,80, öS 160

Nelson, Buck:
Venus
ISBN-Nr.: 3-929380-14-5;
Meine Reise zum Mars, zum Mond und zur
DM/sfr 12,00, öS 95

Renaud, Bob: ISBN-Nr: 3-929380-15-3;	**Meine Kontakte mit Außerirdischen (III)** DM/sfr 18,00, öS 140
Sumner, Dr. F.W.: ISBN-Nr. 3-929380-23-4;	**Das kommende Goldene Zeitalter** DM/sfr 7,80, öS 60
Tuella: ISBN-Nr.: 3-929380-16-1;	**In Erden-Mission** DM/sfr 39,00, öS 300
Veit, Karl: ISBN-Nr.: 3-929380-17-X;	**Außerird. Weltraumschiffe sind gelandet** DM/sfr 5,00. 4ß
Veit, Karl: ISBN-Nr.: 3-929380-18-8;	**Dokumentarbericht 1967** DM/sfr 15,00, öS 120
Veit, Karl: ISBN-Nr. 3-929380-19-6;	**Dokumentarbericht 1972** DM/sfr 15,00, öS 120
Veit, Karl: ISBN-Nr.: 3-929380-20-X;	**Dokumentarbericht 1975** DM/sfr 15,00, öS 120
Veit,Karl: ISBN-Nr.: 3-929380-21-8;	**Interplanetarische Flugobjekte** **(24 Postkarten)** DM/sfr 15,00, öS 120
Adamski/Guanter ISBN-Nr.: 3-929380-24-2;	**Sternenmenschen** DM/sfsr 25,00, öS 200
Dibitonto, Giorgio: ISBN-Nr.: 3-929380-26-9;	**Engel im Traum** DM/sfr 29,00, öS 220
Tuella: ISBN-Nr.: 3-929380-30-7;	**Projekt Welt-Evakuierung** DM/sfr 24,00, öS 190
Tuella: ISBN-Nr.: 3-929380-27-7;	**Weltbotschaften für dieses Jahrzehnt** DM/sfr 29,00, öS 220
Tuella: ISBN-Nr.: 3-929380-28-5;	**End-Zeit 1990 - 1999** DM/sfr 18,00, öS 140
Magocsi, Oscar: ISBN-Nr.: 3-929380-29-3;	**Raumodyssee in UFOS;** **Die Buzz Andrews Story & danach** DM/sfr 24,00, öS 190
Mutter Maria/Guanter: ISBN-Nr.: 3-929380-31-5;	**Worte für jeden Tag** DM/sfr 39,00, öS 300

VENTLA-Verlag Nachfolger,
Hohenzollernstraße 9, 33330 Gütersloh

(Gesamtverzeichnis kostenlos erhältlich)